閃爍的遺迹
文物抢救保护三十年

壬寅秋 玺文题

中国政法大学李玺文教授题

日出東方朝陽文物求索集

庚子年冬李玺文题

中国政法大学李玺文教授题

闪烁的遗运

文物抢救保护三十年

曹彦生 / 著

下

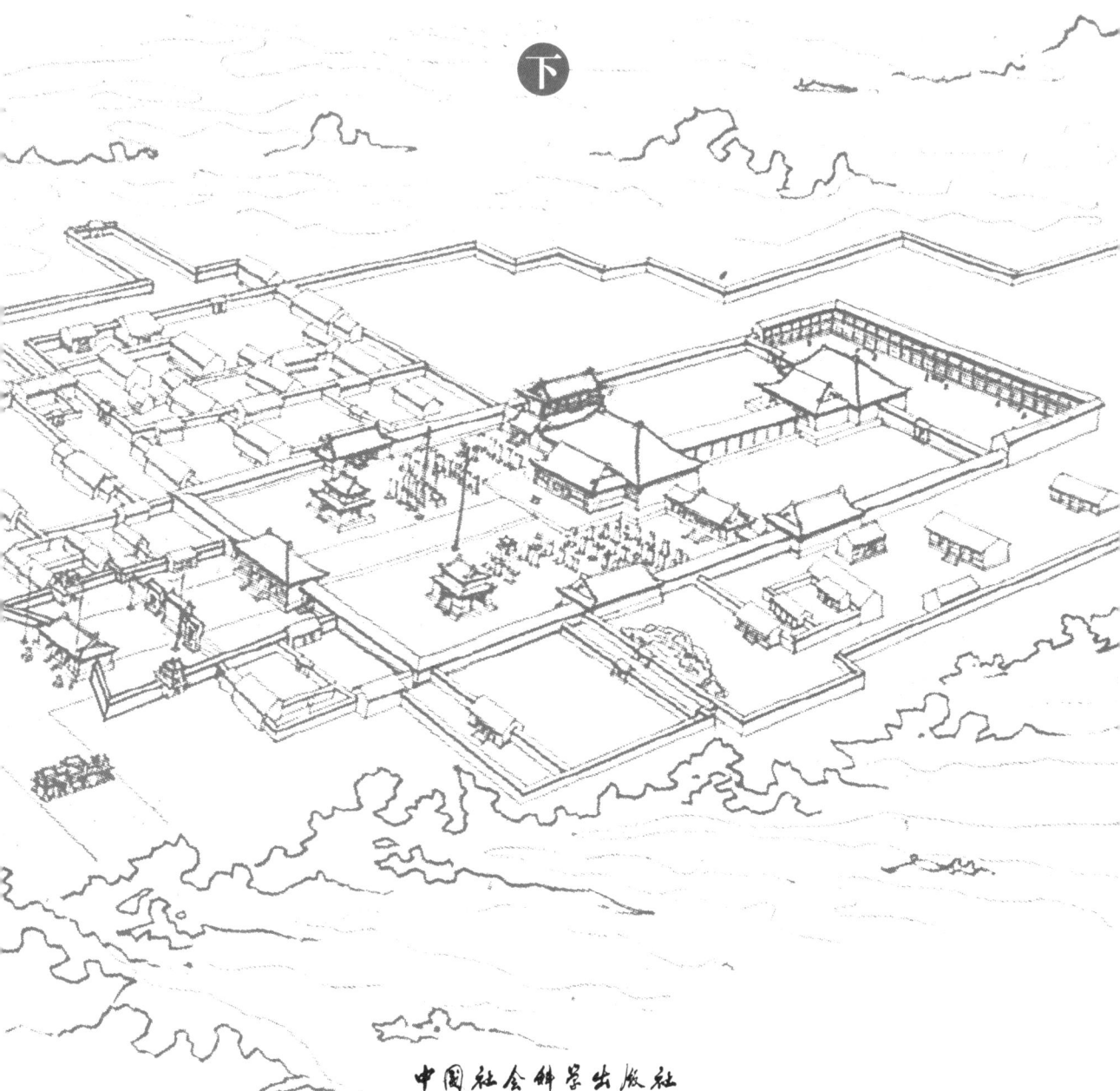

中国社会科学出版社

目　　录
（下册）

文化遗产考释

鲁国大长公主与北京东岳庙 …………………………………………（213）
北京高碑店村考略 ……………………………………………………（216）
北京东岳庙西廊鲁班殿考 ……………………………………………（227）
珍存北欧乡村别墅式建筑群的491电台 ……………………………（240）

传统文化研究

福建安溪龙通村许氏"儒雅开宗"匾考释 …………………………（247）
医道华夏——传统中医药老字号 ……………………………………（258）
漫谈香事之香具 ………………………………………………………（270）
另类古钱币——花钱 …………………………………………………（295）
老北京春节游戏——掷"升官图" …………………………………（297）

学术研究论文

西辽河流域远古文明的再探索 ………………………………………（301）
红山文化的人类信仰初探 ……………………………………………（308）
试论红山诸文化陶器纹饰 ……………………………………………（315）

林丹汗联明抗金的经济原因 ……………………………………（322）
十二生肖历的起源及在北方游牧民族间的传承 ………………（331）
北方游牧民族的发式传承 ………………………………………（338）
北方游牧民族勒勒车的传承 ……………………………………（344）

文物活化利用

走东岳庙保用并举之路，创民俗馆民俗文化特色 ……………（353）
同善堂义学与东岳书院 …………………………………………（359）
以开发促保护，以宣传促利用
　——朝阳区文物工作探索 ……………………………………（369）

挖掘文物价值

《丝绸之路——精品文物展》序 ………………………………（381）
《阅旨——徐州圣旨博物馆精品文物展》序 …………………（383）
《朝华夕拾》序 …………………………………………………（385）
《草原丝路——内蒙古明博草原文化博物馆精品
　文物展》序 ……………………………………………………（388）
《观砚》序 ………………………………………………………（393）
《天晴——汝瓷、汝州青瓷》序 ………………………………（397）
《医道华夏——传统中医药行业器具文物展》序 ……………（401）
《印证朔方——古代青铜印文物展》序 ………………………（406）
《大明芳华》序 …………………………………………………（411）
《吉光片羽》序 …………………………………………………（417）

参考文献 …………………………………………………………（422）

后　记 ……………………………………………………………（428）

文化遗产考释

鲁国大长公主与北京东岳庙

全国重点文物保护单位北京东岳庙、内蒙古应昌路鲁王城遗址都是闻名海内外的元代古文化遗存，每年都各自吸引着数以万计的中外游客前往寻古探奇，但是包括专家学者在内很少有人注意二者之间因一位公主而结下的历史渊源。近年来，随着许多碑刻的发现和铭文纪年文物的出土，元武宗的妹妹、元仁宗的姐姐、元文宗的姑姑兼岳母——鲁国大长公主祥哥剌吉，其显赫的地位、神秘的行踪逐渐浮出水面，尤其是其留下的珍贵文化遗产，吸引着人们去深入探究这位蒙古族历史上的巾帼豪杰。

至元八年（1271），开始建应昌府城封给那陈的儿子帖木儿；1277年，帖木儿北征建功立勋，赐号按答儿图诺颜。至元二十二年（1285）升应昌府为应昌路。大德元年（1297）大长公主请在全宁建城（今内蒙古翁牛特旗乌丹镇）；元贞七年（1301），升全宁府为路。应昌路、全宁路隶属中书省统辖的"腹里"要地，分领应昌县、全宁县。弘吉剌部之分邑，由其任命行政长官达鲁花赤、王傅府，群属有钱粮、人匠、鹰房、军民、军站、营田、稻田、烟粉千户、总管、提举等四十余官署七百余官员，统辖济宁路、永平路、平江路三十余县，每年享受皇帝岁赐的大量人户、五户丝、金锭等。元太祖成吉思汗曾有旨"弘吉剌氏生女世以为后，生男世尚公主，每岁四时孟月，听读所赐旨，世世不绝"。元朝时期，弘吉剌部特薛禅家族封皇后15人，皇妃6人，婚娶公主19人，可见鲁王、鲁国大长公主地位之非常。

元贞元年（1295）春，元成宗铁穆耳追封皇国舅按陈那颜为济宁王，谥号忠武，其妻哈真追封为皇姑鲁国大长公主、济宁王妃。睿宗拖雷女鲁国大长公主也速不花，适皇国舅鲁忠武王、万户按陈那颜驸马；太祖孙女鲁国公主薛赤干，适按陈子、万户斡陈驸马；完泽公主、世祖女鲁国大长公主囊加真先后嫁于袭万户纳陈子斡罗陈驸马；袭万户斡罗陈弟帖木儿，在至元二十四年（1287）随元世祖忽必烈亲征叛首乃颜，以功封济宁郡王，亲赐白伞盖以示其宠。帖木儿弟蛮子台袭万户尚囊加真公主，成宗即位封皇姑鲁国大长公主，以金印封蛮子台为济宁王，后又继娶裕宗真金女鲁国大长公主南阿不剌。大德十一年（1307）五月，武宗海山继位，帖木儿长子雕阿不剌袭万户，尚顺宗答剌麻八剌女祥哥剌吉公主，封皇姊大长公主，赐雕阿不剌金印，加封鲁王，子阿理嘉室利嗣封鲁王，当时仪天兴圣慈仁昭懿寿元皇太后来自鲁王府并受到成宗、武宗的爱戴。

祥哥剌吉公主是历史上一位著名的书画艺术品收藏家。据袁桷《鲁国大长公主图画记》记载：至治三年（1323）春在天宁寺，她召集了一次以女性为主的历史性雅集，酒阑，她拿出书画若干卷，让与会文人儒士各随其能题识于后。留下书跋的诗人有袁桷、魏必复、李洞、张颢、赵严、杜禧、赵世延、王毅、冯振、陈颢、陈庭实、吴全节、王观等20余人。其收藏的书画都留有"皇姊图书"或"图书珍玩"四字。北京故宫博物院藏有王振鹏的《伯牙鼓琴图》卷，根据图后有冯子振、赵严等人跋文断定是祥哥剌吉的收藏遗品。

1271年，元朝建立，定都大都，是当时世界上最强大、最富庶的国家。元代蒙古族统治者在宗教方面虽然以藏传佛教为其国教，但对其他宗教也采取了兼容的政策，元代蒙古族统治者与道教高道都建立了良好的关系，其中有一些人被朝廷封为"真人"。

延祐中，故开府仪同三司上卿玄教大宗师张留孙，买地于大都齐化门外，规以为宫，奉祀东岳天齐仁圣帝。仁宗皇帝闻之，给予大农之财。张留孙坚辞不拜，皇帝降诏书令相关部门保护修建。方鸠工而留孙陨，特进上卿玄教大宗师吴全节用尽累朝赐金以成其先师之志，总名之曰东岳仁圣宫。泰定二年（1325），鲁国大长公主祥哥剌吉自京师归全宁，道出齐化门（今朝阳门），祈祷于大生殿，出私钱巨万以做神寝，并画东岳大帝、帝后与侍从之像。天历元年（1328），元文宗图帖睦尔即位后，遣使迎姑姑、岳母鲁国大长公主祥哥剌吉于全宁。皇后迎母于齐化门东岳仁圣宫，适后殿落成，祥哥剌吉拜祭东岳大帝后又到其神寝之所，天子乃赐神寝名曰昭德殿，岁时内廷出香币致祭。元文宗命翰林直学士虞集撰东岳仁圣宫碑文，命大司徒香沙奉宣玉音，谕中书平章政事赵世延撰昭德殿碑文，勒石以示后人永记。东岳仁圣宫祖师玄教大宗师吴全节，又请大文学家吴澄撰大都都岳仁圣宫碑文刻碑以志。

鲁国大长公主祥哥剌吉从大都北回鲁王宫，何以要取东出齐化门之道而又捐资建昭德殿？泰定二年、天历元年出入大都有何历史背景？

赵世延《昭德殿碑》碑文似乎指明，"国初成大都，规模宏远，祖社朝市庙学官署无一不备，独东岳庙未建"。开府仪同三司上卿玄教大宗师张留孙所以选址大都齐化门外建东岳庙，是因"五气流行，木位东方，四时顺布，春居岁首，仁者木之德，生者春之用。然则天地发育万物之功，皆本于东方。故群岳祀之方域，而岱宗祠遍海宇。虽与礼经稍殊，然推原所以致人心向往之深者，其在兹乎"。后来清康熙、乾隆爷孙在北京东岳庙立的御制碑，亦从易占、择吉、堪舆术等方术理论给予阐释。与张留孙、吴全节等真人密切往来并喜好汉族文化的鲁国大长公主祥哥剌吉，当然对修建东岳仁圣宫会情有独钟，赵世延赋诗曰："泰山岩岩，鲁邦所瞻。泰山盖鲁之望也，今主食邑于鲁，则诸侯得祭其山川在境内者，以邦君之母有高于望祀，宜乎神之听之，异于季氏之旅矣。况际圣天子膺天景命，百灵莫不受职，其于默佑显相宗社亿万年无疆之休者，宜何如哉！"

元后期宫廷争斗刀光剑影，朝权更迭不断，年仅21岁的元英宗死于非命，显宗甘麻剌长子也孙铁木儿被拥立为帝。泰定帝子孙铁木儿称帝意味着皇权旁落。泰定元年（1324）冬十月，以鲁国大长公主女嫁怀王，怀王即未来的元文宗图帖睦尔。图帖睦尔在元英宗硕德八剌称帝时被放逐于海南琼州，虽泰定皇帝召之辗转回京数月后又被软禁到建康。泰定帝还敕令"诸王私入京者，勿供其所用"。对于一直在京城，亲睹宫廷风云变幻的祥哥剌吉来说，敕令女嫁怀王可谓凶多吉少、前途叵测。故泰定二年鲁国大长公主祥哥剌吉离开大都这一是非之地归全宁，并选择东出齐化门祈祷于东岳仁圣宫大生殿，出私钱巨万以做神寝的行为，联系后来元文宗即位，帝后迎母于东岳庙并由皇帝赐名昭德殿的特殊礼仪，我们会豁然开朗：皇权争斗正是鲁国大长公主祥哥剌吉焦虑的所在。东岳庙昭德殿表面是为东岳大帝帝后建的寝宫，实为女儿未来之属而建。鲁国大长公主东出齐化门祈祷东岳大帝再北走通县、喜峰口、滦平、大宁、全宁的回家路线是有意选择的，在东岳庙大生殿祈祷、许愿的事情，几年后得以实现，当事人皇帝、帝后亲临东岳庙，不能不让人反问：偌大的大都京城何以选择齐化门外荒郊中的东岳庙作为迎接姑姑、母亲的见面场所，如果从道教还愿的角度理解，问题便迎刃而解，这就是鲁国大长公主建东岳庙昭德殿的因缘所在。

北京高碑店村考略

高碑店村位于东长安街延长线上，距天安门仅8公里。元代修建的通惠河临村而行，通惠灌渠穿村而过。东与陶家湾居民区毗连，西与高西店村、西洼村接壤，南邻半壁店村和小郊亭村，北隔通惠河与兴隆庄相望，现辖区面积2.7平方公里。北依京通快速路，南傍广渠路与王四营路相交，西临四环路、东靠五环路，高碑店路纵穿村中部，村内多条横向街巷与高碑店路相通，交通极为便利。高碑店村文物古迹众多，有长寿庙、将军庙、地藏庵、龙王庙、娘娘庙、五圣祠、平津闸等；现以古典家具展卖业蜚声海内外，是北京远近闻名的创意文化产业基地。

高碑店成村于何时？其村名缘于何意？高碑店与高碑有何关系？本文结合古籍文献、方志材料和出土文物，利用历史、考古、民俗等多学科知识，探寻高碑店村历史发展的人文脉络，力求解决这些看似平淡无奇却令关心热爱高碑店的人迷惑不清的追本溯源问题。

一 辽代郊亭和元代银王庄、高蜜店

据《日下旧闻考》载："通州（今通县）至京城，中途有高米店，或呼高碑店。按宋洪忠宣皓《松漠纪闻》云：潞县三十里至交亭，三十里至燕。今之高米店疑即古之交亭，交，高，音讹也。故成村历史悠久，辽太平六年（1026）已有郊亭地名。"金大安元年（1209）更名交亭，元代恢复原名。郊亭名系由郊亭淀的谐音而来，该地原为浅水湖泊连片的地带。今名小郊亭则是与西邻的大郊亭相对应。根据从大郊亭出土的明嘉靖七年（1528）下葬的《明故昭信校尉羽林卫百户张公墓志铭》，墓主张晟"葬于崇文门外西郊亭祖茔之次"，由此可知，辽郊亭村至迟到明嘉靖时已衍生为郊亭、西郊亭两地，即今天的小郊亭和大郊亭。宋《王沂公（曾）行程路》云："出（辽南京）北门，过古长城、延芳淀，四十里至孙侯馆，改为望京馆，稍移故处。"孙侯馆和望京馆，即今朝阳区东北部的孙河镇和大、小望京村，辽建为南北使臣宿息饯饮之所。延芳淀，位于今京东90里通州区东南漷县村，辽立燕京为南京后，辽主每春猎于村西延芳淀；金代潞河通漕，地控运河，位置更为显要；元代皇帝仍然常至此游猎，境内古迹众多，留有"数株杨柳弄清烟"，"舟泊漷州河水边"，"征帆缘潞转，别马忆骄嘶"等名句。因此，由延芳淀、郊亭淀而来的辽漷县村、郊亭村，随漕运的发展或升为辽金时期漷阴县，继而到元世祖时升为漷州，或发展为东、西郊亭村。

在通惠河未开通之前，元代曾利用坝河向大都转漕。坝河又称阜通七坝。沿河有七处闸坝，自东而西分别是深沟坝、王村坝、郑村坝、西阳坝、郭村坝、常庆坝、千斯坝。坝河"所辖船夫一千三百余人，坝夫七百三十"，"岁漕米百万，全借船坝夫力"，"自冰开发运至河冻时至，计二百四十日，日运粮四千六百余石"。即便通惠河开通后，坝河依然发挥着由通州向大都转运漕粮的重要作用。从王村、郑村、郭村名称看，元代沿坝河已有相当多的村落，而建坝后原有村落会扩大甚至会发展为集镇如郑村即今天的古镇东坝，围绕深沟、西阳、常庆、千斯坝定会形成新的村落。

"亭"者，秦汉时乡以下行政机构，即村落之称谓。《汉书·百官公卿表上》云："大率十里一亭，亭有长，十亭一乡。"唐制："百户为里，五里为乡"，是知一乡有500户左右。不谋而合的是，元世祖至元二十八年（1291），太史令郭守敬建言："大都运粮河，不用一亩泉旧原（源），别引北山白浮泉水，西折而南，经瓮山泊，自西水门入城，环汇于积水潭，复东折而南，出南水门，合于旧运粮河（按即金闸河）。每十里置一闸，比至通州，凡为闸七，距闸里许，上重置斗门，互为提阏，以过舟止水。"对这一建议，元世祖高度赞赏，命"当速行之"。于是，"复置都水监，俾守敬领之"。又"命丞相以下（官员）皆亲操畚锸倡工，待守敬指授而后行事"，"首事于至元二十九年之春，告成于三十年之秋"。凡役军一万九千一百二十九，工匠五百四十二，水手三百一十九，没官囚隶百四十二，计二百八十五万工，用楮币百五十二万锭，粮三万八千七百石，木石等物称是二工程告竣后，原来由通州至大都五十里陆路转运官粮之举皆罢之。"帝还自上都，过积水潭，见舳舻蔽水，大悦，名曰通惠河，赐守敬钞万二千五百贯，仍以旧职兼提调通惠河漕运事。"对于郭守敬建言"每十里置一闸"，和汉代"大率十里一亭"的村落建制真是一脉相承。

通惠河闸坝之名，曰："广源闸二，在护国仁王寺西；西城闸二，上闸在和义门外西北一里，下闸在和义水门西三步；海子闸三，在都城内；文明闸二，上闸在丽正门外水门东南，下闸在文明门西南一里；魏村闸二，上闸在文明门东南一里，下闸西至上闸一里；籍东闸二，在都城东南王家庄；郊亭闸二，在都城东南二十五里银王庄；通州闸二，上闸在通州西门外，下闸在通州南门外；河门闸二，在高丽庄；杨尹闸二，在都城东南三十里；朝宗闸二，上闸在万亿库南百步，下闸去上闸百步。"成宗元贞元年（1295），"其西城闸改名会川，海子闸改名澄清，文明闸仍用旧名，魏村闸改名惠和，籍东闸改名庆丰，郊亭闸改名平津，通州闸改名通流，河门闸改名广利，杨尹闸改名溥济"。从至大四年（1311）至泰定四年（1327）的十五六年间，又陆续将原木建诸闸改造为砖石闸。

通过《元史·河渠志》对通惠河的记载，可知有白浮村、双塔店、榆河、高丽庄、魏村、王家庄、银王庄、郊亭等村；《元一统志》："魏村，惠和闸二；籍田东，庆丰闸二；郊亭北，平津闸二；牛店，溥济闸二；高丽庄，广利闸二"；《析津志辑佚》："庆丰闸二，在籍田东；平津闸三，在郊亭地；溥济闸二，在午磨。"魏村、郊亭、高丽庄三村已见《元史·河渠志》，牛店却无。通惠河上溥济闸（原名杨尹闸）近牛店村。但《析津志》谓"溥济闸二，在午磨"。"牛店""午磨"，字形近似，易转抄致误。当从《元一统志》作"牛店"为是。平津闸初为闸三，至明嘉靖时期改为闸二。今朝阳区通惠河畔在庆丰、花儿、杨闸等闸口形成二闸、高碑店、花园村、杨闸等村落。毫无疑问，这些村落的形成和得名与通惠河的闸坝有关系。庆丰即庆丰闸所在地，村以闸名为名。按庆丰闸，初名籍东闸。"籍东"者，乃籍田以东之意也。世祖至元七年六月，"立籍田大都东南郊"可证。花园村所在地，为通惠河郊亭闸（后改平津闸）处。杨闸村则显然就是杨尹闸（后改溥济闸）的省称。

新闸河从白浮泉引水处算起，下至通州高丽庄入白河（今北运河）处，实测"总长为一百六十四里一百四步，塞清水口一十二处共长"。这项重大的水利工程从1291年动工，至转年春天全部完工。元代开通南北大运河特别是通惠河，大力发展漕运，对大都地区主要是运河两岸村落的发展起到了巨大的促进带头作用。原来的小村成长为大镇甚至城邑，原本无村的地方出现了新村。"郊亭北，平津闸二"，"郊亭闸二，在都城东南二十五里银王庄"，后来郊亭闸改名平津。史籍明白无误地告诉我们今天平津闸所在地高碑店村，元世祖时已有村落，地标为辽代就形成村落的郊亭村北，村名曰"银王庄"，闸名为平津。另据考，村中古刹地藏庵原有铸钟和石碑上均有"齐化门外高蜜店信众"等铭刻，朝阳门在元代称齐化门，地藏庵建于何代无考，齐化门在老北京人中仍有此习惯称谓。但可佐证"银王庄"村或周边，在元明时期又有"高蜜店"之村。

二　明代糕糜店、高碑店村

值得注意的是，郭守敬开通通惠河后，使元代漕运大得其利，但后来因运道常有阻塞，有些有识之士认为：京师恃东南运粮为实，竭民力以航不测，非所以宽远人而因地利也因此，泰定年间，翰林直学士兼国子祭酒虞集与同列进言曰："京师之东，濒海数千里，北极辽海，南滨青齐，苇之场也。海潮日至，淤为沃壤。用浙人之法，筑堤捍水为田，听富民欲得官者，合其众分授以地，官定其畔以为限，能以万夫耕者，授以万夫之田，为万夫之长，千夫、百夫亦如之，察其惰者以易之。一年，勿征也；二年，勿征也；三年，视其成，以地之高下定额于朝廷，以次渐征之；五年，有积蓄，命以官，就所储给以禄；十年，佩之符印，得以传子孙，如军官之法。则东南面民兵数万，可以近卫京师，外御岛夷；远宽东南海运，以纾疲民；遂富民得官之志，而获其用；江海游食盗贼之类，皆有所归。"但因当时遭反对，此一建议未得实行。至正十二年（1352）年底，中书右丞脱脱又言："京畿近地水利，召募江南人耕种，岁可得粟麦百万余石，不烦海运而京师足食。"转年初，中书省臣进一步制定了有关政策："宜于江浙、淮东等处召募能种水田及修筑围堰之人各一千名为农师，教民播种。宜降空名添设职事敕牒一十二道，遣使赍往其地，有能募农民一百名者授正九品，二百名者正八品，三百名者从七品，即书填流官职名给之，就令管领所募农夫，不出四月十五日，俱至田所，期年为满，即放还家。其所募农夫，每名给钞十锭。"结果，其法获得了成功。"西至西山，东至迁民镇，南至保定、河间，北至檀、顺州，皆引水利，立法佃种，岁乃大稔。"大量移民，广种稻田及漕运实施南粮北调的结果为"高蜜店"村发展成明代"糕糜店""高碑店"村打下了基础。

从考古实物看，明英宗正统十四年（1449）正月四日，荣禄大夫、后军都督府都督同知黄真终于宁夏之石沟驿，公葬以终之年五月初六日，墓在通州糕糜店之原。而明故神宫监太监苗旺生于正统十年（1445）十月初五日卯时，卒于正德己卯年（1519）五月二十六日，得寿七十四，以六月初十日葬于都城高碑店先茔之原。两个墓志是验证高碑店村发展的珍贵实物资料。

故荣禄大夫、后军都督府都督同知黄公墓志铭

嘉议大夫、吏部左侍郎兼翰林院学士、知诰、修国史兼经筵官、恒山曹鼐撰

中宪大夫、太常寺少卿、直文渊阁、永嘉黄养正书

资德大夫、正治上卿、礼部尚书、前太子宾客兼国子祭酒、毗陵胡濙篆

正统十四年正月四日，后军都督府都督同知黄公真，终于宁夏之石沟驿。其子鉴，匍匐扶柩而还。讣闻，上深悼惜，辍视朝一日，为文，遣礼部官赐祭、给赙，敕有司治丧葬。自公侯勋贵卿大夫而下咸往吊祭。将葬，鉴裹经奉状踵门泣拜，请铭诸墓。余观其行，因而叹曰：大丈夫以报国为忠，显亲为孝。如公之继承先志，克建乃勋，卒膺间寄，蔚然为国之华，岂非武臣之表？表可称者哉！公字彦诚，祖讳导，从太祖高皇帝龙飞渡江，以战，功授青州卫百户，进武略将军，济州卫指挥佥事，殁于王事。洪武己卯，太宗文皇帝举靖难之师，命公袭父职，偕都督陈贤征哨。公夙夜效劳，遇敌奋勇先驱，屡战克捷，进指挥使。永乐甲辰，仁宗皇帝初即位，首拔公勇略，进都指挥佥事，镇守宣府万全右卫。公感激知遇，益律心所务数年之久，士卒归心，境内清素。宣德乙卯，今上嗣承大统，以公守边旧臣，进骠骑将军、后军都督府都督佥事、充右参将，仍守其地。凡边防之宜整饬者，公皆极力经营，所在有备。适兀良哈散寇鼠窃边境，公受命率师击之。登危履险，日夜并进，掩贼不意，获其辎重，执首贼数人以献。上嘉其功，进荣禄大夫、都督同知。正统癸亥，膺召至京，命充总兵，佩征西将军印，镇守宁夏。公至，宣布恩威，申明号令，以劝以惩，士气整肃，继而修城堡，缮兵甲，简阅教习，咸有方略。屡上疏言宁夏孤悬黄河外，古为要害之地，今外制西北夷房，

内卫陕右诸郡，非他镇所比，宜选将益兵，广积粮刍，以严防守，皆见嘉纳。无几，得风疾，私念付托事重，寝食弗宁，即入疏请！闲。蒙遣医往疗，乃愈；已而，疾复作，遂陈词恳请，曰：臣仰荷列圣天地大恩，区区犬马之心固欲罄竭，驽钝少补于万一，但老疾日笃，筋力衰惫，不堪负荷，绍将为一军之首领而所守重地者乎！幸赐哀怜，诏从其请。遣敕褒谕慰劳，俾从容调摄还京。公承命，即日力疾启行，甫在途疾复大作，革呼谥曰：吾荷国厚恩，叨享富贵，愧未能补报。耳汝曹生际太平，惟忠惟孝，勉力图补，无忝先德，则吾瞑目地下矣。语毕而逝，享年六十有七。宁夏将士闻之，皆哀感不已。亦有追而哭奠之者。其为人所慕如此。公性朴实淳谨，自早从师旅，至身都总师，所处泊然自若。略不以贵势骄人，且雅量旷达，与诸将处，含容逊顺，恒若弗逮；至商榷重务，则侃侃发论不少让。其待部曲官属必笃恩义，绥抚士卒与同甘苦，故得众欢心。懋著劳绩，历事四朝，位跻都府，存殁光荣，为时所重。是虽遭际之不偶，亦由存心制行有以迓承之耳。其先卢州巢县人，朝廷尝推恩追封其祖若考皆公官，祖妣郭氏，妣王氏，皆夫人。妻常氏，赠夫人，通州卫指挥同知彬之女，有淑行，先公二十八年卒，合葬公之墓。继氏王氏，封夫人。侧室徐氏。子男五，长即钼，次镇、铭、锦、钺。女四，长适万全右卫指挥同知李恭，次适宣府前卫指挥同知安瑛，次适羽林前卫指挥使胡旺，下未行。孙男六，琮、玺、坦、珊、璇、澈。女五，俱幼，在室。公葬以终之年五月初六日，墓在通州糕糜店之原。

铭曰：天眷国家，归命圣仁，艾乱除暴，尤资武臣。曰维武臣，世驾忠义，庆泽流衍，爰及后裔。桓桓黄公，厥有明征，乃祖暨父，克奋忠诚，忠诚伊何，前后一致。或老兵戈，或殁国事，积善有报，挺生英豪。既承世德，聿效勤劳，义旗之兴，仗剑前举，勇摧朽枯，其孰能御。眷兹懋绩，简在帝心，超托委任，宠命弥深。神守北陲，总戎西夏，忠以事上，惠以恤下，饬兵严备，边境用宁，功著于时，恩赐于廷，历事四朝，垂五十祀。悯悼无哗，惟公之志，有德者寿，宜臻百年。曷星之陨，而不可延。都城东南，有崇其赟，铭以藏之，永世如永。

明故神宫监太监苗公墓志铭

赐进士出身、承直郎、刑部主事、真定王宇撰

光禄寺寺丞、预章王泉书

徵仕郎、中书舍人李升篆

公讳旺，姓苗氏，世为山西夏县人。大父清，有隐德。母太孺人靖氏。公成化甲午进入内府，恭慎小心，夙夜匪懈，事务毕集，随选为办事长。随以积劳，连转随侍坤宁官办膳。公阊爽有为，谙练事故，有难克济者，其长多以委之，至是无不乃尽，裨益良多。弘治戊申，点升尚膳监，管理霸□□河等处皇庄，公平心驭物，廉约宽厚，上不累公家之赋，下不亏小民之心，惟正是取纤毫无所入。每遇少有水旱虫蝗灾，即上奏闻，蠲免其他，所以为上为民之事，无不尽心竭力诚革，故垂后迄今，人咸称诵不忘。弘治丙辰，上嘉其劳舫，特赐蟒衣玉带。正德壬申，迁委茂陵治事。公仪状魁梧，温纯乐易，不事矫饰，官事未毕继之以日，性敦孝爱。兄盘，义官；弟广全，同；居白首无间言。戚里穷急，力为周施。而自奉俭约，不为禄位所移易，人皆喜其德之宏裕。下至旗校亦感慕无饮怨者。兄先卒，公念之不置厚葬，以礼不计其费。侄男，长山，义官；次霖，锦衣卫左所见，任百户；次天秀，学官。弟子员，次海、嵩、淮、洪、越俱勇士。皆蒙抚摩，教育有成，是亦可谓难已。公生于正统十年十月初五日卯时，卒于正德己卯五月二十六日，得寿七十四。以六月初十日葬于都城高碑店先茔之原。其卒之三日，内遣中官赐瘠白金及治丧事，所以慰谕者甚至实异数也。余与有识，兹奉乡进士李文鸣状请铭诸墓，乃为之铭。铭曰：历任最繁兮，厥职孔修；全所终始兮，先民之仇；彼有德兮，泽或不流；嗟公生兮，击人戚休；公已去兮，孰恃孰求；后有过兮，尚有感于兹丘。

元末至明中期，平津闸所在地银王庄村周边已发展成与漕粮有密切关系的高蜜店村、糕糜店村、高碑店村。明代荣禄大夫后军都督府都督同知黄真之墓发现于今天通惠河北岸的陈家林村，当时称之"糕糜店"，当与元代"高蜜店"一脉相承，后为清代"高米店"村。而明故神宫监太监苗旺之墓发现于今高碑店村污水处理厂院内，说明元明时期因漕运平津闸的设立，高碑店村已发展成横跨平津闸两岸的有集镇性质的大村落。当然，也有闸南为高碑店村、闸北为高米店村后更名为陈家林村的可能性。

后来，到明嘉靖年间千户侯朱东津率众因漕河之水而建龙祠，嘉靖四十年

(1561）工部都水司郎中吴遵晦撰写的《通惠河龙王祠记》历经450余年沧桑，至今仍珍藏在高碑店村史馆中。对于祭祀水神龙王，《帝京景物略》在记述城东东直门外春场时附载明朝晚期京城风俗：

> 凡岁时不雨，家贴龙王神马于门，瓷瓶插柳枝，挂门之傍，小儿塑泥龙，张纸旗，击鼓金，焚香各龙王庙。群歌曰："青龙头，白龙尾，小孩求雨天欢喜。麦子麦子焦黄，起动起动龙王，大下小下，初一下到十八。"摩诃萨初雨，小儿群喜而歌曰："风来了，雨来了，禾场背了谷来了。"久雨，以白纸作妇人首，剪红绿纸衣之，以苕扫苗缚小帚，令携之，竿悬栋际，曰扫晴娘。

历史上，通惠河因自然、社会等原因多次淤塞又多次被疏通，如明嘉靖六年（1527），御史吴仲请修通惠河，历时三个月方告成功，皇帝上舟观之，"廛居夹岸二十里，柳垂垂蘸河，漕舟上下达"，大学士张瑜等联句以闻，《侍上泛通惠河，同官联句》"落日秋风好放舟，已过三闸顺安流。恩沾赐宴流琼液，老愧忘机问白鸥。远饷鯈来归水国，上游从此重神州。观风不是耽盘乐，莫迓年华两度游"，皇帝大悦。"廛居夹岸二十里"说明今东便门至高碑店之间通惠河两岸，商贾云集，二闸、三闸所在村落已发展成集镇。

三　清代高米店、高碑店

位于今陈家林村立于清代康熙四十一年（1702）的《皇清通议大夫拜他喇布勒哈番又一拖沙喇哈番陕西协领常公神道碑》，真实地告诉后人陕西协领常保葬在"京东之高米店"，"高米店在运河北距京十二里许"。光绪十三年（1887），京都顺天府大兴县东便门外高碑店村后街西头就有五圣神一座，年深日久、风吹雨洒、坍塌倒坏、神像残颓，有小船户李德、张宝善朝夕目睹，心意不安，发虔重修拜，化合村住户与众大小船户、铺面喜捐资财，共成善事。此功德碑说明至清末高碑店村至少有前后街之分，大村落或称之为大集镇式的高碑店村形成。

> 皇清通议大夫、拜他喇布勒哈番又一拖沙喇哈番、陕西协领常公神道碑
> 赐进士及第、经筵日讲官起居注、礼部尚书、兼管翰林院掌院学

士、教习庶吉士、眷弟韩英顿首拜撰文
赐同进士出身、通议大夫、通政使司通政使、眷弟李铠顿首拜
篆额
赐同进士出身、通议大夫、礼部侍郎、兼掌国子监祭酒事、眷弟
孙岳颁顿首拜书丹

公讳常保，号诚斋，长白王簌岭人也，姓觉罗氏，其上世远弗可考。我太祖高皇帝龙兴辽左，公祖穆布里以骁勇闻官，授护军校代佐领事，遇敌敢战，屡著功绩。夫人民觉罗氏，生子三，公考雅思哈，其次也，幼而英异多智勇，弱冠官护军校代护军参领事，四征湖襄一平云贵，所向有功，最后征李定国于磨盘山，步军深入血战不止，遂殁于兵。世祖章皇帝悯其忠勇死事，诏授公拖沙喇哈番，夫人舒穆鲁氏封宜人。时公方八岁，袭父爵。公器局老成，每朝会公卿，诸先达交口叹美，以为将来所至殆不可量。公至孝，事太夫人备极色养，读书知大义，性明达而恬退，不欲以才智先人。然遇事敢言，临时利害不避，虽古贲育莫之或过也。稍长，□职勤慎，趋事必早往宴。太夫人尝悯其劳，公慨然流涕曰：儿官父所遗，痛父殁壮志未伸，期幼子报国，慰吾父地下，母第安之，儿殊不苦也。年二十五随征察哈尔，布尔尼贼众大队屯山后而伏，二百余骑山谷间突出掩至，我军惶骇欲奔，公叱所部勿动，勒伍以待。已而，乘间疾击遂歼之。上诏授公拜他喇布勒哈番加一级、阶通议大夫，夫人那喇氏封淑人，祖穆布里赠通议大夫，祖母民觉罗氏赠淑人，父雅思哈赠通议大夫，母舒穆鲁氏赠淑人，准袭爵□世。已又特旨除公陕西西安府协领。公导太夫人舆之西安，抵镇治事唯勤，驭众以德，鞭扑不加，而强兵悍卒皆奉纪律，无敢犯者。厥后一镇汉中，再镇宁夏，所至兵我民安，德威并著，迄于今犹□□人口不衰。公处事持大体，善体人情，诸大吏事有疑难必就公诺访，甚见敬礼。后太夫人以天年终，公哀毁骨立，既免丧。会噶尔丹犯顺，公随征绝域至克鲁伦河，兵众饥疲兼值疫疠，公捫循恳至粮楼与同，且委曲谕以忠义。猝遇敌，公奋勇先登，所部衔公恩，无不冒矢石为国效死力者。已又至哈密，经历险远，积苦兵间，渐染成疾，返祎西安，公病笃！呼家人与诀曰：吾垂看承先泽受国厚恩，念先人赍志殁，常欲捐躯效忠以慰前人，不图一疾至此，命也何忧！但愿我子孙世以忠孝，矢心即祖父为不死矣。一言不及，于私遂卒。

诏于公拜他喇布勒哈番又一拖沙喇哈番，准袭三次，赠祖若父如其官。公生于顺治八年二月十八日，卒于康熙三十七年七月二十八日，得年四十八岁。三十八年二月归榇京师。公居陕十七年，归榇之日兵民祖莫，号泣者且万人，又立碑于府治之旁而祀之，曰见碑如见我公也。是年四月五日，厝公灵于京东之高米店，又为立石以图不朽。余遂述而志之，以示孝子贤孙，奕号之楷法焉。公三子，长索鼐，嗣公爵；次那尔泰，笔帖式；次索尔泰，太学生。孙四人，那拜，太学生；余俱幼。高米店，在运河北，距京十二里许。

康熙四十一年岁次壬午三月十九日立石

高碑店村内外还有一些著名的清代墓葬：村中卒于顺治十年（1653）、由孝妻刘氏立于顺治十八年（1661）的皇清诰奉资政大夫骠骑将军线应奇墓碑；位于高碑店村以东小郊亭村南的立于康熙四十八年（1709）"总督四川陕西等处地方提督军务兼理粮饷兵部尚书兼都察院右副都尉史仍兼管陕西将军事务世袭拖沙拉哈番加三级博济"诰封碑和神道碑两通；位于兴隆村康熙年间织染局员外郎的席图库夫妇碑和席图库父母碑各一通，位于花园闸村的直隶总督兼北洋大臣、太子太保、文华殿大学士，卒谥文忠的荣禄墓；熏皮厂有二贝子坟，葬有睿亲王苏尔发和镇南将军莽依图；松公村有乾隆帝第四女和硕和嘉公主坟；位于方家村的王爷坟葬有豫良亲王修龄；半壁店有豫亲王裕兴墓、镇国公阿拜墓；东店有黑龙江将军恭锂墓。以上墓丘均已平覆，有的仅留有地名，少数尚有遗址残迹可寻。

古漕运河道通惠河上的第三闸位于乡域内的花园闸附近，原名郊亭闸，元延祐年间改建石闸，更名平津闸（分上、中、下三闸）。明宣德、正统年间都曾重修此闸，以利漕运。元、明、清三代都曾在该闸设官吏管辖，有定额编夫船户。因此附近有些村落的名称与该闸有关。追本溯源，今天的高碑店村当起源于其周边的辽代郊亭村，后发展、衍生为元代的银王庄、高蜜店等不同名称的小村落，元代的高蜜店延续到明代又有糕糜店、高碑店村不同称谓，说明村落进一步壮大并分化为不同的村落，发展至清代高米店、高碑店，从历史上多种不同称谓看，该村形成的重要因素是漕运、河闸及稻米，历史文脉就是通惠河。高蜜、糕糜、高米都是同音异字，高碑当谐音于高柳（稗），柳者是与稻米相伴生的杂草，也是高米之意，因而笔者认为：高碑店村源于辽代郊亭，兴盛于元明通惠河漕运，至清时又按河南、河北、村东、村西等自然因素分为若干村落，而高碑店主体村落至今仍是拥有5000余人的京郊数一数二的大村落。

今天，高碑店人在深入挖掘千年古村漕运文化、驿站文化、民俗文化的同时，发挥自身古文化优势，正在恢复通惠河上平津水闸原貌，修建通惠水乡茶楼一条街，再现千年古村漕运风貌；建立碑林公园，展示高碑店"高碑"特色；建立高碑店民俗博物馆，收集、展示、研究中国古典精品家具和古村民俗风物。未来的高碑店民俗文化村将以元代的平津闸为龙头，以贯穿村中的通惠灌渠为龙脉，以明清时期的文化遗存为龙骨，以古典家具展卖为龙翅，以高碑公园、民俗博物馆为龙心，以民族民间文化为龙魂，以全体高碑店村民为舞龙人，续写高碑店村新的篇章。

北京东岳庙西廊鲁班殿考

全国重点文物保护单位北京东岳庙现占地35801平方米，古建11586平方米，是道教华北地区现存最大的正一派道观，素以"碑多、神像多、楹联匾额多"三多著称于世。近年，随着占地7853平方米、古建2290平方米的东岳庙西廊修缮完毕，民间俗神信仰体系中的药王殿、鲁班殿、鲁祖殿、马王殿、月老殿、火祖殿、仓神殿、海神殿、瘟神殿、玉皇殿、斗母殿、岳帅殿、丰都殿、眼光宝殿、延寿宝殿、显化殿、观音殿、自治公所、森罗宝殿、判官殿、三官殿、东岳宝殿、灵济先祠等33个殿座将陆续开放，引起民俗界、宗教界和社会人士的广泛关注。2008年初，东岳庙被批准为道教活动场所，10余名道士陆续入住，原朝阳区下三条小学占地5215平方米、古建1203平方米、民国建筑约150平方米的东岳庙东廊和后院也由朝阳区教委交付东岳庙管理处管理。北京市财政拨付1129万元即将对伏魔之殿、文昌阁、魁星阁、行宫、义学、民国警察署和尚属安全三局所属的占地2385平方米、古建106.74平方米的娘娘殿等14个殿座进行修葺，东岳庙将继明清之后再现道教圣地辉煌。

东岳庙西廊拥有"鲁祖之殿"和"鲁祖圣殿"两座鲁班殿，一座庙宇内何以出现两座同一主神信仰的殿堂？其建造时间和产生的社会背景是什么？本文从东岳庙西廊鲁班殿碑刻材料、遗留壁画材料和各地鲁班庙信仰实物出发，力图揭破东岳庙西廊何以产生两座鲁班殿这一历史之谜。

一　东岳庙主要殿宇和西廊产生的时间

于敏中等编纂《日下旧闻考》卷八十八记载赵世延《昭德殿碑》有言："国初城大都，规模宏远。祖社朝市庙学官署，无一不备，独东岳庙未建。玄教大宗师张开府留孙于延祐末（1319）买地城东，拟建东岳庙。事既闻，仁宗命政府尼役。开府辞曰：'臣愿以私钱为之，倘费国财劳民力，非臣之所以报效也。'上益嘉赏，遂敕有司护持勿得阻挠。方得涓吉鸠工，而开府遽厌世。嗣宗师吴特进念师志未毕，竭心经营，不惜劳费。于至治壬戌（1322）春成大殿、成大门；癸亥（1323）春成四子殿、成东西虎，诸神之像，各如其序，而后殿则未遑也。泰定乙丑（1325），徽文懿福贞寿大长公主东归过祠有祷，捐缗钱若干缗，竟其所未竟者。天历（1328）改元，皇上入纂正绪，主来朝，适后殿落成，事澈宸听，赐名昭德。"虞集《道园学古录》中《东岳仁圣宫碑》，吴澄《吴文正集》中《大都东岳仁圣宫碑》，均记述了敕赐庙额曰仁圣宫一事，从碑文可以断定东岳仁圣宫之称在泰定乙丑年（1325），赐名皇帝为元泰定帝也孙铁木耳。元代赵孟頫、赵世延、虞集、吴澄四位著名文人撰写的有关东岳庙的碑文如今只有赵孟頫撰写的《大元敕赐开府仪同三司上卿玄教大宗师张公碑》完整地屹立于东岳庙中路碑林，并成为镇庙之宝。赵世延《昭德殿碑》所记玄教大宗师张开府留孙于延祐末（1319）买地城东拟建东岳庙，明白无误地告诉后人，东岳庙始建于1319年。1322年建成岱岳宝殿，1323年建成东西太子殿和七十六司，1325年元泰定皇帝赐名"东岳仁圣宫"，1328年建成时称"昭德殿"的育德宝殿。

大明正统十二年（1447）八月二十五日《御制东岳庙碑》载："诏有司治故地于朝阳门外规以为庙，中作二殿，前名岱岳以奉东岳泰山之神，后名育德俾作神寝，其前为门，环以廊彪分治如官司者八十有一，各有职掌。其间东西左右特起如殿者四，以居其辅神之贵者。皆肖像如其生。又前为门者二，傍各有机以享其翊庙之神，有馆以舍其奉神之士。庙之广深凡若干亩，为屋总若干楹。壮伟宏丽，称其神之所栖。盖经始于正统十二年五月十八日，而落成于八月十五日。材出于公素备工用役之常赋，而民无。"

明嘉靖庚申岁（1560）仲冬吉日立《崇整岳帝司神修葺续基碑记》记述："绘饬兴工于是年八月朔日，至仲冬工完。先是大殿后宫崇整，圣像庄严。左右宫眷侍神及神床宝座袍簪珠冠，宛然相貌一新，次绘东西配殿廊虎各殿，神神皆整，像像皆新……观前建影壁一座，以屏褒秽。次浚东井以济行人之渴。亦续庙前东西房第十九间，以候他日展用，亦将庙后北垣倍筑天墙，蜈蚣脊檐，以截无知之践。"另在此碑碑阴刻有："仍用白银二百两求助皇亲方，近庙东房门面十四间。又用价白银六十五两买到近庙西萧景、张政房二所门面五间半。兵仗局管杨琼拾地一顷，坐落朝阳门外三间房地方，四至分明，各有文契存照。庙西房并拾地亩与住持马文保等常住公用。庙东房与门下道士徐文俸收管，永远侍奉香火。"万历四年（1576）十一月初八日所立《敕修东岳庙记》："工始于万历乙亥八月迄周岁而落成。其殿寝门四之名，廊庑庖湢之制大都不易。其故而挠者隆之，毁者完之，垩者藻饰之。又于左右建鲸鼍楼。东为监斋堂。规模环丽，迥异畴昔，岩然若青都紫极矣。"碑阴载："前临街房二十一间，果园一处并窦哥庄，迁民屯田地一顷二十三亩，大小房间俱与监斋堂官刘成等永远侍奉香火，后临街房三十一间，畦地三千余个，俱与住持高道江等永远侍奉香火。"有明一代，皇家官府接手东岳庙，规模变大、等级达到皇家庙宇，1560年建成琉璃牌坊，1576年建成钟鼓楼。

咸丰三年（1853）《地界碑》记述东岳庙："正统十二年立界址（长）七十一丈，广四十五丈，此系前明庙址。（今界址）南垣墙一道计长二十八丈紧靠大街，北面墙垣一道长二十八丈紧靠后街，东面墙垣一道计长七十五丈二尺，西面墙垣一道计长八十二丈五尺。又将房屋间数开后，中路六层计殿宇房屋二百三十六间；东廊一带计殿宇房屋一百一十七间；东廊北边另有义学一所计房屋三十六间，门在后街；西廊一带计殿宇房屋二百二十间；以上四处共殿宇房屋六百零九间。东廊西廊及义学等处均系官地，其房屋均系募缘修理，管理公事之人不得占为私业。"以明清时期的尺丈折算成今天的平方米，东岳庙在正统十二年（1447）占地面积为37151.78平方米，在咸丰三年（1853）占地面积为26813.731平方米。从东岳庙现占地面积35801平方米看，560年前的明正统时期东岳庙就已达到如今规模，而今天的东岳庙东、西两廊古建群虽在正统时期尚未成形，但占地面积明白无误地告诉我们，后称为东岳庙东、西廊所在地为东岳庙所有的官地，故有后来依附东岳庙建立民间俗神体系的可能。东岳庙碑刻材料中，最早于康熙十九年（1680）菊月上浣之吉立《添设粥厂碑》首次提到"饥民……住宿东岳西廊两月"，说明清初西廊雏形已成。从康熙五十九年（1720）所立《老悬灯会碑记》记述玉皇殿住持关尚任、京都朝阳门内东四牌楼马市众善弟子所立《马王庙在会众信奉祀碑记》、乾隆五年（1740）《盘香会碑记》碑阴记述"东廊关帝殿住持吴成懋"、乾隆十四年（1749）东四牌楼驴行弟子所立《马王圣会碑》记述"故年例，秉心于东岳庙西廊三皇殿内马明王圣前重修"、乾隆二十九年（1764）京都羊行元宝老会众善弟子所立《羊行老会碑记》、道光十六年（1836）《重建斗坛延寿殿碑》记述"西廊内斗坛延寿殿、火祖殿日渐倾圮，住持等发愿重修，又此院内住持等发愿修立海神、仓神左右配殿。谓此斗母主消灾，火神永护平安，海神通于津淀，仓神保于粮储……仓神殿东西客堂建立"，道光十八年（1838）德盛木厂、复兴木厂、通和砖窑、兴泰米局、福泰粮店、万源翠局、天一银楼、永兴号、公兴轿铺、乾裕粮店、鼎茂酱房、日盛轩等众善人所立《海神殿山门平台碑》等碑文的记载证明明末清初，随着东岳庙民间信仰地位的提高，除中路被皇家保留为东岳大帝信仰体系外，将西廊、东廊开辟为民间诸神信仰福地，至迟到咸丰初年。

二　鲁祖之殿、鲁祖圣殿建造时间考释

鲁祖之殿建造的时间为1719年。京都顺天府大宛二县各处地方弟子众于大清康熙五十八年（1719）岁次己亥夏五月下浣谷旦所立《修建公输仙师碑记》中有明确记载："制作之祖者……仙师其一矣……百工之师也。京师为首善，化百工之巧者，莫不汇而集焉……（百工）各解其囊，共襄其工。择地于东岳庙之廊宇，盖而塑立之。"乾隆十八年（1753）京都大宛二县朝阳关内外五行八作鲁班圣会《重修鲁班殿碑记》记述"京都大宛二县朝阳关内外五行八作众善人等，各出资财共襄圣事，制买灰瓦，砌补殿宇，措办颜料，桩塑神像"；乾隆三十三年（1768）东直门内南北小街木匠石匠瓦匠众善人所立《鲁班圣会碑记》；乾隆四十八年（1783）木厂石作、棚行、灰厂等众善人所立《鲁祖殿重修碑记》；乾隆五十四年（1789）京都顺天府大兴县朝阳关内南小街以内众棚铺、搭彩众士人所立《鲁祖碑记》；乾隆五十五年（1790）京都顺天府大兴县朝阳外棚铺、扎彩人众所立《鲁祖圣会碑记》；乾隆五十七年（1792）内务府营造司工部营缮司所立《鲁班圣祖碑记》；嘉庆十七年（1812）丰盛木厂、义兴木厂、天利木厂、复成木厂、永兴木厂、东兴木厂等城里关外木石瓦作《鲁祖老会碑记》；道光元年（1821）朝阳关外棚行弟子所立《鲁班圣会碑记》；道光二十三年（1843）崇文门内东单牌楼瓦作《鲁班祖师殿碑记》；道光二十六年（1846）三合号、永全号、永成号、永利号、天福号、立顺号、中立号、天明号、通立号、永泰号、永盛号、北德顺、恒兴号、天和号、天兴号、天成号、比天和号、天利号、成顺号、广聚山厂等，《鲁班祖师碑记》写道："京师凡欲鸠工起建，惟我

棚行起造于前，全赖祖师神功显化默佑之传也……在行诸弟子莫不仰赖以生，成皆有凛感之衷"；光绪八年（1882）屈成德等87位感念祖师"德庇群工"而立《鲁班圣会碑》；光绪十四年（1888）李天兴棚铺、孙大口棚铺、李天顺号、傅长顺号、张外天成号、孙永立号、殷口义和、殷口义和、殷平口口、殷义口号、朱口兴隆、王天成号、屈廉号、叶口口口、口口成号等，朝阳门内外棚行众弟子所立《东岳庙重修药王等殿碑》；光绪二十八年（1902）德兴木广、广恩木厂等商人因承修石牌楼工程开采、运输石料顺利，感恩祖师"护佑百工之灵应"而立《鲁班祖师碑记》；中华民国己未年（1919）李文志等90位感恩祖师"德庇巧工"而立《鲁祖圣会》碑。

鲁祖之殿众多圣会碑记告诉我们，从清康熙五十八年（1719）到中华民国己未年（1919）200年间，鲁班信众从初期百工、五行八作、木石瓦匠到棚行、木厂、巧工的分化，说明社会分工越来越细，百工和五行八作向三百六十行发展，中华民国十六年（1927），仍有陈设、彩作两行联合行内杜长山等58人公立《鲁班殿碑》。

鲁祖圣殿建造的时间为1941年。北京东岳庙在修缮西廊古建过程中，发现立于中华民国三十年（1941）的"建修鲁祖圣殿碑记"和碑额撰写"鲁祖圣殿"的两通碑，两通碑碑阳均漫漶不清，但从福和轿铺、泰庆营造厂、蔚昌木厂、泰昌祥五金行、万庆德、三德号、恒聚工厂、双盛和、广发铁铺、锦祥茂、万益祥、德兴用、柳园饭庄、玉成号、益源五金、义聚泉、聚源祥、聚和泰、庆聚德、隆泰木厂、恒德五金行、永生木厂、增记木厂、阜丰号、恒茂木厂、天泰永、德盛和、义昌油局、万庆公、惠丰堂、萃华楼、裕泰祥及张文贵、王子泉等38位承办人敬献、王口泰撰文、宋悟权书丹、张吉荫住持的《建修鲁祖圣殿碑记》"东岳庙西南处修公输先师圣殿三楹，愿世世供奉于无穷也"，其碑阳额文也为"鲁祖圣殿"、碑阴额文"万古流芳"，而另一通碑阳额文"鲁祖圣殿"的那通碑，当为同时期，即中华民国三十年。2005年10月在朝阳区北马房村发现带有"东岳庙""鲁班祖师神殿""中华民国"等字样的残碑，尤为珍贵的是：碑头阳面残留浅浮雕刻两幅，一幅保存较好，画面刻碑工匠两人，左上方一工匠左手执锤过顶，右手执尖整于碑面，目视前方，身穿七排"算盘扣"对襟夹袄，碑旁放着一件瓦作工具方尺，留下碑刻人永恒的瞬间；另一工匠着五排圆纽扣中式装，碑座立于堰好的地砖之上，碑斜立。另一幅画面只残存一工匠下身，呈坐姿,旁边有挪碑所用铁钎一对,左下方为冰盘檐口影壁。画面三工匠均穿圆口布鞋,裤口绑腿。碑额阴面保存完好,也是浅浮雕两幅,画面表现的是两位砖雕、彩绘工匠,一工匠右手拿碗,左手执毛笔,欠脚站立于硬山一字琉璃影壁正面池子内彩绘老松虬枝,旁边四腿方桌和三腿圆凳上,放着舀勺、碗、折尺、直尺等彩绘所需工具;另一幅画一雕工坐在一长条凳上,正在雕刻硬山一字琉璃影壁背面十字花纹套牡丹花方砖心,左手持窜,右手执木敲手,做轻蓼细琢状;两位工匠均头扎毛巾,夹袄侧边开汽工匠着装同碑额正面相同,为20世纪40年代服饰。

  2003年6月,东岳庙西廊古建在落架修缮过程中,于鲁祖圣殿前廊廊心墙象眼、穿插当遗留3幅壁画。其中,象眼抹灰镂画"民国三十年夏月写完,文海吴永兴",即1941年夏天所绘,绘画内容与上述碑头阳面协调一致,三位瓦工正在用20世纪30—40年代由北京工匠受木工刨子启示发明的瓦作刨子,砍磨方砖、"五扒皮砖",以示准备铺堰地面;三位架子工或扛、或递、或接沙蒿,墙侧立有一堆沙蒿和一块剩余角柱石,昭示该殿主体已修缮完毕;硬山一字琉璃影壁前一单水工匠正笑眯眯地看着砍砖忙碌的工匠,一副大功在即的神情溢于画面。右前方(实勘为东南方),"眼光娘娘"幡旗飘起,无疑告诉后人鲁祖圣殿在东岳庙西廊的方位,即眼光娘娘殿的西南侧,再以1931年荒木清三绘《东岳庙平面图》对照,坐西朝东的鲁祖之殿毗邻眼光宝殿之西南,而同样坐西朝东的鲁祖圣殿当在眼光娘娘殿之西北、鲁祖之殿正北位置,西廊古建落架大修时证明绘画不误。穿插当壁画之一,题记"文海吴永兴",内容为工匠扛梯、挑水、抬灰、扛夯及扛装有耧耙、镐头等土作工具的箕筐等系列形象,直白告诉大家他们是打夯的匠人。另一幅题记"荷月写完,文海吴永兴",并画出绘画者的印章,表现内容为刻碑、雕碑座和翻碑的工作画面,值得注意的是四位匠人均留有当时流行的寸头。夏月、荷月正是烈日当头的夏天,画工吴永兴在闷热的雨季画完壁画,并从壁画匠人服装穿着传达出保留至今的古建修缮传统,即春秋季节打基础、建主体,而彩绘、壁画当然不受雨季所累了。

  中华民国二十四年(1935)出版的《旧都文物略》记述当时的北平"瓦木工,全城不下四五万人。此辈工作上集合在内外城,均有一定街口,其作活种类向分两种。一为平常活,一为官工活。官工活即管家大工程时之工作也。瓦木工内部分大工小工之别。大工非本行出身不可，小工有时或招集外行人补充，凡工作由首领而工头，工头则于一定街口招顾之九城街口，皆在各大茶馆"。"凡昇礼舆及丧车之人，皆由杠房承雇，其人平时均有训练：认为专业非寻常售力者所能胜任也。"而道光二十六年（1846），徐成海等100余棚行弟子，广聚山厂等同立的《鲁班祖师碑记》："京师凡欲鸠工起建，惟我棚行起造于和徒孙了。"

根据碑记，李天兴棚铺、张外天成号等15家棚铺、李锦等86位棚户还筹款修缮过西廊药王殿和丰都殿。《旧都文物略》记载："杠房及杠夫，杠房与木厂桅厂皆有联络，而杠房则所备者，均糅漆彩绣之喜舆、丧车以及仪仗鼓吹一部，服物既皆出赁，其执事人夫、杠夫则由杠房代雇。杠夫各有其固定之街口、茶馆集合待雇曰口子，而界限极严。杠房如非人不敷用之时，不得赴其他口子雇人；他口子之杠夫亦不敢应雇其执事。苦工则亦有一定之小客店包雇，此种客店均在天桥及关厢之外，平日住店数十人，一长土炕，人纳宿资三文且可记账，早出夜归，而店主俨为指挥一切。杠房雇人与店主接洽万无一失。"可以得出结论：20世纪30—40年代，随着民国政府南迁南京，后来北平又被日军占领，民不聊生，行业之间就业竞争压力增大，清朝时期的棚行发展成杠房行，而传统的土木瓦石行与杠房行行业区分加剧，矛盾也必然加大，分裂在所难免。清康熙五十八年（1719）百工、五行八作合力修建的鲁祖之殿，到中华民国三十年（1941）随国势而信众分化瓦解，信鲁班为祖师的土木瓦作行即今日的建筑业，鄙视杠房行的行为并视其为无"技"之业，不配敬奉鲁班祖师故而另立"鲁祖圣殿"。

清光绪壬寅（1902）由德兴、广恩木厂商人，柜上头目10人立的《鲁班祖师碑记》："以祖师传授万载之规模，护佑百工之灵应，为历代工商同深钦感至今，勒碑词祝灵爽常昭。兹者现因奉派承修石牌楼工程，应需石料。尺丈本极重大，石性之佳者非寻常件可比，今若勉强开之，恐不易得当。因工关紧要，料重期迫，不避艰险督催开山人等遍觅妥塘，无垛可采。众等正在无策之际，幸蒙神佑指示，石垛开起可得，当即依法开做，果应神言，尺丈石性一一敷用。虔思指示者诚为祖师之显应也。复因石料虽得塘深数丈，稍存雨水难以起。出其时夏至在迩练车运道一经落雨深恐难行。在工人等虔诚祈祷，复蒙保护，天气晴和，练车得以畅行，将应需石料全行运至，平安到工，此皆仰赖祖师保佑众等感荷指应，实无既极，因之殿宇从新庄严，献彩勒碑敬立以答神庥云。"中华民国十六年陈设、彩作两行联合行内立鲁祖之殿碑东岳庙西廊件祖圣殿残留壁画、碑额无疑告诉时人土木瓦石行才是鲁班真正的传承人。

在五行八作信奉鲁班的历史进程中，各行业为了竞争的需要，逐渐出现了规范成员活动的行规，如武汉天平同业行规（石木工类）："盖闻我等同业，公议章程，历年已久。迨后五方杂处，各行师友，俱有成规。即我等天平一艺，于乾隆五十九年（1794），业订规则。迄今数十载，莫不遵守旧规。近以兵燹之后，众心不一，诚恐无知之徒，籍隙改变，我等特约同人，复行公议，使各避守勿违，是为序。一议：学徒弟者以四年为限，若能开立铺面，听其自便；一议：收徒弟者，三年以后再招；一议：铺内作坊，只准一名，不许多招；一议：徒弟新进铺内，捐钱一千文；一议：如有不遵者，同业公议处罚；一议：不准外行帮做；一议：长用师友，不准另做外工；一议：短工师友，可做外工；一议：师友自四月初一日起，停止夜工；一议：师友自九月初一日起，加作夜工；一议：如有不遵行规，查出罚钱一千；一议：如有不报者，查出罚钱一千。以上章程，系同业公议；有不遵者共同处罚，不得徇情以私废公。"行规的出现意味着行业的细化和规矩上的严格，同一祖师鲁班旗帜下的信众分化为两类不同的行业，其规矩、利益必然不同，为保护本行规必然要分立门庭，土木瓦石行从棚行分离出来另建鲁祖圣殿当为情理之中，也让今天的我们揭破东岳庙西廊何以出现两座鲁班殿的历史之谜。

三　从鲁班庙宇遗存看东岳庙两座鲁班殿存在的意义

生活中人总离不开衣、食、住、行，住则须土木建筑，而土木建筑的祖师爷即是鲁班，故此鲁班庙遍及天下。土、木、石、瓦作工匠供祀鲁班，大约始于宋元时期。明成化、弘治年间的《鲁班营造正式》中，即存有"请设三界地主鲁班仙师文"的记载。明清以后，供祀鲁班的庙、祠、馆，同时即为木工行业公所所在地，各地均有，甚为普遍。例如，北京清《乾隆京城全图》有"鲁班庵"，其址在广渠门内羊市口斜街。苏州木工瓦工水作业合并之公会木作供祀鲁班仙师。上海有鲁班殿数处，又有鲁班阁。近代苏州有"鲁班会"。"鲁班会"或水木行业公所，实际是以供奉鲁班祖师之名，逐步形成了团结营造业职工的一种社会（帮会）团体。

位于天津蓟县县城内的鲁班庙，又名公输子庙，坐落在蓟县县城鼓楼北大街东侧。由山门、大殿和东、西配殿组成，占地800多平方米。山门面阔三间，进深二间，明间正中设板门和抱鼓石，次间外檐封护，开六角形花窗，大式硬山顶。大殿面阔三间，进深一大间前出廊。明间置斜格菱花格门，次间作槛墙、格扇窗。檐下斗拱一斗三升交麻叶，角科宝瓶下出单昂。内、外檐旋子彩画，杭心什锦云纹，画工精细。九脊歇山顶，绿琉璃瓦剪边作法。东、西配殿面阔三间，进深一大间，民间小式作法。整座建筑布局严谨，工精料细。清初在遵化修建康熙、乾隆陵时，工匠们节省了一些木料、砖瓦，在蓟县修了一座鲁班庙，以求祖师庇护。据清光绪三年（1877）《重修公输子庙碑记》碑载："东陵吉地，在蓟城南蔡庄赁地数十亩作木厂，众匠人曾到鲁班庙谒庙焚香，自兴工至今一切平安，皆仰祖师默佑。产生重修之愿。会同本郡乡绅，各厂算房（账房），样式房（设计模型单位），各作匠，出资共成善举。"说明这座建筑是严格按照官式作法修建的。

香港鲁班庙位于西环青莲台，建于光绪十年（1884），为两进式的建筑，是当时香港三行（木工、油漆、泥水）的同业人士所集资兴建，是港岛华人庙宇中壁画数量最多的一间，庙外、庙内、门墙及山墙皆有壁画，如《张骞泛槎图》《风雨归舟图》《夜游赤壁图》《蝴蝶水仙图》《达摩渡江图》《倚石仕女图》《访友图》《双龙图》，尚有不少花鸟、人物和书法夹于其间。庙内第二进的后壁也有。根据庙内石刻记载，当年合资捐建鲁班庙的人超过1172名。庙中历史最悠久的文物是一块立于光绪十年的石刻《倡建鲁班先师庙签题工金芳名碑志》。建庙的目的，可见于庙内一块立于1951年的《倡建鲁班先师庙碑记》"窃以学有渊源，后人当思报本……建北城侯鲁班先师庙宇，以尽崇报德功，饮水思源之议"。

民间传说，北京白塔寺的白塔裂缝是鲁班给锔好的；山西永乐宫相传由鲁班修建；四川大足山北山石像相传为鲁班雕刻；杭州市西湖上"三潭印月"的三座石塔，相传是鲁班凿来镇压黑鱼精的石香炉的三只脚。每年农历的六月十三日是"鲁班师傅诞"，中国尤其是台、港、澳的木匠多有庆祝这节日。例如大陆上架木艺工会很重视这个节日。他们每年祝贺师傅诞时，有一项传统活动，派"师傅饭"，就是在师傅诞那天，用大铁镣煮白饭，再加上一些粉丝、虾米、眉豆等。相传吃了"师傅饭"的小孩子，不仅能像鲁班那么聪明，而且健康伶俐。另外，在"鲁班师傅诞"这一天，会请一班艺人回来唱八音，或者请一台木偶戏来演出。中国云南省通海县兴蒙乡的蒙古族在每年农历四月初二都要过鲁班节。由于鲁班有盛名,中国各处多有以鲁班命名的地名,如贵州省仁怀市鲁班镇;海南省中沙群岛鲁班暗沙;四川省广元市以西15公里处的三堆镇附近的鲁班峡,三国时代马鸣阁栈道遗址位于此处;北京市崇文区龙须沟附近鲁班胡同,胡同内有座鲁班庙,鲁班胡同原来叫鲁班馆胡同,"文革"后才改叫鲁班胡同的。这胡同南北向,全长1里多。中华人民共和国成立前,胡同内的居民多数是各种工匠和做小买卖者,2000年9月3日,在鲁班胡同拆除鲁班祠时发现了旧日所立功德碑一通。

我们再检索一下历史上北京鲁班庙祠的传布情况,据北京市档案馆编《北京寺庙历史资料》记载,1928年北平特别市寺庙登记的鲁班庙祠殿有:(1)建于清光绪二年(1876)的鲁班祠,坐落于内三区土儿胡同六十号,属私建。本庙面积东西六丈四尺,南北六丈五尺,房殿八间。管理及使用状况为本庙主管并信仰用。庙内法物有泥像十五尊,另有树六棵。(2)坐落于西郊四分署南海甸二十二号,建立年代失考,雍正年重修,属公建的鲁班庙。本庙面积二亩八分八厘,房屋二十五间;附属土地一亩二分三厘,房屋十四间。管理及使用状况为内务部派保管人张永安修理。庙内法物有关公像一尊,鲁班像一尊,财神像一尊,南海大士像一尊,大肚佛像一尊,站童像十二尊,均泥像,铁钟一口,铁磬一口,铁香炉一个,铁蜡扦一对,供桌三张,另有石碑两座(无碑文),楸树两棵。(3)坐落于西郊三分署西直门外高亮桥北下关路西四十八号,建于清康熙年间,清乾隆十六年(1751)、清光绪三十年(1904)重修,属私建的关帝鲁班庙。本庙面积一亩二分三厘九毫,殿房共十九间。管理及使用状况为进房租除修补殿堂外,余房出租,庙主得资生活。庙内法物有泥像三十四尊,铁磬四口,铁烛扦两对,铁香炉一个,瓦香炉两个,另有旗杆两座,槐树一棵。(4)1936年第一次市寺庙总登记重新登记的鲁班馆(木商公共庙产),坐落于外五区鲁班馆街三十五号,建于道光十四年(1834),属公建。不动产土地二亩八分,房屋四十五间。管理及使用状况为供佛。庙内法物有泥神像三尊,铁鼎一座,铁五供一堂,铁钟一口,木龛四个,供桌三张,另有石碑三座,砖井一眼。

因为当时登记皆以包括东、西廊诸神殿在内的东岳庙为代表,鲁祖之殿、鲁祖圣殿未能显示出来。上述鲁班诸殿宇如今都已消失,只存未登记的东岳庙西廊鲁祖之殿、鲁祖圣殿,作为北京地区硕果仅存的建筑行业鲁班信仰的历史遗存,其历史价值和现实意义不言而喻。

过去建筑行业有许多习俗，如举行上梁仪式……做屋的东主预先择定上梁的吉日良辰，木工按照东主择定的日期上梁，木工掌墨师傅把斧头、墨斗、曲尺放在桌子上，五尺斜靠在桌子前方，瓦工的瓦刀、挂尺放在右前方。准备工作就绪，木瓦工和东家洗手洗脸，家主把烛发燃，庄香敬神，请木工上梁。木工掌墨师傅走到桌前曰："伏以！鲁班来得迟，正是上梁时。"（在这里"伏以"是表示身体前倾，面向下，做出行礼的姿势。）早晨则曰："鲁班来得早，此刻上梁好。"木工把青步搭在梁上，从梁头搭到梁尾，将五尺红挂在五尺上，斧头红系在斧头把上，点几炷香，向上作一揖，在桌上香砚内装三香，转身向前门作一揖，在大门前插一炷香，瓦刀底下插一炷香，开始封梁……祭酒，师傅拿起酒壶曰："有请众神仙、师尊齐来享用。一请天地会，二请日月三光，三请开夯老祖，四请紫微中央，五请老君先师，六请风伯雨师，七请玄老师尊，八请蒋太真人，九请九天玄女，十请玉皇大帝。"说明木匠除敬奉鲁班外，还奉祀其他民间俗神以求工程平安顺利。

因为鲁班在历史传说中是个有很多发明的能工巧匠，在各行业中有广泛的影响，所以除木瓦石匠外，还有搭棚、扎彩、玉器、皮箱、梳篦、钟表、编织制盐、制糖等行业都供奉鲁班，定期举行各种纪念活动，各个行业都有不同的侧重，都强调鲁班与本行业有关的事迹和传说。如蒲松龄写过一首以《木匠》为题的诗说："木匠祖师是鲁班，家伙学成载一船。斧凿铲钻寻常用，曲尺墨斗有师传。"这说明木匠尊鲁班为祖师，主要是强调他是众多木工工具的发明者。木雕业供奉鲁班，除因为他发明工具外，还传说他是木雕的发明者。传说鲁班为鲁昭公造楠木大殿时，误把柱子的尺寸算短了三尺，在面临杀头危险的情况下，他急中生智，突然从女人足穿木屐，头绾发髻显得个子高好看这件事中得到启发，就重新改变了原来设计，用石头做柱基，用短木做斗拱并雕上图案花纹，镶在柱顶上，解决了柱料的不足，还使大殿更为壮观，由此便有了木雕业。造车匠奉鲁班为师，是因为传说他为母亲做过一套木车马，有木人驭者，鲁母坐到车上，一驱不返，遂失其母。扎彩匠、搭棚匠奉鲁班为先师，是因为扎彩、搭棚工具中的云梯和弯针传说都是鲁班及其家人发明的。

明代紫禁城的建造者、被皇帝誉为"蒯鲁班"的蒯祥，其香山帮建筑工匠群体，不但工种齐全，而且分工细密，能适应高难度建筑工艺的需求。例如木匠分为"大木"和"小木"。大木从事房屋梁架建造、上梁、架檩、铺椽、做斗棋、飞檐、翘角等。小木进行门板、挂落、窗格、地罩、栏杆、隔扇等建筑装修；小木中有专门从事雕花工艺（清以后木工中产生了专门的雕花匠）。木雕的工艺流程有：整体规划、设计放样、打轮廓线、分层打坯、细部雕刻、修光打磨、揩油上漆。除了分工细密外，香山帮工具也是很先进的。例如木匠用的凿子分手凿、圆凿、翘头凿、蝴蝶凿、三角凿五种，而每一种又有若干不同尺寸或角度的凿子。

鲁班本姓公输，名般，又称公输子、公输盘、公输般。先秦古籍《礼记》《世本》《战国策》《吕氏春秋》等为"公输般"，《墨子·公输》为"公输盘、公输子"，《孟子·离娄》称"公输子"。此后的《说文》《后汉书》等为"公输班"。"般、盘、班"古代通用。历代工匠尊称他为鲁班仙师、公输先师、巧圣先师、鲁班爷、鲁班公、鲁班圣祖、鲁班祖师等。公输般既然不姓鲁，为什么人们又叫作鲁班呢？据《鲁班书》记载："鲁班是鲁国人氏，姓公输子，法名班。"公输般是鲁国人，般与班同音，人们又称他为鲁班，后以鲁班名世。先秦及汉初的文献记载，他发明了钻、锯、磨、碾、机封、铺首、机动车、木莺、云梯、战船等生产工具和武器，对工具、工程、粮食加工和陆空交通、军事等方面都有杰出的贡献，被誉为"机械之圣"（《抱朴子内篇·辨问》）。鲁班，世代被木、泥、油（油漆工）、画（庙宇、神像之彩绘）、石、竹、棚（棚彩业、架子工）、笼（木工之一分支，有人作"绳"）等八大工种（俗称"八大作"）奉为祖师。鲁班作为中国古代建筑专家和能工巧匠的代表，是当之无愧的。因之，中国建筑业联合会确定设立"鲁班奖"作为建筑业的最高荣誉奖。这是继承中国建筑优秀传统、发扬中华民族建筑文化精华的一项决策，是有科学的历史根据和深远的现实意义的。鲁班庙就是这"八大作"聚会议事和祭奠祖师爷的地方，具有行会公所的性质。今天，鲁班在人们的心目中有日益被淡忘之忧。更有甚者，其遗迹和纪念场所也日渐破损，荡然无存。这与其给国人及整个人类做出的贡献，与其称誉更是相距千里之遥。因而，作为全国首善之区的首都北京，在CBD核心区的东岳庙西廊仍存留鲁祖之殿和鲁祖圣殿两座祖师庙宇，对于建筑行业、民俗和文化界，如何挖掘其深刻内涵并发扬光大，意义深远。

东岳庙鲁祖圣殿

东岳庙鲁祖之殿

珍存北欧乡村别墅式建筑群的491电台

491电台始建于1918年，当时皖、直、奉系三路军阀混战，段祺瑞政权妄图借日本的援助扩充自己，从而达到称霸中国之目的，在该年2月21日，由中华民国海军部与日本三井物产株式会社，签订了建立供海军通信用的中国海军中央无线电台，时称中华民国大无线电台。遗憾的是直到1923年试播后，并未正式启用。1938年初，侵华日军出于战争目的，将供海军通信用的中华民国大无线电台改成民用中波发射台，为当时世界上少有的大型发射台。历经北洋军阀、日伪统治和国民党政权统治，1948年12月，由中国人民解放军接管，终于回到了人民的怀抱。1949年1月31日北平和平解放，3月25日更名为北平新华广播电台，代表中共中央开始向全国广播。毛泽东主席、朱总司令发布的"向全国进军"的命令，也是通过这个电台广播出去的。1949年9月27日北平新华广播电台，更名为北京新华广播电台。1949年10月1日下午3时，毛泽东主席向全世界宣布：中华人民共和国中央人民政府今天成立了！通过北京新华广播电台传向北京，传向全国，传遍世界。491作为今日电台的代号，寓意着1949年第一季度开始正式广播。它真正能称得上几个第一：我国第一个大功率发射台，第一个对国际广播电台，第一个对台湾广播电台，第一个使用自己设计架设最高塔的电台。

491电台现占地面积100多亩，之所以在1997年被定为北京市重点文物保护单位，是其院内保存完好的7座建于20世纪20年代，与北洋政府欧洲古典式灰砖楼相一致的具有北欧乡村别墅风格的建筑群。段祺瑞执政府旧址位于东城区张自忠路3号，原名铁狮子胡同。清代这里有三座府第：东为和亲王府，中为贝勒斐苏府，西为和敬公主府。和亲王府的前身是贝子允禟府第。雍正十一年（1733）世宗五子弘昼改建为和亲王府。贝勒斐苏府，是清初恭亲王常颖的府第。清末，两府内的建筑全被拆除，重新建造了三组砖木结构的楼群：中间的主楼为欧洲古典式灰砖楼，东、西、北各有一座楼房。段祺瑞执政府即原和亲王府，清雍正第五子弘昼封和亲王之府邸。民国以后改成了北洋政府海军部所在地。1924年直奉战争结束后改为段祺瑞执政府。后来又改为北平卫戍区司令部。1937年这里成为以冈村宁次为首的日本华北驻屯军总司令部。1949年成为中国人民大学校舍。1978年主楼由中国人民大学清史研究所使用。

491电台院内西式建筑群，楼基用花岗岩和红色砖砌成，橘黄色的墙体，镶嵌着白色水泥的门窗框，不规则多面坡的楼顶，覆盖着红色片瓦。原行政生活区内7座小楼独立坐落在庭院的东、南、西、北，如今只存有5座。

现称广发阁的一号楼，始建于1920年，建筑面积430平方米，旧时为电台官员住舍。此楼坐落于院的南端，楼门朝北。一层有房屋8间，二层有房屋4间，木质楼梯，室内地面均为实木地板铺装。并设有欧式铸铁壁炉，保存完好。楼的基石为花岗岩，楼体为橘黄色，楼顶为不规则多坡式顶，上面覆盖着红色片瓦。门窗的边框以水泥砌成拱形和方形均为白色。错落有序，方圆结合。楼的建筑形状为丁字形东西走向。

现称望海楼的二号楼，建筑面积230平方米，旧时为驻地官兵俱乐部旧址，坐落于庭院的南端。楼门朝北，一层有房屋3间，如今室内已改成电台展览厅。顺木质楼梯进入二层，有房屋5间。室内地上均为实木地板铺装。楼基为花岗岩石堆砌，有的高达2米。门窗框有圆形、拱形、长方形。从远处看去犹如一幅壁画，大小方圆，虚实结合，充分体现出欧式建筑的艺术美。

现称越洋楼的三号楼，建筑面积167平方米，坐落于庭院的西端。楼门朝东，为民国海军通讯基地的官舍旧址。一层有房屋7间，二楼有房屋3间，木质楼梯，室内地面上均铺实木地板。有铸铁壁炉。橘黄色楼体高低结合，南北走向，楼基为花岗岩，楼顶为多面坡，红色片瓦。

现称长安楼的四号楼，建筑面积759平方米，旧时为官兵和技术人员的住舍。坐落于庭院的北端。楼体东西走向。一层东面房屋7间，西面房屋7间，中间为楼门洞，坐北朝南。二层东面房屋6间，西面房屋6间，中间房屋3间。室内均为木质楼梯，实木地板，有欧式铸铁壁炉。此楼的基石为红砖砌成。楼顶为两面坡式，上面覆盖着红色片瓦。

文化遗产考释

现称弄波楼的五号楼，建筑面积409平方米，坐落于庭院的北端，楼基为红砖砌成。旧时为工程技术人员住舍。楼顶为两面坡式，楼门坐北朝南，分隔成三个门洞，东门洞内一层有房屋4间。二层有房屋3间，中门洞内一层有房屋4间，二层有房屋3间。西门洞内一层有房屋4间，二层有房屋3间。均为木质楼梯，室内地面上均铺有实木地板，有铸铁壁炉。为复式结构。

现称播送楼的机房，旧时为民国海军通讯处，仿军舰形状，建筑面积2767平方米。楼门朝西，楼体南北走向约50米长。楼高6层为塔式，登高望远，俯瞰四周，周围一切尽收眼底。楼内设有一个约900平方米的大厅，如今被用作教学大厅。室内发射设备均为日本制造，楼基为花岗岩石，楼体为钢石结构。楼的整体颜色为橘黄色。门窗为长方形、拱形，以水泥镶砌成白色窗框。楼前有一个大型的日式喷淋圆形凉水池。此楼现为广播系统培训中心。

广发阁 　　　　　　　　　　弄波楼

长安楼 　　　　　　　　　　望海楼

播送楼 　　　　　　　　　　越洋楼

马厩 　　　　　　　　　　自治公所

六号楼、七号楼已不存在，留给今人永远的缺憾。491电台遗存下来的这群北欧乡村别墅式建筑，从外观看基本完好，进到楼内会发现部分楼梯已糟朽，木地板也大面积塌陷，门窗走形断裂。此外，此次普查过程中，491电台工作人员告诉我们，经过调查、论证，认定播送楼西北角的一座二层起脊的砖结构楼房也是民国时期所建，普查队员目测面积也在1000平方米左右，不过该楼已无西式楼房的特征而已。

传统文化研究

福建安溪龙通村许氏"儒雅开宗"匾考释

2016年10月国庆期间，对塔有专门研究并著书立说的友人薛增起、李景松夫妇，访古探寻铁观音茶至福建省泉州市安溪县感德镇龙通村，有缘在当地望族许氏祖宅"芹前堂"，看见乾隆五十八年（1793）题写的"儒雅开宗"匾。许氏家族正筹刻"芹前堂"重修记，薛先生回京拿出当地许氏后人撰写的《龙通许氏祖宇芹前堂重修记》和"儒雅开宗"匾额图片，希望能将匾额修复及帮忙撰写碑文，因图片显示牌匾有些破败，字迹因遭涂抹而漫漶不清，《龙通许氏祖宇芹前堂重修记》所叙芹前堂沿革语焉不详，需要现场踏勘并了解匾额的来龙去脉。同年12月23日，笔者应邀与相关文物、书法的专家一行三人赶赴福建安溪龙通村，历时4天，先后拜谒湖头镇李光地故居、石门村吴真人新祠堂和旧祠堂、玉湖殿，在吴真人新祠堂，吴姓长老吴茂预搬出"明祖妣勤慈许孺人暨男泽泉吴公合葬墓"墓志铭，供笔者研究。其间多次实地考察龙通村许氏"崇埔永峙"土楼、显龙宫、瀛洲堂和芹前堂。许氏头人许金添、许庆丰父子，及族内有声望之人许金财、许四海等，从许氏各家取来乾隆六十年（1795）题刻"齿与德齐"匾额、《安溪龙通许氏族谱》等文物和珍贵史料。回京后数日，薛增起先生又将其实地调查的"皇清显考乡宾本斋许公墓"资料发于我。因工作之扰使研究工作时断时续，历时近一年方写就此文，每每念及此，深感愧疚于龙通村许氏族人的殷殷之盼。

一　龙通许氏溯源及地望关系

龙通古代闽南语称"林东"。龙通村东连石门村，西接大坂桃舟，南与洪祐村，北毗永春美岭村，村民主要为许姓，还有李、吴、汪、苏、王、黄、郑等姓氏，村落自然散布于洋中、和尚坂、莲山、西洋、虎豹岭、福堂等6个角落。民国期间与石门村合并，为仙门保，1952年从仙门保拆出，为石龙乡属十三区辖。1958年从石龙乡拆出为龙通大队；1984年改为龙通村委会。四周有莲花山等高山围绕，山清水秀，古宅密布，属难得的明清古村落。

据大唐高宗弘道癸未仲月吉旦，太子舍人杭之新城六十五世裔孙彦伯顿首拜撰的《高阳许氏世谱源流序》所云：许姓宗族家承许由，字武仲，传说是尧舜时期的高士贤人，尧帝敬重他的德能，曾有意把帝位让给他，他固辞不受，隐居箕山，农耕而食。后尧帝又请他做九州长官，他到颍水边洗耳，表示不愿听到。他死后葬于箕山之巅，尧帝封其为"箕山公神，配食五岳，后世祀之"，故后人称箕山为许由山，后世许氏人士多以他做始祖。至西周时期，周武王分封各路诸侯国，封姜姓文叔于许国，便以封国为姓，即许文叔（又称许太叔），文叔是许由的直系后裔，同为许姓的始祖，故称许由是许姓的开姓始祖，而文叔则是许姓的开国始祖。

春秋战国时期，许国为郑、楚等国所逼，曾多次在今河南及安徽北部一带迁都。许国被楚灭后，除部分迁居今湖北荆山及湖南芷江等地外，多数许姓就地繁衍或北上迁徙。许姓北上最初迁徙之地是冀州高阳（今河北高阳），后有许氏夏迁回河南宝丰等地。秦汉之际许姓已遍布今河南、河北两省的大部分地区。此后，北方许姓主要分布于今河南、河北、安徽、陕西、山西等广大地区。许姓南迁始于魏晋南北朝之时。唐初，陈政、陈元光父子奉命入闽，有河南许姓将佐随同前往，在福建安家落户。唐僖宗时，侍御史许爱镇守漳州招安，后入晋江石龟。唐代以后，许姓已大举南迁繁衍于今江苏、浙江、湖北、福建、广东等省地。学术界比较一致的观点，许氏分为六大分支，分别是：高阳郡，为汝南许氏分支，是十六国许据的五世孙高阳太守许茂之族所在，治所在今河北省高阳县；汝南郡，汉高帝时置郡，治所在今河南上蔡西南，开基始祖为秦末隐居不仕的高逸之士许猗；河南郡，汉高帝时改秦三川郡置郡，为文叔直系后裔，治所今河南洛阳市；太原郡，战国时秦庄襄王置郡，为汝南许氏分支，东汉末年大名士许劭之后，治所在今山西太原西南；会稽郡，秦始皇时置郡，开基始祖为东汉著名文学家许慎之后，治所在今江苏苏州市；河内郡，秦朝实行郡县制时始置，开基始祖为元初大学者、理学家、集贤大学士许衡之后，治所在今河南省焦作市。

龙通许氏追宗溯祖于高阳，祖出高阳衍派。宋末元初，许氏有一支徙居广东，这与龙通许氏溯源于一世祖爱公派下，南宋理宗嘉熙二年（1238）许氏昭养公自闽北尤溪县南迁立祖开宗的说法一致。爱公当然为许爱，而昭养公之后与龙通许氏的关系因族谱缺失，有待查证。

感德镇龙通村芹前堂的创建者许光麟兄弟八人或读书或习武，也真实反映出当时乡绅家族的传统观念，知书达理、保家卫国。《安溪县志》记载地方有远见的官员认为：学校也者，俎豆夫子之地，而师之所教，弟子之所学，非有出于孝悌忠信之外。人人孝悌，变诈之习不作，而和顺之风大同，则盗贼亦人耳，岂不能渐驯其暴气，而默革其非心哉？夫以平日倾毁不治之所，一旦改观易视，过之者犹耸然动其心，况士子之朝夕游咏地，其有不感发兴起者乎？进而相观，退而相训，孝悌忠信之化，吾知其汎汎乎大行于一邑，而夫子在天之灵，必阴干德教于冥冥之中。安溪宁靖之庆，岂区区筑城屯兵之所能专哉？夫子尝曰："有文步必有武备。"是故不答问陈之意也。即使康熙时期"国家承平久矣，而康阜之盛，莫如今日。虽岭限海带，越在边徼，如吾泉州之为郡，亦且生齿蕃殷，地力竭作，谷深山阻，崎岖而曲折，皆有保聚之民，垦辟之壤；而玩忽涵养之过，巨奸大慝，往往伏其间，如果菽大熟，则蠹藏焉"。所以承办儒学，文以化民，成为唐宋元明清安溪县众多官吏从政的重要目标。

清初理学家安溪湖头人李光地在其《吴真人祠记》中写道："吾邑清溪之山最高着以石门，哭在人者，石门人也，乡里创庙立祀，子孙聚族山下，奉真人遗容。"据《尼通许氏族谱》载：国达公三子许光龙，字亨旋，号桓斋。生乾隆己卯八月二十二辰时，娶下村汪轩女名城娘号佳慈；娶侧室泉城李氏金姓，生男一，女位娘配永春二都田中乡太学生曾雄。公卒道光辛巳正月十九酉时，享年六十有三；李氏卒嘉庆辛未正月二十五申时，年四十三。例贡生姻家侄吴捷蟾传曰："行不得诸亲见者，犹可得诸传。闻若桓斋公，廓然有大志不历历可溯欤！当夫束发受书学乎游艺一语旋有志焉。长与诸弟昆游谈及如相之圃，靡不欣然从将所谓大志者于是乎在矣，然才酉未遂也。"迨陆宗师主试，新州一发，身游泮水，将所谓大志者于兹稍遂矣。泮水即泮水宫，在湖头镇儒学府边，泉城李氏必与李光地后裔有亲缘关系，族谱中为国达公许至著作传的李维迪，当为阆湖续妻李曝舍族人，与李光地家族同姓、同里，何种宗亲关系待查。十九世祖许日橎娶湖头文房李龟老舍次女足娘。二十世祖许清韬娶湖头李氏鹤娘。

龙通许氏与吴真人后裔互为姻亲，赐进士第翰林院庶吉士眷生郑之玄撰文的《明祖妣勤慈许孺人暨男泽泉吴公合葬墓志铭》记述：许孺人生于嘉靖丙戌年（1526）四月初二日，卒于嘉靖辛酉年（1561）十月二十日，享年三十有六；吴泽泉生于嘉靖丙午年（1546）十月十九日，卒于万历癸卯年（1603）七月初十日，享年五十有八。墓志铭颂：祖慈而神，母慈而人，神也渡世人也；儿孙纫金，怀子与道，合真人奉，膝下南北唯命。云胡稚子，遍飞远征，慈孝贻顾，百代是馨。墓志铭明确提到吴真人吴卒"先世自光州固始，择胜于清溪常乐里家焉"，乾隆二十八年（1763）的《泉州府志·都里》安溪县部分载称，常乐里有19个自然村，其中就有石门，石门古属常乐里而今属感德镇。《泉州府志·山川》还载称："石门尖在常乐里，高峰陡绝，不可攀跻，上有吴真人遗址。"石门村祭祀吴真人仪式都在宗祠中举行，他们尊称吴真人为"云冲公""真人公"，以尊敬祖先的礼节来祭祀。石门吴氏谱牒，诸如康熙年间《石门吴氏族谱·小引》、民国时期重修族谱收录的《玉湖殿保生大帝序》等，都叙述"先祖真人公"，吴真人祖籍是安溪石门村。许孺人属何支许氏难以考证，当与龙通许氏有关。

安溪龙通许氏族谱明确记载，十八世祖许光麟娶石门太学生吴绣夫长女，名三娘，号德慈；许光麟五弟许光湛娶石门吴提官女，名湛娘。十九世祖许日枫娶石门吴抱官女子安娘，许日杯娶石门蕉荇吴氏理娘，许日御娶石门吴氏洒娘，许日橎之女配石门吴意官。二十世祖许清笏二妻娶石门吴氏，二十世祖许清瓒娶吴氏气娘。至今，龙通许氏和石门吴氏仍然保持互婚，在北京从事汽车配件生意的许金财夫妇，夫人就出自石门吴家。可见，乡绅财主出身的许家，与中医世家的吴家、官宦之后的李家，在200多年的历史交往中，还是有门当户对、友好信任的传统。

二 "儒雅开宗"和"齿与德齐"匾额逸事

乡宾不同于多贤，外乡之人五服之内之乡绅、耆老、威望之人，一般称之为乡宾，而当地老地户尊称德高望重之人为乡贤。许光麟在所赠牌匾及墓碑所刻均尊称乡宾，族谱也说其"崇重乡宾"，证明其迁至龙通村居住的始祖当不超过五代。龙通"崇埔永峙"土楼占地1050平方米，建筑1800平方米，高11米、宽长均为29米、外墙石基厚2.8米、夯土墙厚2米，明清样式三层阁楼共有房72间，世代相传耗资巨万，历时8年修成。实地调查许氏后人尊称的"土楼公"，又有十四世和许光麟其父十七世"国达公"两种传说，当地一些2017年出版的相关书籍也多采信十四世祖创建。其证据当为"崇墉永峙"土楼的石匾雕刻的双边款"甲申年瓜月立"。瓜月，又称巧月、兰月、兰秋、肇秋、新秋、首秋、相月、孟秋，即指七月。甲申年确为1644年，郭沫若撰写的《甲申三百年祭》影响和警示着几代中国人。受此影响，甲申年瓜月立"崇墉永峙"土楼，给人第一反应就是建成于1644年。而许尔陪的生活年代也是那一时期，许氏家族相传的土楼公似乎合情合理，但缺少史料、族谱记载的"崇墉永峙"土楼，其口口相传并不断演绎的传说符合历史真相吗？

《龙通许氏族谱》开篇为十七世"国达公"。记载其父十六世明哲公。显然此支许氏宗族开宗于十八世祖许光麟的时间至迟是乾隆五十八年（1793）花月谷旦，花月就是二月，历史上也有丽月、杏月、仲月、仲春、酣月和如月的雅称。谷旦，是良辰吉日的意思。兵部尚书，兼都察院右都御史，提督闽浙地方军务，兼理粮饷捻课伍拉纳；兵部侍郎，兼都察院右副都御史，提督福建地方，提督军务兼理粮饷浦霖；钦命经筵讲官，工部左侍郎，兼理兵部事务，提督福建学政加一级郭奕孝；福建等处承宣布政使司布政使，加十级纪录十次伊辙布；特授泉州府正堂，加五级军功，随带加三级纪录五次□□□；文林郎，署安溪县事，加五级纪录五次李师川；特调泉州府，安溪县儒学正堂，兼署左堂，加三级孙钟源；泉州府安溪县分署督捕厅周璧熟八人，共同为乡宾许光麟开宗赠匾。除文林郎李师川、安溪县儒学正堂孙钟源、安溪县分署督捕厅周璧熟三人外，伍拉纳、浦霖、郭奕孝、伊辙布四人为朝廷命官，伍拉纳在《清史稿》有专传，伍拉纳、浦霖和伊辙布三人在乾隆六十年（1795），"伍拉纳、浦霖贪纵、婪索诸属吏，州县仓库多亏缺。伍拉纳尝疏陈清查诸州县仓库，亏谷六十四万有奇、银三十六万有奇，限三年责诸主者偿纳。至是，魁伦疏论诸州县仓库亏缺，伍拉纳所奏非实数。上命伍拉纳、浦霖及布政使伊辙布、按察使钱受椿皆夺官，交长麟、魁伦按澈"。"籍伍拉纳家，得银四十万有奇、如意至一百余柄，上比之元载胡椒八百斛；籍霖家，得窖藏金七百、银二十八万，田舍值六万有奇，他服物称是；逮京师，廷鞫服罪，命立斩。伊辙布亦逮京师，道死。受椿监送还福建，夹二次，重笞四十，乃集在省诸官吏处斩；又以长麟主宽贷，夺官召还，以魁伦代之，遂兴大狱，诸州县亏帑一万以上皆斩，诛李堂等十人，余谴黜有差。"

可以看出，乾隆五十八年（1793），以儒雅而开宗的龙通许氏第十八世祖许光麟，家谱记其"为人克敦孝友，持己以宽化人，以善乡间咸仰。癸丑，崇重乡宾。邑侯李公赠以'龙门通德'之额，延师训诲子弟。侄辈穷经讲武夺标游泮者二。佐尊人创建芹前及瀛洲、阳东诸宅。经营家业巨万，丰饶规模宏大，以继父志。至于重道嗜学，重师交友，博爱好施，苏穷拯困，美不胜言。信乎！公之孝友、宽容、乐善，为不诬也"。经营家业巨万，丰饶规模宏大的许光麟托人求福建朝廷命官为其开宗美言，并非难事！乾隆癸丑（1793），崇重乡宾，说明当年被地方尊为乡宾的许光麟借此机会开宗分立，佐尊人创建芹前及瀛洲、阳东诸宅。尊人，当指其祖父十六世祖明哲公；三宅恰恰是其为父兄弟三人所分立。乾隆六十年（1795）岁在乙卯阳月吉旦，文林郎、候补知县、安溪县儒学教谕、加三级高迪，为耆老许光麟立的"齿与德齐"匾额，不再见泉州府以上高官，再次证明两年前为其署名的几位朝廷要员东窗事发，"儒雅开宗"匾额署名的八位官员均被涂抹，恐为当时所漫，未必是"文革"之毁。阳月就是十月，历史上也有良月、露月、初冬、开冬、飞阴的雅称。

文林郎不是职官，清朝时为正七品文官所授的散官名，吏员出身者授宣义郎耆老，特指年老而有地位的士绅。按《龙通许氏族谱》查，许光麟乃"国达公冢子，生乾隆戊辰（1748）闰七月三十日丑时，娶石门太学生吴绣夫长女名三娘号德慈；生男二。卒于嘉庆癸酉（1814）三月二十八未时，享年六十有六"。乾隆六十年，许光麟该年为47岁，尚未达到耆的年龄，与"齿与德齐"一样，誉其年长德高，仍属尊称。

许氏十七世祖许至著生于雍正己酉三月十八日，也就是1729年。族谱明确记明哲公三子"国达公"许至著与伯仲共建崇墉，自筑芹前及阳东诸宅，完聚家业。明示十七世祖"国达公"兄弟三人创建"崇墉永峙"土楼，当然创建"崇墉永峙"土楼的巨额资金非一朝一夕所为。龙通许氏族谱毁于"文化大革命"，续谱起自十七世"国达公"许至著。至上则演变为传说。如当地印制的材料称：许氏家族十四世祖"尔陪公"于崇祯四年（1631）始建，历时8年完工，即1639年建成土楼，如此说又与"甲申年瓜月立"的甲申年（1644）相差5年而不符。而且"尔陪公"是上文所说的许氏十四世还是十五世，语焉不详。当地材料记述：许氏十四世祖许尔陪，号延陛，生于万历辛亥（1611），卒于康熙戊辰（1688）；十七世"国达公"许至著生于雍正己酉（1729）；许至著出生时，十四世祖，太爷"延陛公"早已仙逝近40年，如土楼为"延陛公"所修，族谱所载十七世"国达公"许至著与伯仲共建崇埔，从时间上不符。《龙通许氏族谱》记述：乡饮大宾许光麟，字亨源，名光泉，号本斋，国达公冢子，生乾隆戊辰（1749）。许光炳，字亨照，号仰斋，国达公次子，生乾隆辛未（1751）正月初二未时；公年甫弱冠即以燕翼为怀，故筑崇埔佐乃祖以逮厥成；置芹前、阳东佐乃父以成厥宇，其为子孙计也远矣，又复创置物业，积资巨万。由此推断："甲申年瓜月立"之甲申年当为1764年，即乾隆二十九年。此时的本斋公许光麟15岁，仰斋公许光炳13岁"年甫弱冠"，而"国达公"许至著35岁，与伯仲兄弟相差几岁，年富力强。尤其是国达公五子许光雁，字亨且，名光湛，号乐斋，"躬习艺略"，"既讲武又好穷经"，翰林院庶吉事宗侄许有韬曾为其作颂。国达公六子许光浩，号颖斋，生于乾隆壬辰（1772）十二月二十八巳时，卒嘉庆甲戌（1814）五月初一酉时。赞曰：建芹前、阳东者阳斋公也，而建瀛洲者颖斋公也。建芹前堂、阳东堂在前，瀛洲堂在后，三座祖宇均为国达公带子创建，而"崇埔永峙"土楼是国达公与两位长兄合力所为，国达公次子许光炳筑崇埔，佐乃祖以逮厥成，乃祖也指向十六世明哲公。

龙通许氏族谱毁于"文化大革命"。续谱起自十七世"国达公"许至著。谈及十六世祖明哲公。溯源于一世祖爱公派下，南宋理宗嘉熙二年（1238）许氏昭养公自闽北尤溪县迁入龙通村，视为开基始祖生广赐、广济，淳祐壬子年（1252）建龙安、显龙二福堂，妣胡氏携子胡宗荣归入木宗，胡姓与许家为翁婿关系，当时家业三分，厥后另立胡姓祠堂，显龙宫系胡姓祖宇，康熙乙丑年（1685）重修之。综上所述，许氏"尔陪公"许延陛当为十六世祖明哲公之爷，卒于康熙戊辰年（1688）的"尔陪公"许延陛，乃龙通许氏一支始祖。"尔陪公"许延陛必是从外面迁徙至龙通村，至十八世祖许光麟时，到龙通四代，故称许光麟为龙通"乡宾"，礼也。由此，土楼公也浮现出来，即许氏家族尊称的土楼公为十六世祖"明哲公"。此支分宗当有原因，资料说许至著的两位长兄许伯余和两子许志东、许志性迁居建宁县东尤街，另一位许伯兼和子许志秀迁居大田县。龙通许氏在十四世迁居龙通，在十六世又出现迁移，何因离开龙通，有待龙通许氏后人查证，前文提到的翰林院庶吉事宗侄许有韬当为许伯余或许伯兼后裔。龙通留下的十七世祖"国达公"许至著，为十六世祖"明哲公"幼子，汉族古有幺子守家守业、赡养父母的传统，在十八世由长子许光麟在龙通，借助初廷官员的威势"儒雅开宗"。

三 祠堂及匾额在安溪的教化作用

安溪县地处偏僻，交通不便，历史文献记载明确。安溪县儒学署教谕张毅、安溪县典史陈笃敬监修，邑人翰林院编修李光地参订的《安溪县志》记载了宋令陈宓《书丞厅壁记》，宋时"安溪地逾百里，僻远而民贫"。《惠民药局记》也说"安溪视诸邑为最僻，深山穷谷，距县有阅五六日至者"，"俗信巫尚鬼，市绝无药，有则低价以贸州之滞腐不售者。贫人利其廉，间服不瘳，则淫巫之说益信。于是有病不药，不夭阏幸矣！诗曰：'蓝水秋来八九月，芒花山瘴一齐发。时人信巫纸多烧，病不求医命自活'"。又《安养院记》说："安溪距城百里，计绝一隅，地无重货，商旅不至，惟贫困无聊之民，僦力执事，往来山谷间。地势幽阻，秋冬之交，病作相望，伥伥无所栖。其或得托庐以息，而居人恐其或死累已，驱去之唯恐不速。以故羸困颠顿，往往不免，官无由知。"到了明代嘉靖时期，河南参政王慎中《平寇兴学记》记述安溪风俗时，写道："安溪在郡治之西，而白叶坂一带，又漳寇出没之径，百姓秋收之后，则束包以待走。"即使到了清康熙年间，"安溪，故名邑也。其治境穷处为白叶堡，交乎漳、汀诸州，牙犬相入，箸簿溪涧，缭绕回复；既去治所远，而势险可凭。民桀黠暴悍者穴而据之，为四远逋逃之薮，时出抄旁近村落。吏漫不省，以为细故。日增月长，所聚既多，旁近所抄，不足满贪嗜，则出剽旁邑南安、永春间，而同安之剽尤剧，至曳兵行城市闾巷中，若践无人之地，俘民男女以为质，而邀赎赂。兵革久弛，不逞之警，起于非意，游徼虞候之将卒，掉眩相目，视其得意去而已"。所以诸如李光地这样的一代名臣，幼年也遭受过被土匪掳掠抵押的不幸之事，正是康乾所谓盛世的真实写照。

乾隆五十八年（1793）夏天，英国派出的第一个访华使团到达中国。清王朝雇用了许多老百姓来到英使团的船上，为英国人端茶倒水，扫地做饭。英国人注意到这些人"都如此消瘦"，"每次接到我们的残羹剩饭，都要千恩万谢。对我们用过的茶叶，他们总是贪婪地争抢，然后煮水泡着喝"。

使团成员约翰·巴罗在《我看乾隆盛世》中说："不管是在舟山还是在溯

白河而上去京城的三天里，没有看到任何人民丰衣足食、农村富饶繁荣的证明，……除了村庄周围，难得有树，且形状丑陋。房屋通常都是泥墙平房，茅草盖顶偶尔有一幢独立的小楼，但是绝无一幢像绅士的府第，或者称得上舒适的农舍，……不管是房屋还是河道，都不能跟雷德里夫和瓦平（英国泰晤士河边的两个城镇）相提并论，事实上，触目所及无非是贫困落后的景象。"

安溪县虽然偏僻落后，但古有建祠堂、兴儒学的传堂。笔者在仅仅四天的时间里，就深深地被李光地故居、芹前堂祖宇、吴卒故居等具有祠堂功能的古建深深震撼。龙通许氏始祖兄弟八人，或文或武，甚或文武一身，表明当地士绅家庭儒雅的家风和宗族祠堂的约束。

李光地早在康熙九年（1670）即中进士，历任内阁学士、直隶巡抚，累官至文渊阁大学士，为官近半个世纪，政绩斐然。著名史学家陈祖武先生称其为"一代创业功臣"。清康熙五十四年（1715），时年74岁的大学士李光地返回故乡（今福建省安溪县湖头镇），看到家乡子孙以及族人的变化，他还是大为震惊，直言李氏子弟"习气甚庞"，"自家子弟及乡党间习染深重"，甚至"匪类窜籍者亦多"。为改变这一现状，李光地亲手订立了一系列"家训"，告诫李氏子孙及族人："夫世无百年全盛之家，人无数十年平夷之运，兴衰激极，存乎其人。"并称："吾生七十年间，所阅乡邦旧家，朝著显籍者多矣，荣华枯陨，曾不须臾，天幸其可徼乎？祖泽其可恃乎？"中国古代流传下来的诸多"家训"，多以道理服人，其中不乏类似李光地这样的谆谆教诲，制定"家训"的人也多以自身经验、阅历和眼光，昭示子孙后代，期盼后人在人生发展上事半而功倍。李光地所制定的一系列"家训""规约"中，除了循循善诱之外，还辅之以国家律法，甚至是以律法为依托。他深刻认识到"凡再实之木，其根必伤，席荫骄矜，衰落立至"，"自今以往，有犯规条，我惟有从公检举闻于官，而与众共弃之，不能徇私庇护"。身居高位而不为子孙族人徇私，严以律法，与今天腐败高官形成巨大的反差。

在今日的安溪县湖头镇，李光地故居几乎是所有参观者的必选，以李光地制定的一系列"家训"为内容的展示牌最为醒目，让游客从中获取关于治学、处世、理政的诸多经验。以教诲为先导，以律法为依托，李光地的"亲爱之言"一代代流传下来，李光地一生践行"欲治其国者，先齐其家；欲齐其家者，先修其身；欲修其身者，先正其心"的儒家思想。在《诫家后文》中，李光地叙述了先辈们创业的艰难,"昔吾祖念次府君,起家艰难,十三岁能脱父冤狱,遂辍学营生以养亲。溪谷林麓之间,颠沛万状,至壮岁渐赢","乙未、丙申间,家遭大难,陷贼十余口","甲寅、乙卯之年,闽乱大作,余既踪迹孤危,亦系家门祸福。耳属于垣,莫可计议";好不容易迎来家族兴旺、时局安定的日子,"三十年来,颇安且宁,食禄通籍,遂称官家","夫先世既以孝友勤劳而兴,则将来也必以乖睽放纵而败。吾生七十年间,所阅乡邦旧家,朝著显籍者多矣,荣华枯陨,曾不须臾";进而对家族子弟中"侮老犯上,谓之鸱鸮;贪利夺食,谓之虎狼"的违法乱纪行为深深谴责,表示"吾等老成尚在,必不尔容,即祖宗神灵在家,亦必不尔佑。况于不类子弟,又每借吾影似以犯法理,尔不为吾惜名节,吾岂为尔爱身命。国宪有严,亦必不尔宽也"。

附著在李光地故居的《劝学箴》《惜阴箴》《诫家后箴》,"箴"作为古代一种以告诫规劝性为主的韵文,本身就是古代家训的一种。含蓄隽永,朗朗上口,便于记忆,警示莘莘学子要惜时勤学,风清气正。在《本族公约》中,李光地同样从祖辈艰难起家、勤俭创业谈起,"吾族聚居于此,十有余世,根衍枝繁,人丁众多","凡再实之木,其根必伤,席荫骄矜,衰落立至,况抵牾文法,便有目前显然之祸";"自今以往,有犯规条,我惟有从公检举闻于官,而与众共弃之,不能徇私庇护";"此时虽冒刻薄之名所不辞也"。

在《龙通许氏族谱》中,武生许光龙、许光雁誉满乡里,家族后人对尊称土楼公的十六世祖"明哲公"神话有加。有关土楼的传说多如牛毛,笔者从其传说中分析,多为与安溪铁观音茶、土楼创建和保护之艰有关,许氏家人传说铁观音茶种植始于许氏,得益于康元帅的托梦;在土楼建成至新中国成立前,多次土匪打劫也得益于康元帅的保护。康元帅,汉族民间信仰之一,传为东岳大帝属下的十太保之一。康元帅名字不详,父名康衢、母金氏,生于黄河之滨。康元帅慈惠悯生,从不伤害幼小者,照顾孤寡,连虫蚁也怕踩死。时常救助贫病之人,扩及万物,甚至曾经从老鹰口中救下小鸟,鸟衔着"长生草"以报答他,民众都说他"仁圣",登天之后,天帝就封他为"仁圣元帅",掌管四方土地神。元帅的造像是左执金斧,右执瓜锤。如今,"儒雅开宗"复制匾被高悬于许光麟开宗并亲手创建的"芹前堂"中堂,原匾被其后人当作文物和圣物而珍藏。显龙宫中,康元帅像重新塑立,传续着铁观音茶的神奇。

祠堂、祖宇、老宅是凝聚家族向心力的重要载体。而流传下来的匾额因文字的重要性，弥补家谱和方志的不足，更是一个家族辉煌历史的见证物，在家族成员之间具有不可估量的精神力量。家是情感的寄托，祠堂寄托了家族的亲和、厚重以及希望，可以说，祠堂包括其中的楹联匾额是家庭文化的纽带和传承载体。随着城市化的发展，小家庭时代的到来，越来越需要家风的规范、家训的警醒、家教的引导、家艺的传承、族规的约束及祠堂的凝聚。推动中华优秀传统文化创造性转化、创新性发展，构筑中国精神、中国价值、中国力量，建设社会主义文化强国，为实现中华民族伟大复兴而努力奋斗，这就是新的文化使命。文化使命即文化责任与担当，是当代中国必须主动作为并力求实现的文化愿景和文化目标。因此，立足于文化自信基础上的新的文化使命，既是继承传统、做好当下、着眼未来的必然要求，更是增强文化自信、赋予文化自信坚固支撑、使文化自信长久保持并充分发挥作用的必然选择。万变不离其宗，剥离历史上的尘埃恢复真相，挖掘整理好家庭、家艺、家族、家祠、家谱的内涵和文化，讲好中国每一个家庭、家族、民族的故事。溯本追源，不忘初心，传续中华优秀传统文化，让我们的家族之脉、民族血脉、文化序脉源远流长，实现新时代中华民族伟大复兴的中国梦——"人民有信仰，国家有力量，民族有希望"。文化是一个国家、一个民族的灵魂。深入挖掘中华优秀传统文化蕴含的思想观念、人文精神、道德规范，"满足人民过上美好生活的新期待，必须提供丰富的精神食粮"。

医道华夏——传统中医药老字号

旧时的中医大夫或在自家开设诊所，或在药店坐堂，或到病人家出诊，或者三者兼而有之。药店店堂内一般设有前、后柜，前柜的业务是收方、抓药、包药、计价、收款。各种中草药都分门别类地放在一排排木抽屉里，中成药另设柜台。明、清两朝政府在北京城内都设有太医院，主要是为皇室成员、皇亲国戚、贵族高官看病的，太医本身就是朝廷官员，一般医术都比较精湛。另外还有不少走街串巷、摇铃行医的走方郎中。

一般开设中药铺的医者都喜欢将自家药铺的名号后加一个"堂"字，如同仁堂、天益堂、永安堂等。传说"坐堂"之称源自汉代"医圣"张仲景。汉献帝建安中期，张仲景任长沙太守，当时长沙伤寒流行，张仲景为了救治百姓，常常在公堂上边断官司边行医，且分文不收。他常在自己的名字前冠以"坐堂医生"四个字。后来行医者为纪念和弘扬他的高尚医德，便效仿沿用"坐堂医生"的称呼，称医药铺为"某某堂"。张仲景融理法、方药为一体，开辨证论治之先河，创中医临床医学之体。自唐代以来，仲景学说传播于世界各地，且在国际医学界享有崇高声誉，日本、朝鲜等国称他为医学"先师"，中国则称之为"医圣"，民间素有"医门之仲景，儒门之孔子也"的说法。

传统医药店铺、堂号是中医药发展过程中的重要产物，历史上"时济堂"有"中国医药之王"的美誉，其与北方药局"同仁堂"、南方药局"胡庆余堂"及广东药局陈李济"杏和堂"曾并称中医四大药局。

"时济堂"史称中国西北药局。"时济堂"的创始人党氏一脉的祖籍出自山西洪洞大槐树，16世纪中叶移民辗转至今甘肃一带济世行医，因治好巨户人家痼疾，被赐匾"党神仙"，并得赐金银返陕，后在陕西汉中府褒城红庙寨建祖房荫庇党氏后代子孙至今。开山祖明代党印取"济世济民"之意，医号"时济堂"。据医案典籍《笔花医镜》载，中医发展史上有八大流派之说，党氏中医主要师承金元四大家：子鹤善攻病（张子鹤）、东垣喜扶脾（李东垣）、河间主泻热（刘河间）、丹溪重养阴（朱丹溪）。这四大医家的理论合之则全、分之则偏。中医之道，"医圣"张仲景有云："虚虚实实，补不足，损有余，是其义也。"故有医门四诊法：望、闻、问、切，病理八纲：阴、阳、表、里、虚、实、寒、热。就医理药论中的"阴阳五行、四时六气、藏象、七情、营卫、气血经络"和内病八法中的"汗、吐、下、和、温、清、消、补"而言，中医中药、医门药理、运用造化都自有玄机。任何事物的发展变化都有一定的规律，中医中药所追求的辨证施治、对症用药，脏腑病理的生克乘侮、阴阳互根，这些在清除病源、恢复机能的临床施治上更是玄机奥妙、不可尽言。唯施治者靠丰富的临床经验和卓绝的医药知识机缘巧辨、追本溯源、对症下药，唯施治者广思慎医、通晓机理，方能标本兼治、造福众生。

"时济堂"在开方用药上的"四气、五味、升、降、浮、沉"原则，方剂配伍上的"君、臣、佐、使""轻、重、缓、急"原则，中药用量上的"良药炮制""以钱用药"原则，制药上的"真、精、细"原则，施药上的"扶贫济危"原则，都体现了"医德其中，心法圣出，运用造化，尽在其中"。"时济堂"在中医临床的辨证施治上讲究"时、药、人"的三位一体。"时济堂"除了有善本秘籍、家传秘方的优势（即自有专利和自主品牌），还在"立脉辨诊""上治未病""良药炮制""以钱用药"等方面独树一帜。"时济堂"党氏中医师传口授、一脉相承，至今已是中国中医药行业最古老的医药家族。

"同仁堂"的堂号现今已是国药的标志，也是中药行业著名的老字号。乐氏同仁堂创始人乐良才一开始是走方郎中，他于明朝永乐年间从浙江宁波来到京城，之后就开始手持串铃、走街串巷地行医卖药。清朝康熙八年（1669），乐氏第四代传人乐显扬入职太医院，他通晓古方、宫廷秘方、民间验方和家传秘方。由乐显扬创办的药室被康熙皇帝赐名为"同仁堂药室"，其中"同仁"取自经络"铜人"之音，寓意"同修仁德，济世养生"。康熙四十一年（1702），乐凤鸣将药铺迁至前门外大栅栏路南。康熙四十五年（1706），乐凤鸣在宫廷秘方、民间验方、家传秘方的基础上总结前人的制药经验，汇编成《乐氏世代祖传丸散膏丹下料配方》一书。该书序言中提出了"炮制虽繁必不敢省人工，品味虽贵必不敢减物力"的制药规范，之后这条制药规范被视为乐氏的祖训。自雍正元年（1723）同仁堂正式供奉清皇宫御药房用药开始，历经清朝八代皇帝，同仁堂一直供奉御药房用药近200年，同仁堂的产品也因"配方独特、选料上乘、工艺精湛、疗效显著"而享誉海内外。清咸丰十一年（1861），乐氏第九代传人乐百龄配制出了"乌鸡白凤丸"，此药深受慈禧太后的喜爱，并被慈禧太后赐予"乐氏御供"金腰牌一枚，这是当时医药界至高的荣誉。从乐氏第十代传人乐平泉起，同仁堂药铺开始全面为普通百姓问诊、售药，真正实现了普惠天下、济世苍生的愿望。1907年，同仁堂开始由乐氏第十二代子孙乐达聪掌管，之后他在济南魏家庄创建了宏济堂。1949年，北平解放前夕，乐家第十三代传人乐崇辉带着乐氏家族家传秘方手抄本南迁至台湾，并在当地重建了"乐氏同仁堂"，经营至今。而同是乐家第十三代传人的乐松生则留在北平继续经营同仁堂老药铺。1954年，北京同仁堂改为公私合营，乐松生出任同仁堂公私合营后的首任总经理。

《乐氏世代祖传丸散膏丹下料配方》手抄本是一部记录300多年来清代宫廷秘方的医学专著，内容涉及宫廷御药秘方、炮制工艺、药材甄选等诸多内容。这个手抄本不仅是乐家的传家宝，也是唯一一部乐氏手抄秘方本，具有非常重要的学术价值和历史价值。《北平同仁堂乐家老药铺丸散膏丹简明药目》载，"我乐家同仁堂药店，开设北京已近三百年来，精选药料，自制丸散膏丹，向蒙各界信仰，本堂为了便利东北区病家起见，特由北京来沈设立继仁堂乐家药店，垂二十余年之久。所有一切丸散膏丹，向遵北京老号同仁堂古法，配制素蒙远近顾客信认（任），早已驰誉东北。今为城乡互助物资交流，深入农村服务群众为宗旨，特将质量提高、成本减低，印有简明药目，便于患者参考，函索即寄。如蒙函购，祈赐邮局汇票，速寄不误，并欢迎外埠代销，另有优待办法。此致，敬礼。继仁堂药店铺东谨具"。"开设北平前门外大栅栏路南北，本堂分设南京城内三山大街路西，烟台总经理处，新华街福昌泰海味店，电话三百七十号。"本次展览中有数十件同仁堂文物，其中包括清代同仁堂锡制药罐，药罐上双阴线刻人物、桂树、芭蕉纹和"北京同仁堂"字样；民国锡质人物纹"同仁堂记"药罐；"同仁西药社"玻璃药瓶；清末民初京都正阳门外大栅栏路南同仁堂制作的印有"云宝如意丹""五加皮药酒""牛黄清心丸""透骨镇风丹"的红纸黑字包装袋；《同仁堂药目》清单墨书"天德合"，木版印刷"宝号台鉴、刻下全行市单、宣统二年三月十八日京都同仁堂药行""民国十一年正月廿五日""洪宪元年二月三日京都正阳门外大栅栏路南"。袁世凯曾称帝83天并改元"洪宪",这场闹剧流传下来的实证物并不多,这件《同仁堂药目》清单就是其中的一件。这次展出的文物中年代最近的是一张同仁堂药品说明书,即北京同仁堂制药二厂出产的"牛黄上清丸"说明书,注册商标为"京花",说明书上标注有主要成分、功能、主治、用法用量、注意事项、规格、贮藏方法等。

陈李济杏和堂可以追溯到明朝万历年间,当时陈体全、李升佐创立了名号为"陈李济"的药铺,"陈李济"寓意"陈李同心,和衷济世",当时两人立约:"本钱各出,利益均沾,同心济世,长发其祥。"陈李济致力于搜集古代固有成方、验方,选用上乘药材原料,悉心研究炮制技术,以精湛的工艺制成多种别具一格的古方正药,其中陈李济蜡丸就遐迩闻名,而"陈李济"也成为"广药"的代名词。清同治皇帝钦赐"杏和堂"三字作为陈李济的封号,同时钦准该厂储藏并用作原料的"旧陈皮"作为贡品向朝廷进贡,因此,"陈李济"又称为"陈李济杏和堂药厂",其药品"追风苏合丸"曾畅销全国。陈李济的百年楹联"火兼文武调元手,药辨君臣济世心"正是陈李济屹立杏林400年不倒的核心精神所在!

胡庆余堂创建于清同治十三年(1874),创始人为清末著名红顶商人胡雪岩。其堂号取自《周易》中的"积善之家,必有余庆;积不善之家,必有余殃"。胡庆余堂以宋代皇家药典《太平惠民和剂局方》为基础,收集各种古方、验方和秘方,并结合临床实践经验,精心调制丸、散、膏、丹、胶、露、油、药酒等药品400多种,另外还有专著《胡庆余堂雪记丸散全集》传世。胡庆余堂门楼上至今还保留着创始人胡雪岩所立的"是乃仁术"四个大字。胡庆余堂制药遵守祖训"采办务真,修制务精",还提倡货真价实,"真不二价",其所生产药品质量上乘。胡庆余堂著名的"戒欺"匾额是胡雪岩于清光绪四年(1878)四月亲笔所写的店训,他告诫下属:"凡百贸易均着不得欺字,药业关系性命,尤为万不可欺。"胡庆余堂的主要产品有胃复春片、庆余救心丸、障翳散等。如今胡庆余堂已被国务院列为全国重点文物保护单位。

汉口叶开泰,20世纪30年代与北京同仁堂、杭州胡庆余堂、广州陈李济合称中国近代四大中药房。其创始人叶文机于1637年初来到汉口行医。在简亲王的赞助下,叶文机在汉正街鲍家巷口开了叶开泰药室,悬壶应诊,以医荐药。叶开泰始终恪守"虔诚修合、遵古炮制"的传统,坚持"修合虽无人见,存心自有天知"的理念，主打药品有参桂鹿茸丸、八宝光明散、虎骨追风酒、十全大补丸等，遐迩闻名，远销海外。1952年，叶开泰与陈太乙、陈天保两家同行大户联合成立了健民制药厂。1988年，健民制药厂挂上了"武汉市健民制药厂""武汉市叶开泰制药厂"两块牌子。这次展出的展品中就有健民中药店的包装纸，这是中华人民共和国成立初期健民制药厂所用的包装纸。

永安堂药店始建于明朝永乐年间，过去老北京论起医药行来，素有"内永安、外同仁"之说。"外同仁"是指前门外的同仁堂，"内永安"是指当时位于城里东四牌楼附近的永安堂。永安堂在历史上曾几易店主，在清朝初期，其一度曾为东四牌楼董家金店的属号。经几代人的艰苦创业，永安堂在20世纪30年代达到鼎盛，并逐渐发展为能够自制16个科门、1100多种中成药的药店，其中中成药紫雪散、羚翘解毒丸、神授化痞膏等远近驰名。

鹤年堂始建于明嘉靖四年（1525），原址位于今天的菜市口百货商场，后迁到商场西侧。据有关资料记载，"鹤年堂"本是明朝奸相严嵩花园的一个厅堂的名称，鹤年堂的匾额也出自严嵩之手。20世纪60年代以前，鹤年堂还存着嘉靖年间使用的账本，老药铺内还保存着几件珍贵的墨宝。原药铺的写有"调元气""养太和"的两块大匾是戚继光所书，柜堂两柱的竖匾"欲求养性延年物，须向兼收并蓄家"出自明朝名臣杨继盛的手笔。过去北京有句老话，"丸散膏丹同仁堂，汤剂饮片鹤年堂"，可见鹤年堂制造的汤剂选料严格，制作精良，得到了百姓的认可。

长春堂创建于清乾隆五十五年（1790），由走方郎中孙振兰创立。人们常将孙振兰称为孙老道，孙老道起先常在走街串巷中售卖自制成药，后在前门大街鲜鱼口胡同里的长巷头条北口开设了铺房——长春堂，形成了前店后厂的固定经营方式。1888年，孙振兰的后代孙三明开始经营长春堂，他为了与日本生产的仁丹和清凉闻药宝丹相抗衡，潜心钻研，经过10年努力最终试制成功了一种新的闻药——避瘟散，到1933年，这种闻药销量达250万盒。之后长春堂的掌柜张子余先生和药师蔡先生通力合作，在原避瘟散的基础上开发出紫、绿、黄、白四种不同颜色的新剂型避瘟散，终于取代了日货宝丹而独占市场。当时，北京曾流传着"三伏天儿，您别慌，快买闻药长春堂，抹进鼻里通肺腑，消暑祛火保安康"的顺口溜。当时的长春堂连同外地分号共有八个药店。消暑闻药避瘟散具有香、凉、祛瘟、消暑的效用，取用少许抹入鼻腔，清凉感直通心脑。本次展览展出的文物中就有清代长春堂玻璃药瓶、"长春堂太上避瘟散"锡制药盒。

万全堂创立于明代，为乐家独资经营。清同治十二年（1873），万全堂发展为九户（九股）合资经营的药店，药店按股东会签订的合同办事，自此走上了中兴之路。1921年和1931年，万全堂分别在山西临汾和新绛各开了一个分店。万全堂的经营范围是丸散膏丹、汤剂饮片，其药材地道、质量优良，它还将山西药品龟龄集、牛黄清心丸等带进北京，在京城享有很高的声誉。

千芝堂开设于明末，据清乾隆十年（1745）的老店经营目录记述，当时千芝堂经营成药15个门类、624种，并有饮片加工、炮制及批发业务。成药的主要品种有活络丹、舒络丹、三黄宝蜡丸、虎骨酒、虎骨膏等。光绪七年（1881），曾供职于太医院的吴霭亭买下了千芝堂，之后产品一部分销往御药房，一部分销往市内大小药房，此外还销往华北、东北及京包铁路沿线。中华人民共和国成立后，千芝堂药店保持了饮片为主的经营特色，当时抓草药到千芝堂已成为北京百姓的共识。

德寿堂的创办人康伯卿为北京东郊半壁店人。其少年时曾学医于西单华仁堂，数年后开始自制中成药。1920年，康伯卿在崇文门外南小市开办了"德寿堂药铺"（总号），1934年又在珠市口西大街开办了"德寿堂南号"，此后又在崇文门外东花市创建了"德寿堂东号"，这些药铺均以经营自制的丸、散、膏、丹为主，后增加了汤剂饮片。20世纪30年代，德寿堂以自制的"康氏牛黄解毒丸"而享誉京城。1987年，德寿堂被北京市宣武区列为"区级文物保护单位"；2003年被北京市列为"市级文物保护单位"。德寿堂现为北京市医保定点药店和北京市旅游定点商店。本次展览展出了两种德寿堂纸质包装盒，其大小基本一致，均为长方形硬纸壳折叠式，仿刻碑式木版印刷，封面四角分别印"谨""防""假""冒"四个字，其中一包装盒上的人物纹似仙人、药王，底为海水江崖纹，中央印有"京师警察厅批准，农商部注册，北京德寿堂药店康氏秘制牛黄解毒丸""专门自配，只此一家，并无分铺"的深绿色字样；另一个包装盒上有鸡鹤纹样，印有"诸君认明，鸡鹤商标"，商标为彩印二雄狮合抱地球，球上红字书写"德寿堂""舒肝丸"，球上白底黑字印有"北京"。这两个包装盒上的广告为一条形彩印，设计精美，两边白底红字印有"舒肝和胃，化滞宽中"，中间红底白字印有"总号：开设崇外南小市口路西，电话分局二一〇八"，白底红字印有"东号：崇外花市大街路北，电话分局一六二号""南号：前门虎坊桥大街南路北，电话南局二〇九三"，而商号信息再次将总号、东号、南号三地点和电话标示清楚。在由药瓶形纹饰印刷的"北平德寿堂南号参茸胶醴丸散膏丹价目表"中，表顶黑体加重印有"电报挂号一六六零号""电话南局二零九三号"，中间竖条花边框列写"本堂第一期价目表甲戌年仲夏刷印，若通函本堂即可邮寄呈阅，特此声明"，表底部的横排花边框印有"启者本堂虔修古方，丸散膏丹参茸胶醴，深受各省主顾欢迎，现在各省各埠代销处甚多，实因配制精审，药真价廉。承蒙赐顾考验、经过，灵效异常，极口称赞。凡寄送便利敏捷，优待各埠主顾，如代销丸散膏丹，另按折扣计算。非图厚利，以资畅销耳，特此声明。本堂谨启"。

乐仁堂药店原名为乐寿堂药店，由同仁堂第十代传人乐印川的曾孙乐佑申于1923年开办，原址位于西单北大街285号。原名"乐寿堂"借颐和园中乐寿堂之名，取吉庆之意。乐仁堂属于同仁堂乐家老药店在京的一家分店，主要经营丸、散、膏、丹、汤剂、饮片等。乐仁堂的房屋建筑均仿同仁堂的模式，门外悬挂着从同仁堂拓来的"乐家老药铺"匾额，门两边高悬木刻白漆黑字的长条标牌，北边为"本店采购生熟地道药材"，南边为"精制丸散膏丹汤剂饮片"，两旁还挂着木质招幌，以示其为中药店。

庆仁堂的创办人是王子丰。1918年，南庆仁堂药店在珠市口开张营业，之后庆仁堂又陆续开设了虎坊桥西庆仁堂、东四北庆仁堂、白塔寺大和堂、前门大街庆颐堂等分号，另外在河北安国还设有分号。王子丰对学徒要求严格，他要求学徒一律推平头、着长衫、练书法、精算盘、背药典。庆仁堂经营的药品中以第一灵丹、疏风定通丸等较为有名。1956年，庆仁堂参加公私合营，改前店后厂式经营为专门的零售药店。"文革"中前门大街的庆仁堂改名为复康药店。1991年7月1日庆仁堂重新开张营业，主要零售兼批发各种中西药、参茸保健品、饮片等，共计4000余种，同时还代客加工粗细面、水丸、蜜丸，还可帮顾客代煎中药。本次展出的文物中有庆仁堂眼药铺印版一组。

福寿堂傅家药店，从其名字中的堂、店合一便可看出，民国时期中西医已经开始融合。福寿堂制有"三星牌疟疾药（即太和散）"，其说明书上的内容有"疟疾病又曰冷热病。此病虽非凶猛大症，而能使人气虚体弱，若不急治，久则更能变转他症，发生不测，最为危险。本店出品中三星牌疟疾药，为治疟疾病专门特效良药，非常灵验久矣，驰名各省，销售颇广，凡患是病者，老幼男女无论新发久患，每日、隔日或三日一发，发时先觉寒颤，继而发热汗出口渴，按时发作，间有呕吐、头疼、身疼者，烦苦不堪；或先热后寒及一切之疟疾病，屡经医治，服药不愈或愈后而复犯者，速服此药。轻者一付（两袋是一付）即愈，重者两付保好，其效如神。自经北京市政府立案行世以来，极为社会人士所推许，有口皆碑，非是虚言宣传以欺世人，实有药到病除、百治百效之功。服后病愈即知言之不谬也"。"注意：服法、时间、禁忌列下"，"附言：一、此药系用珍贵原料配制而成。药性和平，服用简便，功能灭绝疟虫，制止寒热，增进饮食，恢复健康，诚为治疟疾病唯一良药。二、此药体量极少，效力伟大，无恶劣邪味，最易服用。存放年久，遇受潮湿仍可服用，其功效不减。各慈善家、各团体恒大批够买以为施用，方便而应急需。其信誉不再赘述，可想而知矣。北京宣武门外西草场内山西街十五号，福寿堂傅家药店主人启"，"提倡良药以利病人，省钱省事大有神益于社会。服此药者病好后，即祈广为介绍，使患是病者，早服早愈，免受痛苦，功德无量""用前药治痢疾疾病亦颇有效；外埠有愿代理者，回扣从优，备有详章，函索即寄""各省市县镇中药店西药房均有代售"。

京都仁义堂的药铺包装纸上印有"修合虽无人见，存心自有天知"，"丸散膏丹汤剂出门概不退换"，"本堂精选各省地道生熟药材，遵古炮制，诸门应症。丸、散、膏、丹、汤剂、咀片，各种光明眼药灵应，砂药活络丹、灵宝如意丹、再造丸、人参鹿茸丸、育麟固本膏、涌泉参桂鹿茸膏、琼玉膏、安神至宝丹、胎产金丹、法制陈皮、梅花点舌丹、紫雪散、蝉苏铠、万应铠、官方大乙紫金铠、保婴丸、至宝丹、八宝红灵丹、七厘散、神效消蛾散、卫生宝戒烟丸、神仙金不换膏、人马平安散、补益延龄虎骨参茸、五加皮、史国公、玫瑰露、茵陈露、竹叶青、莲花白各种药酒，一概俱全，料真价实。照唯发客，统计六百余种，不及备载。开设天津日本租界天仙茶园南路西，详认冲天招牌便是，并无分处，庶不致误"，"人本天地之气以生，气化有所不同，疫病因之而作。自神农氏上悉化理，下救民生尝百草，以别其性，传万世而著为书。此医药所自始也。夫卢扁著有良方，诚推国手而和缓若无妙药，谁识名医？无如杏林有三世之传，药市乏千金之秘。医士虽欲济人，病家每不收效得心应手，往往难之。本堂因津郡，系水陆通衢，客商云集，丸散已驰之名，而汤剂尤切三津之用。选料必详地道，炮制悉按方书，致慎致详，必精必洁，不敢言济世救人，亦聊为医士病家之一助云。

凡赐顾者务请亲到本堂当面交易，或托亲友代买，亦须枉顾到铺，庶不受他单假冒，病人幸甚，本堂幸甚，谨白"。

中和堂始于清代，"中和"一词出自《中庸》的"中也者，天下之大本也；和也者，天下之达道也"，取中庸和谐、集中国千年文化于一堂之意。中和堂创始于山东省黄县（今山东龙口市）。本次展出的展品中有清代中和堂的各式药单、药品说明印版和印戳，如"山东黄县炉头集中和堂蜡丸发客"印版。各式印版中，有药材的介绍、丸散膏的说明等，这些印版有中和堂监制的，也有自制的。中和堂很讲究药材质量，收购时，次货一律不收；加工时，遵古炮制，一丝不苟。中和堂自开业起就宾客盈门，药店为招揽生意，狠下了3年功夫，发誓3年内售好药、不赚钱，药品都以贱价乃至赔本出售。一般有顾客来店，先由小伙计让座、献茶、敬烟，热情问候、稍事休息后，再谈购药事宜。在问明顾客所需后，伙计列单付柜抓药，分类包好，然后对单验查，无误后，方送顾客离店。中和堂的货源广泛，除收购当地所产药材和外地药车送来的药材外，店里还经常派专人到天津、上海等城市采购中成药、西药和名贵中药材。这次展出的展品中有"黄县炉头集中和堂药局"木刻版，版上刻有"万应铠""黄县城西南香房村""孙"字样，款"中和堂"。

除了上述这些医药老字号外，历史上还有很多医药堂号。这次展出的文物还有纸质印刷的"黄县保恒堂贾氏秘制川贝橘红精"说明书、民国时期黄县保恒堂贾氏秘制川贝橘红精包装纸等。其中"民国时期黄县保恒堂贾氏秘制川贝橘红精"包装纸外不仅印有儿科琥珀安惊散、万应十二神金丹两种中成药广告，还印有"丸散膏丹兑出不换，货真价实童叟无欺"的内容。由这两件文物可知，明清时期黄县的中医药业很发达。

从明代起，北京已成为全国中医药行业的中心，北京的药铺、药店曾达160多家。过去北京人习惯将卖中药的铺子称为"药铺"，这次展出的"王天心堂药铺"的铜包边木斗便是中药铺所用的器具。卖西药的铺子一般称为"药店"，如展品中民国时期的"同仁西药社"玻璃药瓶便是西药店所用。京城的老药铺讲规矩，更讲医术，对抓药的顾客要一问寒热二问汗、三问头身四问便、五问饮食六胸腹、七聋八渴俱当辨、九问旧病十问因，再兼服药参机变，妇人尤必问经期，迟速必崩皆可见，再添片语告儿科，天花麻疹全占验。每个老药铺都有自己的招牌药（也叫看家药），如同仁堂的安宫牛黄丸、永安堂的小儿急惊粉、大庆堂的武力拔寒散、长春堂的避瘟散、百草药店的参茸、永仁堂的一贴膏等。

老北京的中药铺是个特殊行业，其整个抓药过程程序严格，生客、熟客一律拦在柜台以外，所以柜台又叫拦柜。通常伙计收到药方后要先粗看药方，如果缺少哪味药，他会立即告诉顾客，招呼顾客在柜台外椅子上等候。此时，负责抓药的伙计将药方展平，并用镇尺压好，然后在柜台上铺好大大小小的包装纸，用戥子称好药后，并不急于包起来，而是要请另一位师傅按药方依次核对，确认无误后点头应允方可包上。药包的包装纸上印有店名、地址、经营内容等。因为药铺卖出的是攸关人命的治病药，因此中药行业从古至今推崇"实与名副，财以道生"的理念。不仅称量要讲究"准星准钱儿"，各种草药片剂也必须货真价实，即便是微利也要做到童叟无欺。在老北京，无论药铺还是药店，服务都是一丝不苟、热情周到的。通常店堂内不仅摆有长条木椅，还备有白开水，为南来北往的人们提供方便。

全国各地的中医药堂号、药铺都以诚信为重，讲究药材质量。同时还会以各种形式印制广告，将其药品信息、特色等广而告之。如清代德生堂的一组广告印版、济世堂的一组白地祛癞丹药单印版；清代"庆和楼"药铺印版印制的广告中，两位财神手提"利市仙官"旗，旗上写有"本号向在京都。精选各省药品自造，全料乱盘名香。今移于邓村梁家后街开设铺面，更加射料，货真价实，发卖不误，凡等客赐顾者认明字号，庶不致误"；民国木制阴刻描金"临邑柏壁村，万顺和川广地道云贵药材俱全，京都丸散膏丹，专治男妇小儿"招幌。药品说明书一般使用套色并兼顾广告，有的还采用推销、优惠、折扣等现代营销手段，如民国红底白字"苏绍生"、白底红字"地球商标"、海底白字"听我言第一好用皮肤湿毒水即刻止痕"、浅红地深红字"本号有卖"等套色药品广告。唐拾义大医师的"久咳丸"包装纸上贴有医师头像，还印有"医学士唐拾义唐太平父子医师，粤中望族，术擅岐黄，既精中医学理，复潜心欧西医学。自毕业后，历应各省大医院之聘，以肺病专门医术鸣于世。悬壶四十余载，经验丰富，阅历最深，并搜罗泰西两国最新仪器，以备详细诊察，务祈精益求精，无微不至，使抱恙者同登专域，以副先生行道热忱，始创久咳丸，成效卓著，名满寰宇，外洋内地到处欢迎。谨将久咳丸功用说明。一治忧愁肺痛之咳，一治夜不安眠之咳，一治喉痛声嘶之咳，一治童子百日之咳，一治老人虚弱之咳，一治胎前产后之咳，一治天行时疫之咳，一治四时感冒之咳，一治喉痒虚寒之咳，一治新沾痨病之咳，一治胸痛骨痛之咳，一治胃弱饱滞之咳，一治肾虚肺弱之咳，一治酒色为患之咳。一切日咳、夜咳、连声咳、单声咳、白痰咳、黑痰咳、无痰咳、唾血咳、破金咳、潮热咳、盗汗咳、心跳气喘咳，虽最日久不愈之缠绵咳症，服之无不应验如响，诚治咳之圣品也。发行所：香港文成东街上海爱多亚路唐拾义大药厂广州下九甫路。经理人：汉口屈臣氏桑房识"。

这次展出的文物中还有延寿堂孙家老药铺"调经养血"的症治说明书，说明书内有发明人肖像，两边标有"内政部批准立案，卫生署化验许可""中央医药部登记，天津市政府注册""实业部商标局注册商标"，另外，其在"一元钱原料主要药""主治用法""价目地点""卫生要旨"这四个分项栏目中也标注清晰。本次展览中的"镇惊丸"说明书为铅印，印有"一九五六年五月致用此版，广东佛山人和堂潘冯沛，发行：广东佛山市升平路三十九号"。此为"人和堂潘冯沛处制膏丹丸散"之一，说明书分处方、适应范围、服法用量、规格重量等内容，简洁明了，现代气息浓郁。另外，首都博物馆也曾举办过有关中医药行业的展览，其中展出的文物中印有"膏药铺幌""筋骨疼痛膏""京庄万全堂国药店""八宝清凉散""北平虎骨酒""同仁堂参茸熟药""寿元堂药材店"等字样的民国时期的药店招幌。

这次北京民俗博物馆展出的文物中有一件用于称药的秤，每斤由十六两组成，故称"十六两秤"。十六两秤的秤杆上，每一两处都刻有一颗星作为标记。每斤十六两，故一斤的距离平分刻有十六个星，它们分别代表南斗六星、北斗七星和福、禄、寿三星。南斗六星即斗宿，为二十八宿之一、玄武七宿的第一宿，共六颗星；北斗七星是北方天空排成斗形的七颗星，名称分别为天枢、天璇、天玑、天权、玉衡、开阳、摇光。"南斗六星"加上"北斗七星"，再加上"福、禄、寿"三星，合为十六星。在生意场上使用十六两秤时是有讲究的。例如，对卖主而言，若卖出去的货物在重量上少付一两，即寓意去掉了寿星，将导致短寿；若少付二两，即去掉了寿星和禄星，寓意卖主不仅不能长寿，而且俸禄也必会减少；若少付三两，即三星全被去掉，寓意他一生不仅无福、无财，而且还短寿。反之，道理也相同，如果多付一两，则增寿；多付二两，则增禄、增寿；多付三两，则福、禄、寿全增。因此，生意人在买卖中何去何从，是福是祸，全凭自己的良心去做。"十六两秤"的出现要求人们以诚信为本，规范买卖双方在生意场上的买卖行为。

"明码实价、童叟无欺"是中医药堂号和药铺打出的旗号,但这种经商理念是针对顾客的。在各商家经营自家生意时,通常会使用暗码,这是自家的商业秘密。暗码一般是用文字代替的,如元、亨、利、贞、天、地、玄、黄分别代表一、二、三、四、五、六、七、八,如果写有"元贞"二字,则表示一元四角,也有用"甲乙丙丁子丑寅卯"或"平安幸福恭喜发财"等字样来做暗码的,商家在进出货物时都会用自家的商业暗码。各堂号比较常用的生意暗语可以概括为十个字,即天、地、光、时、音、律、政、宝、畿、重。这十个字分别代表数字的一、二、三、四、五、六、七、八、九、十。之所以这样对应,其中也很有深意:天称一,因为天最大;地次之,为二;光为三,指日、月、星;时为四,指春、夏、秋、冬;音为五,因为古时的音阶有宫、商、角、徵、羽五个音阶;律为六,指的是黄钟、太簇、姑洗、蕤宾、夷则、无射六种定乐器;政代表七,指日、月、水、火、木、金、土七曜;宝代表八,指景天科、蝎子草等八种多年生草本植物;畿代表九,指先秦时一种理想的行政区划,分侯、甸、男、采、卫、蛮、夷、镇、藩九畿;重代表十,指重复之意,即十个一为十,完满俱足,是为一十也。这次展出的文物中还有清代木质"荣寿堂"药单印版、清代木质"宝聚堂"药单印版以及清末民国时期的《同仁堂药目》等,我们之所以看不懂这些文物上的某些内容,可能就和这些商业密码有关。

在数千年灿烂的中华文明史中,天文历法和中医中药是中华民族对全世界的重大贡献。西医传入中国大约在明末清初,当时,人们习惯将那些经营西药的店铺称为"药店"。一般经营西药的店铺中不仅有码放整齐的药瓶、药盒,还有常用的纱布、橡皮膏、体温计等,有些药店甚至还有牙科用椅、手术器械等。当时无论什么作用的药片都可以拆瓶零买。药店大都还开设有夜间售药的小窗口,无论白天黑夜、春夏秋冬,只要敲开小窗,便可买到急需的药,十分方便。

漫谈香事之香具

中国香文化源远流长。早期"香"的使用，主要包括基于嗅觉方面的天然植物散发的"香"，以及侧重视觉意义由焚烧植物产生的"烟"等两个体系。上古时期，先民将燃烧上升的香烟视为人神沟通的媒介，充满对天地的敬意，通过芳香类植物燃烧时散发出的"烟"将信息传达上苍。距今 6000 多年前，人们已经用燃烧柴木与其他祭品的方法祭祀天地诸神。3000 多年前的殷商甲骨文已有了"祡（柴）"字，意指"手持燃木的祭礼"，堪为祭祀用香的形象注释。以积柴燔燎升烟来祭祀天地，据文献记载可以追溯到先秦时期。最晚在西周，宫廷之中已经有专门的官员"翦氏"负责居室熏香事宜，通过焚烧香料的方式来驱赶蚊虫，改变居住环境。春秋战国时，祭祀用香主要体现为燃香蒿、燔烧柴木、烧燎祭品及供香酒、谷物等祭法。在生活用香方面，品类丰富的芳香植物已用于熏香、辟秽、祛虫、医疗养生等许多领域，并有熏烧、佩戴、熏浴、饮服等多种用法。佩香囊、插香草、沐香汤等做法已非常普遍，熏香风气也在一定范围内流行开来，并出现了制作精良的熏炉。秦汉以后，在祖先崇拜、宗教活动、文人雅趣等多重因素的合力下，社会各阶层普遍参与香事，各类香料广泛应用，各种焚香、熏香的香器及辅助用具应时而生。

一　寻仙问道之博山炉

辽西牛河梁红山文化晚期遗址曾出土一件距今 5000 多年"之"字纹灰陶熏炉炉盖。山东潍坊姚官庄龙山文化遗址曾出土一件距今 4000 多年蒙古包形灰陶熏炉，顶部开圆孔，炉身遍布各种形状的镂孔。上海青浦福泉山良渚文化遗址曾出土一件距今 4000 多年的竹节纹灰陶熏炉，笠形、斜直腹、矮圈足，腹外壁饰有 6 圈竹节形凸棱纹，炉盖捉手四周有 18 个镂孔。上述三件香具足以说明，早在5000多年前新石器晚期，已现中华香文化文明的曙光。

将香用于祭祀礼仪活动，最早见于文字记载的如《诗经·大雅》和《周礼·春官》，当时的人们觉得"国之大事，在祀与戎"。同时先秦时，从士大夫到普通百姓，都有随身佩戴香物的风气。香囊常称"容臭"，佩带的香囊也称"佩帏"。香草、香囊既有美饰、香身的作用，又可辟秽防病。在湿热、多疠疫的南方地区佩戴香物的风气尤盛。《离骚》"扈江离与辟芷兮，纫秋兰以为佩"，《九歌》"浴兰汤兮沐芳，华采衣兮若英"。如1997年陕西凤翔雍城遗址出土了一件战国凤鸟衔环铜熏炉，通高35.5厘米，重约4公斤。熏炉顶端有一凤鸟，其下为圆形的炉体。炉体分内、外两层，外层为一镂空的蟠螭纹外罩，从中腰分为上、下相等的两个半球，中腰上有4个衔环兽首，附着于上半球的下沿。炉体下有空心八角形立柱和覆斗形底座支撑。底座纹饰镂空，有虎纹和人物等形象。江苏淮阴高庄出土了"铜盖早期瓷双囱熏炉"，河南鹿邑出土了"战国鸟擎铜博山炉"。陕西乾县梁山宫遗址出土了秦代熏炉，江苏涟水三里墩西汉墓曾出土"银鹰座带盖玉琮"（玉琮熏炉）。文献所记"香气养性"，《荀子·礼论》也说"椒兰芬苾，所以养鼻也"。从以香养生到以香品人，再到"以香养德"。

秦汉时期，神仙思想流行，秦皇汉武都对海上仙山很感兴趣。汉代墓葬多随葬有陶熏炉，形制似豆，有的还施以彩绘。如湖南长沙马王堆1号汉墓出土的彩绘陶熏炉，子母口，盖顶微拱，上立一鸟。通体先涂黑，再刷黄色，然后施加彩绘和镂孔。盖壁和盘壁刻画有卷云纹、三角纹、方格纹、篦纹和弦纹。出土时这件熏炉炉盘内盛有茅香、高粱姜、辛夷等香草，可以看出汉代熏香的情况。汉武帝时期，国力强盛，加之痴迷于寻求长生不老之术，一生敬神寻仙，熬炼仙药，所到之处必须熏香。其时，南方各省正式并入中央管辖，当地特有的沉香、鸡舌香、木香等大量输往中原；新开辟的丝绸之路也被人称为"香料之路"，古印度和波斯的安息香、苏合香等香料源源不断地送达长安供贵族享用。当这些树脂类的香料徐徐燃起时，香味浓郁的同时烟火气却并不大，随之催生出形态各异、巧夺天工的博山炉。博山炉的盖设计成耸立的山峰形状，在山峦重叠处开细小的出烟孔，使之具备发烟舒缓之效。于炉中焚香，轻烟飘出，缭绕炉体，自然造成群山朦胧、众兽浮动的效果，仿佛传说中的海上仙山。博山炉的出现，使既密切关联又独立发展的基于嗅觉的"香"，与基于视觉的"烟"结合在一起，形成具有明显审美倾向的"品香活动"欣赏体系。

博山炉是汉代最典型的香炉具，它下部为底盘，用于储水，象征四海环绕，同时也是为了容纳进气孔落下的炙热灰烬，避免火灾发生。上部为炉身，炉身为锥状体，炉盖高而尖，雕镂成山形，象征道家传说中的海上仙山——博山，故而得名。博山炉熏香时上有青烟袅袅，下有水汽蒸腾，最契合汉武帝强烈期望成仙飞天的心境。1968年河北满城西汉中山靖王刘胜墓发掘出的铜错金博山炉，通高26厘米，器似豆形，通体用金丝和金片错出舒展的云气纹，座把为透雕的蛟龙出海，炉盘上雕有小树点缀的山峦，山间虎豹、灵猴、野猪活灵活现，还有猎人在其间奔走，在细部又加错金云气纹勾勒渲染，刻画出一幅生意盎然的狩猎画面，是现存博山炉中最华贵的代表。墓中出土的另一件铜骑兽人物博山炉，炉高32.4厘米，通体鎏银。炉柄为一裸身的力士屈膝骑一俯卧神兽之上。神兽昂首，张口欲噬，颈前伸做挣扎状。力士左手撑兽颈，右手托炉身，抬首侧望。炉盖亦铸出山间人兽搏斗场景，并加以镂空。又如山西博物院藏汉龟鹤纹铜博山炉，通高23.5厘米，底盘直径16厘米，炉内的香灰至今犹见。炉身如仙山峰峦，炉柄造型为一只昂首向上的神龟背上立一只振翅欲飞的仙鹤，动感十足。

（汉）龟鹤纹铜博山炉

1981年汉武帝茂陵1号无名冢陪葬坑出土的鎏金银竹节铜熏炉，通高达58厘米，底座透雕昂首张口的蟠龙，龙口中衔五节竹竿状的长柄，柄上端向外伸出三曲体昂首之龙，稳稳地将炉身托起。炉身为博山形，下部雕饰蟠龙纹，底色鎏银，龙身鎏金。炉盖口外侧刻铭文一周："内者未央尚卧，金黄涂竹节熏炉一具，并重十斤十二两，四年内官造，五年十月输，第初三。"底座圈足外侧亦刻有铭文，内容大同小异。

《西京杂记》载，汉"长安巧工丁缓者……又作九层博山香炉。镂为奇禽怪兽，穷诸灵异，皆自然运动"。汉代刘向《熏炉铭》："嘉此正器，崭岩若山。上贯太华，承以铜盘。中有兰绮，朱火青烟。"博山炉至隋唐尚未绝迹。西安市长安区北塬出土的唐代绿釉龙柄博山炉，炉盖塑出层层叠叠的花瓣，中间花蕊突出，炉身一周花叶欲展，整体似一含苞待放的花朵。炉柄有一龙盘曲承托，下有圆盘底座。整器造型优美，绿釉晶莹。

二 礼佛悟道之行炉

三国魏晋南北朝时，佛教在中原地区有了普及性的发展。佛家一直认为香能通灵、开窍，故而把它作为供佛、供经、洗佛的最高贵的供品，并逐渐发展了一套完整的陈设和上香礼仪，到元代逐步定型为"一炉两瓶"的成套香具。明代进一步发展为所谓的"五供"，即一炉、两烛台、两花瓶的对称摆放的成套供器，用于祭祀及太庙、寺观等正式场合。这套礼仪也传习到道教和宗族祠堂并沿用至今，成为香文化的重要组成部分。

1987年陕西扶风法门寺唐塔基地宫出土的鎏金卧龟莲花纹五足银熏炉，通高50.3厘米，炉盖面隆起，顶部有莲蕾状盖钮，盖面饰一周莲瓣纹，上有5朵莲花，花蔓相互缠绕，每朵莲花上有一只口衔瑞草、回首而望的乌龟，憨态可掬。盖沿宽平下折，与炉身口沿相扣合。炉身直口、深腹、平底，腹壁饰以流云纹。炉身与炉台均铆接5个独角兽足，足间悬接花结形朵带。炉台底面錾文"咸通十季，文思院造八寸银金花香炉一具，并盘及朵带环子，全共重三百八十两。臣陈景夫，判官高品臣吴弘悫，使臣能顺"，据此考证，这件熏炉应为唐懿宗敬奉佛祖释迦牟尼真身舍利的供养器。

（唐）龟形银香薰

同类熏炉还有西安市南郊何家村唐代窖藏出土的忍冬纹镂空五足银熏炉，和西安市临潼区庆山寺遗址出土的虎腿兽面衔环鎏金银熏炉，炉足前者为蹄足状，后者为虎腿状，足间置链条或衔环，使熏炉既可平放，也可悬挂。

受佛教影响，文人把香作为修持的法门，焚香成为修炼身心的功课。他们的加入，让香文化上升到了一个新的高度，香炉也开始朝着小巧雅致的文人化方向发展。僧人、道士为云游四方，方便修行，出现了行炉这一礼佛悟道专用香具。行炉种类多，名称也不同，鹊尾炉、镇柄炉、如意柄炉、莲花宝子香炉、提炉之始均是用于"行香礼佛"，俗称手炉、行炉或长柄炉。起源于中亚犍陀罗佛寺流行的长柄香炉。新疆克孜尔石窟壁画、炳灵寺石窟壁画、敦煌石窟壁画及现藏于日本大德寺南宋《五百罗汉图》等史料中，就多处绘有长柄行香炉。炉身有莲花形、高足筒形等。山西稷山青龙寺腰殿西壁元代三界诸神图壁画中"帝释圣众"部分，"帝释天"一手持行炉柄，一手从旁边侏儒托举的圆盘中取黑褐色饼状物，饼状物应为香饼或香药。

鹊尾炉 南朝梁王琰撰《冥祥记》"宋吴兴人费崇先，少信佛法。每听经，常以鹊尾香炉置膝前"。《香乘》引《法苑珠林》"香炉有柄可执者曰鹊尾炉"。其形在云冈石窟第35窟所刻供养人及僧侣手持可见，其他古代壁画及石窟亦均可寻。河北景县北魏封魔奴墓、湖北当阳长坂坡北魏一号墓均出土有鹊尾炉实物，河北定州静志寺地宫亦出土有唐代鹊尾炉。鲁迅博物馆展出的天龙山石窟第2窟、第3

天龙山第3窟供养人石刻

窟内浮雕拓片，文殊菩萨结跏趺坐于华盖之下，左手持一长柄状物，右手抬起至胸前。供养人褒衣博带，戴笼冠、着高头大履，手中或执莲蕾，或持鹊尾香炉。

镇柄炉 柄端有镇物的长柄行香炉，一般柄端向下折90度成"Z"形，做圆形、椭圆形、方形台，上置狮形、宝塔形、瑞兽形镇，另一端设香炉。如河南洛阳唐神会和尚墓出土的唐代狮子镇柄炉，其形制与日本东京国立博物院、正仓院所藏四柄狮镇柄香炉基本一致。

如意柄炉 与鹊尾炉、镇柄炉同为行香炉的一种，区别在于柄端为如意形。出现年代较之前两者稍晚，大概出现于晚唐。法门寺地宫出土有"唐咸通十三年"铭文如意柄炉。

莲花宝子香炉 此种香炉约出现于宋辽时期，将鹊尾炉、如意柄炉、镇柄炉炉身制成绽放莲花形，并在炉柄靠近炉身处安置香宝子，形如莲花含苞、初绽或含籽莲蓬，并有莲叶枝梗为饰。这种制式的行炉为莲花宝子香炉。宝子又称香宝子、香宝、宝子，用于盛放香料、香丸、香饼。

2008年，江苏南京北宋长干寺地宫遗址发掘出一柄北宋莲花宝子香炉，通高15.5厘米，通长35.2厘米，香炉高4厘米，口径8.2厘米，腹径8.7厘米，重385克。莲茎为柄，生出连花，炉身位于中部，蓬莲形带盖宝子二分，分别置于柄端与炉身一侧，覆莲叶为座置于另一柄端，另有观音像一座及莲蕾两枝自炉身下伸出。

提炉　近似于提灯，一般有杆。宋胡寅《和单令自龙山迎月而归》曰："招提炉上宝青氲，问信浮屠作祖人。想得妙心同水镜，故应归路见冰轮。"又有《水浒传》"太尉拿着提炉，再寻旧路，奔下山来"。

三　生活所用之香毬、鸭形炉

唐宋时期，海外贸易飞速发展，海南、两广所产香料增加，香料不再是权贵的奢侈品，成为大众日常生活的一部分，人们对熏香的研究和利用更加精细化、系统化。而国家统治者和文人依然对名贵香料钟爱有加，用量更是空前。《文昌杂录》卷三中记载："唐宫中每有行幸，即以龙脑、郁金布地。"这一时期，对香料的研究开始调理化和精细化，并有关于香的专著问世，如《唐开元宫中香》和《洪氏香谱》。香开始进行不同品种之间的配伍，也从一味熏香扩展到了药用功能。龙脑香（冰片）、沉香、麝香、檀香、丁香、肉桂、降香等作为"芳香开窍类"药材被人们熟知和广泛使用，"香药"在医书中成为一个门类。

宫廷中用焚香来显示庄严和礼遇，并写进制度。权贵们兴起了"斗香"活动。唐中宗时就举办过一次高雅的斗香大聚会。文人骚客则将熏香视作优雅生活和文化品位的标志，"红袖添香夜读书"就成为文人们日常生活中不可或缺的风雅。据唐代冯贽《云仙杂记》记载，柳宗元得韩愈所寄诗，"先以蔷薇露灌手，焚玉蕤香后发读，曰：大雅之文，正当如是。"白居易诗云"闲吟四句偈，静对一炉香"，李商隐诗云"春心莫共花争发，一寸相思一寸灰"等，反映了唐代文人熏香之雅事。

◆ 传统文化研究

　　唐代皇宫及达官显贵还非常讲究用熏炉焚香熏衣。皇帝的御衣每天都由宫女熨烫、香熏。熏衣时，于熏炉上再套放一个镂空的笼子即熏笼，然后将衣物放上面熏之。王建《宫词》"每夜停灯熨御衣，银熏笼底火霏霏"即描写此事。为此，宫女"斜倚熏笼坐到明"（白居易《后宫词》）。《新唐书·仪卫志》记载："朝日，殿上设黼扆、蹑席、熏炉、香案。"贾至《早朝大明宫》"衣冠身惹御炉香"，杜甫《奉和贾至舍人早朝大明宫》"朝罢香烟携满袖"等诗句，均反映了朝廷朝会时熏香的浓烈。

（唐）黄釉香薰炉

　　唐人苏鹗在《杜阳杂编》中说，宰相元载家晾晒罗纨绮绣，下面放置20个金银炉熏香，且"皆焚异香"。唐代熏炉的造型趋向多元化，制作更加考究，外观更加华美。

　　唐代的熏香，除熏炉以外，还有一种可以放于被褥之中的熏香器亦大为盛行。此器具被称为"卧褥香炉""被中香炉""香囊""香球""金砸"等，用于祛除污秽之气，芳香被褥。其形制通常为金属制作的镂空圆球，上半球体为器盖，下半球体为器身，两者之间以合页相连，子母扣扣合。下半球体内有两个同心持平环和一枚焚香盂。两持平环之间以及持平环与香盂之间均以垂直的活轴相连，并将外环与球壁铆接在一起，持平环和香盂都可随重力作用保持盂面与地面呈平行状态，因此，无论球体如何转动，盂面始终朝上，香盂盛装的香料点燃时火星不会外漏，烧尽的香灰也不至于洒落散出而将被褥烫坏，是一种设计极其精巧的微型熏炉。唐代诗人元稹曾作诗赞曰："顺俗唯团转，居中莫动摇。爱君心不测，犹讶火长烧。"

1987年陕西宝鸡法门寺佛塔地宫，出土一件鎏金银香熏球，被公认为唐代最有代表性的香具。它由多组直径不同的半球形镂空金属片组成，每组两个大小相同的半球形金属片扣在一起形成一个球状，各组固定在不同的轴上，可以自由绕轴活动，核心悬挂一杯状容器用于焚香，即使摇摆晃动，香品也不会倾洒出来，可谓匠心独运。

唐宋时期还出现了一种鸭形熏香炉，李商隐《促漏》有"睡鸭香炉"，"舞鸾镜匣收残黛，睡鸭香炉换夕熏"。宋代周瑞臣亦作有《青铜香鸭诗》"谁把工夫巧铸成，铜青依约绿毛轻。自归骚客文房后，无复王孙金弹惊。沙觜莫追芦苇暖，灰心聊吐蕙兰清。回头却笑江湖伴，多少遭烹为不鸣"。

鸭形熏炉在汉代就已经有了。直至明代，依然可见它的身影。1988年景德镇出土了一件明成化年间的素三彩鸭熏，鸭做昂首张口鸣叫状，伫立于四面开光镂空的方形底座上，造型很生动。鸭子由上、下两部分组成，从腹部分开。通身施黄、绿、褐三色釉，是一种典型的素三彩瓷器。

四　宋代经典之三足炉、兽炉

李商隐《烧香曲》中如是说，"兽焰微红隔云母"，这说明唐人已经开始用云母隔火品香。"隔火熏香"的方法在宋代开始流行，它是将香料用云母片或薄瓷片等与火隔离，利用炭火发出的热力炙烤香料，令芳香物质受热逐渐挥发，既可以消除燃烧产生的焦糊味，使香味更清幽淡雅，层次更丰富，又延长了熏香时间，可谓一大进步。用香方法的变化，使得香具逐渐由熏炉、熏球、香斗向无盖阔口的开敞式香炉发展，没有托盘的三足炉、兽炉从此开始流行。

早期的熏炉为豆式，以熏烧香草为主。如赵希鹄《洞天清录集·古钟鼎彝器辨》："古以萧艾达神明而不焚香，故无香炉。今所谓香炉，皆以古人宗庙祭器为之。爵炉则古之爵，狻猊炉则古踽足豆，香球则古之甄，其等不一，或有新铸而象古为之者。惟博山炉乃汉太子官所用者，青炉之制始于此。"《宋史·仪卫志二》载有"香炉香盘"，"宫中导从之制，唐已前无闻焉。五代汉乾祐中，始置……女冠二人，紫衣，执香炉、香盘，分左右以次奉引"。

"焚香"和点茶、挂画、插花，在宋代被并称为"文人四艺"。宋皇室笃信道教，崇尚简约，这时期的香具和前期相比材质发生了很大的变化，青铜和金银很少使用，陶瓷香炉成为香具的主流，包括最著名的汝、钧、官、哥、定五大名窑在内的各地窑口都生产了大量的精美绝伦的陶瓷香炉，如汝窑的三足奁式炉，官窑的粉青簋式炉，哥窑的乳足冲天炉等。这些瓷炉简约雅致，影响至今。

（宋）白釉镂空熏炉

（宋）绿釉瓷香薰炉

两宋文人燕居焚香，追求的是娴静气息和清致生活，不仅仅是风雅的点缀，更是一种真实的生活方式。而书房焚香，一是因为香料散发的香味可以去除房间内的浊气，二是可以通过焚香在读书时提神醒脑，三是可以用于计算读书的时间。三足香炉已经完全渗透并内化到宋代文人的精神生活之中，作为一种实用器具，为生活增添了风雅与意趣。燕居焚香作为一种智慧的生活方式，成为雅俗共赏的佳事。苏东坡有诗"沉麝不烧金鸭冷，淡云笼月照梨花"。又如《翻香令》"金炉犹暖麝煤残，惜香更把宝钗翻；重闻处，余熏在，这一番气味胜从前。背人偷盖小蓬山，更将沈水暗同然；且图得，氤氲久，为情深，嫌怕断头烟"。这些金属或陶瓷等做成麒麟、狻猊、狮子、凫鸭等各种动物造型的香兽炉，香料被置于鸟兽腹内熏烧，香烟从其口鼻中淡淡飘出，点缀在唐宋人家的各处，是他们日常生活的一部分。

此时的香具还是以熏炉为主，造型逐步简化。随着制瓷工艺开始完善，出现了不少漂亮的瓷质炉具，青瓷和白瓷的敞口三足和五足炉也出现了，有耳瓷制香熏也见于该时期的出土文物之中。炉耳的设计使得提携挪动变得简便，颇具实用性。

（宋）湖田窑白釉瓷三足香炉

及至宋代，熏香文化已从皇家贵族、文人士大夫以及佛家、道家扩展到普通百姓，遍及社会生活的方方面面。不仅在居室厅堂熏香祛污，宴会庆典上焚香助兴，还有各式各样精美的香囊、香袋用以佩挂。一些文人雅士还亲手制香，苏洵即有诗云："捣麝筛檀入范模，润分薇露合鸡苏。"黄庭坚也常自制熏香，还曾以他人所赠"江南帐中香"为题作诗赠苏轼。诗中有"百炼香螺沉水，宝熏近出江南"之句，苏轼和之有"四句烧香偈子，随风遍满东南"诗句，黄庭坚复答又有"一炷烟中得意，九衢尘里偷闲"诗句。宋代的熏香器具在继承前朝的基础上更加丰富多彩，屡有创新。其中最具特色的就是瓷熏炉，南北方窑系以及为朝廷烧造贡瓷的汝窑、哥窑、官窑等均大量烧造。

（元）青铜三足鼎炉

宋代耀州窑址出土的花式青瓷熏炉，炉盖缺失，炉身腹底有矮榫与轮式中腰座口部套接。炉身外壁贴饰3层仰莲瓣，轮式中腰座上斜面绕座口塑贴6只爬伏的海兽，下斜面划饰仰莲瓣。釉色青绿泛灰，有玻璃质感。此外，还出现了玉质熏炉。在宋代文人崇尚清幽淡雅的品性影响下，宋代熏炉也形成了平淡古朴、雅致细腻的美学风格。

宋代还比较流行鸭、兽造型的熏炉，多以金属制作，称为"兽炉"，亦称"香兽"。宋代《香谱》中记载："香兽，以涂金为狻猊、麒麟、凫鸭之状，空中以燃香，使烟自口出，以为玩好。"宋词中欧阳修《越溪春》"沈麝不烧金鸭冷，笼月照梨花"，李清照的《醉花阴》"薄雾浓云愁永昼，瑞脑销金兽"，周紫芝《鹧鸪天》"调宝瑟，拨金猊，那时同唱鹧鸪词"等状物咏怀的句子，说的就是这种鸭、兽形的熏炉。

宋代也出现了计时之用的印香，后世演变为计时之盘香。洪刍《香谱》"百刻香"词条"近世尚奇者作香篆，其文准十二辰，分一百刻，凡然一昼夜乃已"。可知印香初备时有计时的功能。"香篆"词条"镂木以为，以范香尘，为篆文，燃于饮席或佛像前，炉往往有至二三尺径者"。印香炉造型扁平。呈三足式底座，上有镂空盖子，用时先将篆纹香范模置于其中，撒香粉末于范中，抚平、轻提范模，即可焚香。周嘉胄《香乘》、高濂《遵生八笺》均有香印图、印香供佛图。清光绪年间南通人丁月湖编撰《印香炉图谱》，书中记有许多造型各异的印香炉，如秋叶形、海棠形、菱花形、如意形、瓜形、古琴形、古币形、花瓣形、瓶形、钟形、梅花形、竹节形等百余种，篆模则有开卷有益、芸窗、虚心、云鹤、直上青云、姻缘一线牵等。

印香又称篆香，本为佛事中诵经或计时所用，自唐宋流行民间。宋洪刍《香谱》载："香篆，镂木以为之，以范青尘，为篆文，燃于饮席或佛像前，往往有至二三尺径者。"唐朱长文《郡牧李侍郎生日》"香盘密印旧家山"。宋苏轼作《子由生日，以檀香观音像及新合印香银篆盘为寿》《满庭芳·香叆雕盘》。宋陆游《杂题》"黄庭两卷伴身闲，盘篆香残日未残"。宋虞俦《谢广文俞同年惠鳖鱼》"清坐焚香篆印盘"。《遵生八笺》录有香印图四具，然后解释其用法，并说"用烧印香，雅有幽致"。晚明朱之蕃作《印香盘》"不听更漏闷谯楼，自剖玄机贮案头。炉面匀铺香粉细，屏间时有篆烟浮。回环恍若周天象，节次同符五更筹。清梦觉来知候改，褰帷星火照吟眸"，一句"炉面匀铺香粉细"，将香盘焚印香细节言明。

五 登峰造极的宣德炉

陶瓷香炉虽精美，但瓷器易碎的缺点，又使得人们试着寻找更为理想的炉具。宋元时期，青铜和铁制的仿瓷炉造型的小型炉具开始初现端倪。首都博物馆藏一件琉璃三彩龙凤纹熏炉，通体雕饰蟠龙、飞凤、牡丹、山石，敦厚大气，造型雄浑，是元代炉具中的精品。元代香炉的历史很短，但元代的香炉体形硕大，气势不凡，颇具时代特征。

《明实录类纂》引《太祖宗录》卷四十三云："（洪武二年六月）丁亥，造太庙金器成。每庙壶一、盂一、台盏二……香炉一、香盒一、花瓶二……"；卷五十五"内使监率内使执香炉、青盒、唾盂、唾壶、拂子诸物侍左右"；卷十"庚寅，赐周王橚生日礼物冠一、通天犀带一、彩币三十足、金香炉合各一……"；卷二十二"东宫妃仪仗如亲王妃，惟香炉、香合如宫中，但不用金，其水盆、水罐皆用银，从之"。《宣宗实录》卷五、卷十二、卷五十二载，洪熙元年"皇上初登宝位合用卤簿大驾"及皇太后、皇后、皇妃仪仗中，有"金香炉、金香盒"或"抹金银香炉、抹金银香盒"。

古时铜器多为青铜器,内含锡、锌、铅等其他物质,强度及色泽均不及黄铜(精炼铜)漂亮。宣宗皇帝喜香炉,令将暹罗(今泰国)进口的风磨铜重新冶炼,以十六道精炼程序,层层褪杂,使一斤黄铜只得二两半精铜,以此精铜制作香炉,色泽亮润,手感敦实,乃铜炉之绝。因时处宣德年间,史称宣德炉。

传说宣德三年曾批量铸炉,宣宗朱瞻基亲自参与设计建造,据说有40多种色泽,款式有二三十种之多。其中经典款式如鼎炉、彝炉、鬲炉、敦炉、乳炉、钵炉、筒炉、天鸡炉、象耳簋式炉、狮耳炉、朝冠耳炉、冲耳炉、压经炉、戟耳炉、马槽炉、蚰龙耳炉等。宣德炉典雅的款式、浑厚诱人的金属色泽一直

(元)铜鎏金镂空玄鹤瑞兽纹五足熏炉

备受古今香道中人珍爱。

(明)白釉瓷猴香插

至晚明，除特定场合外，书斋、寝室用炉逐渐小型化，特别是书斋文房用炉，以小者为雅。《遵生八笺·燕闲清赏笺》云："香炉，官哥定窑岂可用之？平日，炉以宣铜、潘铜、彝炉、乳炉，如茶杯式大者，终日可用。"《香乘》云："香炉不拘金银铜玉锡瓦后，各取其便用。或做狻猊、獬、象、凫之类，随其人之意。"制式不同，使用场合不同。如冲天耳炉，又称朝天耳，寓"敬天法人"之意，既可用于书房，又可用于祭祀，故而书斋厅堂、神佛庙宇皆可置放。器型简洁明雅、气度端庄大方。炉腹饱满、炉耳向上展开成祈拜之姿，炉口、炉颈平缓圆转，器型扁阔，气度不凡。下有三足，其状沿延古之鼎制。冲天耳式宣德炉常见于明清画作。如明人吴绍瓒所绘《房海客像轴》，画中房可壮（一字海客）端坐于厅堂，身后供佛像，前有供花、香炉——此炉即冲天耳式宣德炉。

蚰龙耳式宣德炉，则多用于雅士书斋。据载，蚰龙耳式宣德炉因其耳弯如蚰蜓（一种虫名）而得名，可谓宣炉中最具代表性的款式，《宣德鼎彝谱》赞其"款制大雅，为诸炉之冠"。其炉型扁宽，平口微敞，颈部徐收，炉腹饱满下垂，腹中左右置双耳，炉腹圆润，端庄稳健，质朴古拙。此外，桥形耳常置于讲经，即学习之处；而鱼耳式通常搁在卧房，双鱼即代表"鱼水之欢"。

宣德炉最妙在色，"其色内融，从黯淡中发奇光"。据载其色多达有 40 多种。如茄皮色、藏经色、褐色、土古色、棠梨色、猪肝色、枣红色、茶叶末、蟹壳青等等。明鉴赏家项元汴据此曾讲："宣炉之妙，在宝色内涵珠光，外现澹澹穆穆。"冒襄亦有诗赞曰："有炉光怪真异绝，肌腻肉好神清和；窄边蚰耳藏经色，黄云隐跃穷雕磨。"明张岱赞称："香炉贵适用，尤贵耐火。三代青绿，见火即败坏，哥、汝窑亦如之。便用便火，莫如宣炉。"宣德炉的造型设计、铸造和装饰工艺都无可挑剔，而它使用的舒适性，特别是它使用过程中皮色会越变越漂亮，这种成就感则恐怕连宋代名窑的瓷香炉都不能取代，难怪明、清两代都不断地仿制它，成为一种独特的文化现象。

明、清两代，受铜资源限制，民间日常使用的还是以瓷炉为主。而香炉也逐渐从实用器向陈设器发展，出现了诸如玉、琉、景泰蓝等各种质地和工艺的香炉，这些炉子虽然装饰越来越复杂，可很多都已经脱离了品香、熏香的功能，成为仅仅供博古架上陈设的精制摆件。

六 存香之香宝子、香匣、香盒、熏笼、香囊

香宝子 为盛放香料之容器。"香宝子"称呼多见于唐宋文献,法门寺地宫还出土了银如意柄炉一柄,柄背有铭文"咸通十三年文思院造银白成于炉一枚并香宝子,共重十二两五钱。打造都知臣武敬容、判官高品臣刘虔诣、副使高品臣高师厚、使臣弘悫"。香宝子多数是成对放置在香炉两侧,敦煌壁画及北魏、北齐时期造像资料中多有香宝子成对放置的情景出现。另外法门寺地宫《物帐碑》记有"香炉一副并台朵带共重三百八十两,香宝子二枚共重卅五两"。《宋会要辑稿·舆服一》"皇后车辇"词条"皇后车辇,唐制六等……前有虚柜、香炉、香宝……徽宗政和三年四月二十九日,议礼局上皇后车辇之制……香柜设香炉、香宝……"至宋代,香宝子依唐制被列入皇家仪仗。

北魏至唐代,香宝子用材及工艺多为铜、铜鎏金、银、银鎏金,高足式座,圆腹,顶盖有宝珠形钮。早期器型较小,晚期器型逐渐变大,如法门寺地宫出土的晚唐鎏金人物画银香宝子,是目前我国出土体量最大的银香宝子。

香匣 存放香品之箱匣。《遵生八笺》盛香"倭撞"记载,言"若游行,惟倭撞带之甚佳"。《考槃余事·香盒》对"倭撞"做补充"有倭撞可携游,必须子口紧密,不泄香气方妙"。《遵生八笺·燕闲清赏笺》另有"香都总匣","嗜香者,不可一日去香。书室中宜制提匣,作三撞式,用锁钥启闭,内藏诸品香物,更设磁合、磁罐、铜合、漆匣、木匣,随宜置香,分布于都总管领,以便取用。须造子口紧密,勿令香泄为佳。俾总管司香出入谨密,随遇爇炉,其惬心赏"。"倭撞""香都总匣"即多层屉之"提盒"或"提匣",硬木或木胎髹漆为之,制造工艺与上文香盒同。

香盒 盛放香料、香丸的盛具。1975年湖北云梦睡虎地发现了自战国至西汉的古墓群,出土有九件不同时期的木胎漆器圆形、椭圆形盒,直径16—22厘米,高度13—23厘米,盖子与下身均为子母口结构,盒内髹红漆,盒外表髹黑漆打底,绘有红、褐色彩绘纹饰,现藏于湖北省博物馆。这批战国、秦汉时期的木胎彩绘髹漆圆盒,应是后来香盒造型的起源。

能确定为香盒的实物,最早为西汉南越王墓。出土的圆形、平底漆盒,盒内盛有疑似"乳香"之物。主墓室出土的一件银盒,扁球形,盖面隆圆,顶部有

两圈凹线弦线，构成一圈宽带。盖的外周，为对向交错的蒜头形凸纹。盖子下身为子母口结构，相合处有穗状纹饰带，并錾刻成谷粒凸起状且鎏金，此种工艺"为我国发现的汉代及其以前的鎏金器所未见"。此盒造型新颖独特、美轮美奂，出土时"器内尚存药丸半盒"。

陕西扶风法门寺地宫同时发掘出土有唐代香盒与香宝子，即法门寺地宫《物帐碑》所刻"（银）香盒一具，香宝子二枚"，"香宝子二枚共重卅五两"。其中素面圈足银香合（盒）一具，鎏金伎乐纹香宝子一对，鎏金人物画银香宝子一具。《物账碑》中另有"银白成香盒一具"的记载，即为地宫出土的长方形素面倭角银盒，可以看出当时香盒形制已趋于多样。

陕西西安何家村出土有窖藏唐代尺寸不一的金银盒28具，其中一件素银圆盒盖子内壁墨书有48个字，文字中有"光明砂"等药材及炼丹原料名称；一件线刻鸳纹银盒有墨书于盖内，内容有"光明砂""虎魄"（琥珀）；另一件鎏金闭石榴花纹银盒，鱼子纹地，纹饰鎏金，内有墨书"井沙""黄粉"字样。河北定州静志寺地宫出土有唐至宋代圆形银盖盒九件，造型有六曲、圆形，盖子有瓜棱、圆形，圈足，子母口结构。工艺为鎏金、錾花。由于同时出土的鎏金葵口银盘底部有錾刻文字"仓坊街诸农/共施香合盘子/□记李训造"，故可推断这些圆形银盖盒为香盒，地宫内另有一件北宋定窑白釉香盒出土，圆形，隆顶上有弦纹，子母口结构，其盒盖内侧有毛笔书写墨书"万岁□□院主舍香半两、定州子南门北自□嗣母章任氏施香一两、僧大吉施一两，供养舍利"，盖内顶部题字"太平兴国二年五月二十二日葬记"，可证此器为香盒。此种造型的白瓷香盒地宫共出土六件。

江苏南京北宋大中祥符四年（1011）长干寺地宫出土有鎏金双凤纹银香盒、鎏金凤穿牡丹纹银香盒，出土时香盒内还盛满了乳香。宋陈敬《陈氏香谱》云"香盛，盛即盒也，其所盛之物与炉等，以不生涩枯燥者皆可，仍不用生铜，铜易腥渍"。南宋周密《武林旧事》卷九"高宗幸张府节次略"之"进奉盘合"部分载有"汝窑酒瓶一对、洗一、香炉一、香合一、盏四只、盂子二、出香一对、大奁一、小奁一"，证明宋代多用银制香盒。

宋夏竦有《奉和御制先天节上清宫道场香合内获金龙》"芬馥鹊炉兰注裛，盘紫钿合翠龙臻"。宋袁去华《踏莎行·醉捻黄花》"香囊钿合忍重看，风裳水佩寻无处"。宋张公庠《宫词》"御封香合奉精祈"。《宋会要》载："太平兴国二年吴越钱俶'进贺纳后银器三千两','金狮子一座并红牙床、金香合、金否毯共五百两'。"

"钿合",即大漆嵌螺钿工艺的香盒,此种香盒大约出现在北宋,一般为木胎髹漆,趁漆未干再将螺钿按图案要求嵌于内,再经多道打磨、抛光、自然晾干而成。宋代还出现了木胎剔犀、剔红、堆漆工艺的圆盒。如福州市博物馆藏福州北郊茶园山南宋墓出土的"红漆剔犀圆盒",台北故宫博物院藏南宋一元"剔犀云纹盒"两具,工艺精湛,漆色润泽,为南宋晚期之精品。

香盒发展到明清,形制、材质、工艺五花八门。香盒还出现在皇家仪制之中。《三才图会·仪制四卷》绘有"莲瓣香盒"图,并释文"按韵会曰,合子,盛物器名。汉刘向有合赋。宋元嘉起居注曰'皁朗有金镂合二枚,银镂盒二枚,宋宫中导从有捧龙脑合二人。元制以银为合,径七寸,涂黄金鈒云龙于上。今制以黄金为圆合,盖鈒以龙纹,底周围辍花为莲瓣"。上文香炉部分已引《明实录类纂》所录《太祖宗录》《宣宗实录》卷,均有"金香炉金香盒"在宫廷礼仪仪仗及生活中的应用记载。

《遵生八笺·燕闲清赏笺》中载有香盒的品种颇多,有剔红蔗段锡胎者,定窑、饶窑磁香盒、"倭香合"。倭盒形制有圆有方,有三子、五子、七子、九子者,用以盛沉速兰香、棋楠等香。高濂所言的"倭香合",形制源于"奁",如湖南博物馆藏有马王堆汉墓出土的木胎髹漆"九子奁";福州南宋黄昇墓出土有六角葵瓣形漆奁,上、下分三层,出土时奁内一层装有三个圆形盖盒儿,另一层则装有铜镜、印盝、银碟、银罐等器物。

明清香盒材质非常广泛,除传统金、银、铜、瓷之外,又增加了水晶、玉、玛瑙、翡翠、象牙、犀角、木、竹、琉璃、玳瑁等。工艺除传统的鎏金錾花外,还增加了剔红、剔犀、剔彩、戗金、金漆、彩绘、掐丝珐琅、雕刻、镶嵌百宝嵌金银丝等。

香熏笼　即熏笼,又作"薰笼",以竹篾编扎而成网状格子形,透空熏衣、被的笼。熏笼的历史可以追溯到秦汉,如马王堆一号汉墓出土有一大一小两件竹熏笼;河北满城汉墓出土有铜熏笼,内有三足带盖熏炉,笼壁上端设提梁,便于移动提携;陕西长安县隋、唐墓葬中分别出土有两具瓷熏笼;《太平御览》卷七引《东宫旧日事》载:"太子纳妃,有漆画手巾熏笼二,条被熏笼三。"古诗词中熏笼的出现率极高:隋陈子良"卷帐却熏笼";唐王昌龄"熏笼玉枕无颜色";

唐白居易"红颜未老恩先断,斜倚熏笼坐到明";宋陆游"狸奴闲占熏笼卧";明夏寅"熏笼斜倚未成眠";清朱彝尊"简点熏笼,辟邪炉火陷灰细"。

上海博物馆藏有晚明陈洪绶《斜倚熏笼图》,图中美人衣宽袖肥依熏笼而坐。笼中香鸭若隐若现。《长物志》卷八位置"卧室",载有"榻后别留半室,人所不至,以置熏笼、衣架、盥匜、厢奁、书灯之属"。《西厢记·闹斋》中载有"又把熏笼里头炖着的热水倒了出来,重新洗漱"。熏炉上炖水既可以使水蒸气与香气混合,更容易附着于衣物,又可以将热水用于洗漱,非常环保。熏笼于文人房间还可以温火熏书籍,如晚明陈继儒《岩栖幽事》记有"余每欲藏万卷异书,裘以异锦,熏以异香"。

香囊　又称"香袋""香包""香缨""佩帏""容臭",今人又称"荷包"。有多种香料可用于香囊制作,如苏合香、益智仁、高良姜、山柰、白芷、菖蒲、藿香、佩兰、香附、薄荷、香橼、辛夷、艾叶、冰片、陈皮等,甚至可以随意搭配香品制成囊芯。香囊为古人佩戴于身或垂挂于床、书架、扇柄、剑柄、拂尘柄容香之物。《玉台新咏·古诗为焦仲卿妻作》"四角垂香囊"。白居易诗云:"拂胸轻粉絮,暖手小香囊。"宋欧阳修曾作《锦香囊》。从古至今,香囊亦被作为情侣互赠的爱情信物。

香囊的款式五花八门,有圆形、方形、椭圆形、倭角形、葫芦形、方胜形各种动物形等;取材更是不拘一格,金银玉翠竹木牙角及各种绸锦布;工艺除传统镂雕外,另有点翠、刺绣、镶嵌等。扶风法门寺地宫出土的唐代金银器中就有一大一小两个鎏金银香囊,分别饰以鸿雁纹和双蜂纹,纹饰鎏金,均镂空。西安南郊何家村唐代窖藏亦出土了一件银香囊,外壁镂空飞鸟葡萄纹,设计巧妙,制作精工。

七　香事之辅助器具

香瓶　又称"香壶""炉瓶""箸(筯)瓶"。宋陈敬《陈氏香谱·香壶》"或范金,或埏土为之,用盛匕(匙)箸"。范金者,是指用模范浇铸的金属香瓶(香壶);埏土为之,是指陶、瓷制香瓶(香壶);其功能为盛放香匕(匙)、香箸、香铲诸物。香瓶在宋代被称为"香壶"。晚明张岱《陶庵梦忆·钟山》载有"暖阁上一几,陈铜炉一、小筯瓶二、杯棬二"。《考槃余事·箸瓶》云:"吴中近制短颈细孔者，插箸下重不仆，古铜者亦佳，官、哥、定窑者不宜日用。"香瓶的制式至晚明已非常丰富，有仿古三代青铜器式、观音瓶式、摇铃式、梅桩式、海棠式、玉兰式、荷叶荷花式、根瘤式等，材质有金铜、陶、瓷、紫砂、木、玉、玛瑙、沉香、檀香等。

香盘　《陈氏香谱·香盘》"用深中者，以沸汤泻中，令其气蓊郁，然后置炉其上，使烟易着物"。宋人用深浅适中的香盘，里面注入煮沸的水，然后将香炉置于盘中，炉中烟气与盘中蒸汽聚集而成香雾更容易附着于衣物，使得香气保持更久，又降低了焚香燥气。香盘一定为金属，或陶或瓷，否则无法"沸汤泻中"。

香盘　还可以做"承（盛）"盘使用，盛放一些马上要使用的香料、香炉及香盒。如晚明屠隆《考槃余事》对香盘的介绍则相对简单，"紫檀乌木为盘以玉为心，用以插香"。显然这种用名贵硬木为框、玉石为心的香盘，失去了宋代香盘"沸汤蓊郁"的功能。晚明随着线香的广泛使用，这种硬木香盘的功能是为了插线香承载燃香所余香灰，或放置香炉、香瓶、香盒，双手托之，便于移动使用。香盘传世品较多，多以金、银、铜、玉、瓷、紫砂、木等为之。其式法自三代，或唐代金银器、宋代五大名窑。其中木质香盘有多种工艺，如镶嵌金银丝、百宝、古玉、雕琢吉祥纹饰等。

香插　即插线香之器。香插这一器形出现较晚，约在南宋或元代线香开始出现，随之出现了中有孔洞、能插线香的香插。香插造型多样，如卷荷、莲花、莲蓬、瓜棱、琮、净瓶、梅桩、如意云等。香插又可与其他文房结合制成同一器物，如与香盘结合制成下承香灰盘、中间安置香插的盘式香插。存世香插中以金属、水晶、陶、瓷、紫砂、玉石、玛瑙、翡翠及硬木材质为主。

储香筒　顾名思义，为储放香料（线香）之筒，亦为怀袖之物，便于随身携带随线香出现而流行。较之焚（熏）香筒，储香筒体量较小，依线香长短多少而定尺寸，多为光素或阴刻，阳雕、镂雕者少之，选材多为密闭性较强之竹、木、牙、角，盈手怀袖，把玩可人。

香铲　这一品种香具亦出现较晚，早期资料中暂未查到相关信息。从所现存实物分析，揣测其出现年代约在晚明。香铲的造型极像"香匕（匙）"，以致我们容易混，但其功能有异，香匕（匙）为"平灰"，整理，平复香灰而用，香铲为铲香灰、香炭所用。

(明) 龟蛇合体 玄武 铁香插

隔火 高濂曰"烧香取味，不在取烟"，一语道破晚明香道精髓。那如何做到"取味"而又不生烟呢？聪明的古人发明出了"隔火"，将玉、紫砂、金银、云母、古砖瓦、古陶片制成或圆或方或六棱、八棱形片状，于炉中香灰下埋炭火，上覆香灰以香匙整理为丘状椎体，上戳一孔，四周亦可戳几孔随意，以防炭火熄，再将隔火片置于丘顶，片上置香料适中，须臾，香气徐徐，闻香而不见烟。隔火虽小，妙趣使然。

香帚 在焚香过程中，难免会有炭灰香灰散落于炉壁、炉肩、炉耳等处，为扫除、清洁，类似于小毛笔的"香帚"便应运而生。其出现年代约为晚明。李渔《闲情偶寄》炉瓶"夫以箸拨灰，不能免于狼藉，炉肩鼎耳之上，往往蒙尘，必得一物扫除之。此物不须特制，竟用蓬头小笔一枝，但精其管，使与濡墨者有别。与锹箸二物同插一瓶，以便次第取用，名曰'香帚'"。

香匕（匙） 其功能为整理香灰、添置香料。《说文》"匕，相与比叙也。从反人。匕，亦所以用比取饭，一名柶"。许慎注："匕所以比黍稷者也。此亦当郾饭匙。"宋陈敬《陈氏香谱》香品器中，所载词条为"香匙"，而在晚明周嘉胄所撰《香乘》中，所载词条为"香匕"。两词条所释内容相同，均为"平灰置火，则必用圆者，取香抄末，则必用锐者"。由此亦可证《说文》"匕"即

"匙"之意。门寺地宫出土有"银香匙一枚","匙面圆形,匙柄上圆下扁,柄端作宝珠状",即为地宫《物账碑》所记"香匙一枚"。陕西蓝田北宋吕氏家族墓出土有铜香匙,与法门寺地宫出土银香匙近似,唯柄端宝珠中间有孔,穿以铜环。

香箸 夹取香料、香炭、拨弄炭火等用的"筷子",即为香箸。《陈氏香谱》"和香取香,总宜用箸"。法门寺地宫《物账碑》记有"火箸一对",并于地宫出土有"系链银火箸一对",即为后期所言香箸。《遵生八笺》《考槃余事》《长物志》均认为匙箸白铜、紫铜适用。屠隆还特别提到了"云间胡文明制者佳",此条可证晚明工匠品牌意识增强,如同时期的名匠人"周柱"镶嵌、"朱小松"雕竹、"汪家"彩漆等。

焚(熏)香筒 "香筒"一词唐宋诗词中可见,如唐李贺《恼公》"晓奁妆秀靥,夜帐减香筒";唐张籍《老将》"兵书封锦字,于诏满香筒";宋周密亦有《浪淘沙·新雨洗晴空》"绣户掩芙蓉,帐减香筒,远烟轻霭弄春容"。此中香筒即为焚香、熏香筒。唐宋两首诗词中所言"帐减香筒",其意为减少帐内香筒里所焚之香。彼时线香尚未出现,所焚之香应为"合香"粉或饼之类。

《长物志·香筒》"旧者有李文甫所制,中雕花鸟、竹后,略以古筒为贵,若太涉脂粉或雕镂故事人物便称俗品,亦不必置怀袖间"。冯梦龙《桂枝儿》有描写香筒文字"香筒儿,我爱你玲珑剔透。一时间动了火其实难去。暖温温,香喷喷,拢定双衣袖"。可知香筒至晚明体量减小至可置"怀袖间"。另有王怿《段七娘(二十韵)》"谢娘收钿匣,嬴女掩香筒","嬴女"可以将香筒掩之,亦可证彼时香筒为"怀袖"之物也。然而明代香筒并非均为"怀袖"之物,朱元璋十七子朱权《宫词》曰"夜半兰房春守宫,龙膏香浥紫金筒",此诗所言紫金筒为皇宫殿堂两侧所置大型"熏香筒"炉。故此我们可以认为明代宫廷及重要礼仪场所,仍在使用大型竖立形"熏香筒"。而晚明士大夫及民间所用香筒多指"怀袖"之物,为燃线香之用器,筒身镂空,形为长直,上置顶盖,下设承座,盖底内中心均设小孔一,可内插线香,燃线香于内,香烟于筒镂空处起,若岫云出。筒壁或高士、美人、山水、花鸟、鱼虫萦绕于烟雾间,恍若仙境。上海博物馆藏有筒状"朱小松刻竹刻香熏",为晚明朱守城夫妇合葬墓出土,盖、底座紫檀木制成,表面浅浮雕螭虎纹,筒面刻"刘阮入天台"民间神话故事。此香熏竹刻筒即为晚明"怀袖"之香筒。

八　香事承具之香案香几

　　香几、香案为香道具中的承具，焚香置炉具于其上，可根据情况随时移动。"几"与"案"在古代词汇中，经常可以混搭使用，如"几案"联用，《世说新语·雅量·十四》"欲与主簿周旋，无为知人几案间事"，李白"瀛海入爪案"，刘禹锡"簿书盈几案"，欧阳修"终日在几案"。再如"案几"连用，陆游"知结宗门案几重"，唐代丘为"窥室唯案爪"。两者有时甚至可以通用。

　　山西襄汾县陶寺史前墓地于1978年出土发现的"木案残迹"，"木案平面呈矩形或圆角矩形"，案面和支架外壁涂红彩，有的案面还用白彩绘出宽2—5厘米的边框式图案。案上常放置有木觚、陶觚、陶斝、木斗等饮器，它们是4500—4200年前的遗物，或为目前国内出土最早的"案""几"。河南阳信长台关楚墓出土有漆木案。

　　唐代之前形制多低矮，随着坐姿的改变，垂足而坐的坐具盛行，使得香几、香案高度也随之增加，造型款式亦趋于多样。出土器物中能确认证明为香道具的几案，实物有陕西法门寺地宫出土的"香案子"，面板为整块银板，两侧翘起少许，面板下承三弯板足，中有两根拉枨与板足连接。整体造型飘逸优雅，与明式家具中"翘头案"做工相似。因法门寺地宫出土《物账碑》刻有"银金花供养器物共卅件、枚、只、对……香亲子一枚"，故可以判定此出土"素面银案"即为香案。

　　《新唐书·仪卫志上》有"朝日，殿上设黼扆、蹑席、熏炉、香案"的记载。故宫博物院藏唐代《六尊者像册》，绘有长方形香几，高束腰、足承托泥、壸门式牙板，通体雕刻宝相花、云纹图案；另绘有圆形腰鼓形香几、篮筐式花几、鹤膝腿足香案、三弯腿高束腰翘头香案。

　　《宋会要辑稿·舆服二》"中道卤簿"章节记有"皇帝信宝在左，天子信宝在右。香案八，为四重，每重列于宝舆之前"，可知宋代皇家卤簿中香案是重要器物。宋赵希鹄《洞天清录集》"明窗净几罗列，布置篆香居中，佳容玉立相映"，由此可见香几、香案在宋代已出现多种款式。

　　唐郑谷《寄左省韦起居序》诗"端简炉香里，濡毫洞案边"；宋宋祁《和丞相晨谒书所见》诗云："北阙天深报漏迟，台鸾雍鹭共逶迤。廷风细引趋班佩，宫日遥烘簇仗旗。侍史有香来洞案，直郎无奏伏丹墀。殊邻竞献朝正玉，定是东风入律时。"宋代江少虞《宋朝事实类苑》录有"洞案"词条，内容摘自宋祁《宋景文公笔记·释俗》"予昔领门下省，会天子排正仗，吏供洞案者，设于前殿两螭首间。案上设燎香炉，修注官夹案立。予诘吏何名洞，吏辞不知。予思之通朱漆为案，故名曰洞耳。丞相公序喟然，唐人郑谷尝用之"可看出"洞案"应为唐宋皇帝御案，上置香炉器具，是对皇帝御用香案的尊称。

元代罗先登、樊士宽《续文房图赞》，"香山道士"栏中绘有鼎式炉及四面平面无拉枨无托泥香几。明《三才图会》绘有方形直腿高束腰直牙板香几，几上置炉瓶、香炉，并简单介绍了"几"的礼制历史，引汉李尤《〈几铭〉叙》曰"黄帝轩辕作爪"，并云："今曰燕几，曰台、曰书桌、曰天禅几、曰香几，长短大小不齐，设之心必方，莫非为宾朋燕衎之具，亦寝失几之遗意矣。"至明代几已经发展成系列，台、香几、天禅几，甚至书桌亦可以称作几。《长物志》中有"台几"的描述："倭人所制，种类大小不一，俱极古雅精丽，有镀金镶四角者，有嵌金银片者，有暗花者，价俱甚贵。近时仿旧式为之，亦育佳者，以置尊彝之属，最古。若红漆狭小三角诸式，俱不可用。""台几"即台座形几子，或置于案台、案桌、床榻之上的几子，几上可置尊彝、瓶花、焚香用具、四时清赏。

高濂则在《遵生八笺·燕闲赏笺》中非常详尽地列出高、低两种制式香几，尽数香几制式、尺寸、选材、工艺。"书室中香几之制育二，高者二尺八寸，几面或大理后、岐阳、玛瑙等石，或以豆瓣楠镶心，或四、八角，或方，或梅花、或葵花、或慈菰、或圆为式，或漆、或水磨，诸木成造者，用以阁蒲石，或单玩美石，或置香橼盘，或置花尊以插多花，或单置一炉焚香，此高几也。若书案头所置小几，惟倭制佳绝。其式一板为面，长二尺，阔一尺二寸，高三寸余，上嵌金银片子花鸟，四簇树石。几面两横，设小档二条用金泥涂之。下用四牙、四足，牙口镴金铜滚阳线镶铃，持之甚轻。斋中用以陈香炉、匙瓶、香合，或放一二卷册，或置清雅玩具，妙甚。今吴中制有朱色小几，去倭差小，式如香案，更有紫檀花嵌，有假模倭式，有以后镶，或大如倭，或小盈尺，更有五六寸者，用以坐乌思藏镴金佛像、佛龛一类，或陈精妙古铜官哥绝小炉瓶，焚香插花，或置三二寸高天生秀巧山石小盆，以供清玩，甚快心目。"

高濂言香几摆放位置还可以"床头小几一，上置古铜花尊，或窑定瓶一。

花时则插花盈瓶，以集香气；闲时置蒲石于上，收朝露以清目。或置鼎炉一，用烧印篆清香"。

由天然树根、根瘤随形稍做加工、雕琢、打磨而成的香几，取意自然，在宋元明清古代绘画中能找到这种香几的身影。其几面或与几身一体，或取瘿瘤木抛为各形面板，其势浑然天成。高低大小因材而定，高大者置于书房角落或案侧，矮小者置于案头、榻尾，古拙自然，禅意浓浓。《三才图会》人物九卷中绘有儒释道法相人物多幅，构图中能找到多种制式香几及香具。

晚明方以智《通雅》卷三十九饮食，另有"香药桌"的介绍："看桌，一名香药桌……《鼠璞》曰：'香药桌乃看桌也。'坡公《与质夫帖》云：'公会用香药桌，皆珍物，为番商坐贾之苦。'今公宴以香药别桌为盛礼，私家亦用之。"《鼠璞》作者为宋代戴埴，宋代香药桌是否就是唐代"香案子"一类器物，不得而知。但宋代随着香道的普及，而发展出多种款式香桌、香案、香几。

香案的设置在明代被写入宫廷仪制。《三才图会》仪制八卷"蕃国接诏图"中"设香案于龙亭之南……阙庭之前设司香，于青案之左右"。另"接诏赦官班仪仗行次图""升读诏赦文武官拜位图"中"龙亭"前均设香案。

日本《大德寺传来五百罗汉图》一书，可见多款高足香几，如四足三弯腿带托泥香几、方形四足香几、方形朱漆三弯腿高束腰四足带托泥香几、四面平方香几、随形石香几多例。书中另绘有多足三弯腿带托泥翘头香案，此款香案与日本爱知津岛神社别当寺宝寿院藏南宋《佛涅槃图》中高束腰朱漆、翘头、多足带托泥香案极为相似。京都相国寺藏南宋《十六罗汉图》绘有一罗汉坐于四出头大禅椅中，足下承踏脚，手持长柄行香炉，前置圆腿刀牙板双梯子枨小香案，案上放佛灯一具，宝瓶及瓶座一对。晚明《金瓶梅》之《贿相府西门脱祸》插图，绘有四足圆形带托泥香几。《西厢记》《三言二拍》等插图版画中均有各式香几出现。

斗转星移，炉里乾坤。香事之香具，发展至明清趋于定式。"炉瓶三事"亦作"炉瓶三式"。《遵生八笺·起居安乐笺》"高子书斋说"有"几外炉一，花瓶一，匙箸一，香盒一，四者等差远甚，惟博雅者择之"。《长物志》卷八位置"置炉""于日坐几上，置倭台几方大者一，上置炉一；香盒大者一，置生熟香，小者二，置沉香、香饼之类；箸瓶一。斋中不可用二炉，不可置于挨画桌上，及瓶盒对列。夏月宜用磁炉，冬月用铜炉"。能看出，晚明时期香炉、香盒、香瓶作为一组同时陈设和使用，于晚明小说、戏剧版画插图及绘画中经常见到。"炉瓶三事"至清中期已成焚香定式，好之者将三件器物配一几座，置于其上。几座制式、纹饰根据香具的器形、纹饰设计，或古朴，或雕镂，或镶嵌，或髹漆。故宫博物院藏有多组配有几座的"炉瓶三事"，多以紫檀、花梨、楠木为之。这些用香的方法和已有的这些有盖、无盖的香具式样逐渐被固定下来，一直沿用到明、清两代，今天仍为我们所常见。

另类古钱币——花钱

花钱，一般指古钱币中非正式流通的吉祥钱、厌胜钱、佛道庙钱和展示民俗内容的钱币。仅仅因为花钱不能当作通用货币的正用品，尚未引起古币收藏爱好者的重视。但花钱文化内涵丰富，涉及社会历史、宗教信仰、神话传说、风俗习惯、书法美术、工艺制作等诸多方面，是研究历史、宗教、民俗、美术等学科的重要实物资料。

花钱历史悠久，种类繁多，其上溯可追至战国尖首刀上的鱼形图案，汉代半两钱上的"宜子""太常"等文字，五铢钱上的人、鱼、刀等图形和"君宜侯王""长思君恩"等文字，均属极罕见的早期花钱。唐时花钱遗留不多，亦弥足珍贵。其后各代，直到民初，官方、私家皆有较多铸造，致使花钱的种类繁多复杂，包罗万象，从无文镂空到花卉枝繁，从吉语祝寿到辟兵压邪，从北斗七星到十二生肖，从人物故事到儒家箴言，从棋钱马钱到符咒秘戏钱等，可谓无所不及，无所不有。花钱，按其内容、纹饰、造型、用途等可分为无文花钱、吉语花钱、生肖花钱、佛道庙钱、棋钱、马钱及异形花钱。

无文花钱，顾名思义，指那些不带文字，钱面、钱背均以花鸟鱼虫、神仙故事、吉祥符号等为图案的花钱，如"鹤"纹厌胜钱。吉语花钱指钱面或双面铸刻四字或多字祈祥用语的花钱，吉语五花八门，如"元亨利贞""一团和气""天赐金钱""长命富贵""天下太平""招财进宝""福寿康宁""禄位高升""加官晋爵""福如东海""和风甘雨""三元及第""人寿年丰""四季平安""万福来临""千子万孙""龙飞凤翥""玉堂富贵""吉星高照""松柏长青""一本万利""江山万代""官清民乐""万福来朝""伍男贰女叁公玖卿""五子登科""状元及第""和合招财""子贵孙荣""五代富贵""长发其祥寿福""与乾坤而求大，共日月以俱升""夜月琴声书韵，春风鸟语花香""百福百寿"

等；吉语花钱的吉语也往往精雕细琢些花纹，如"乾隆重宝"花钱，四字圈起突出，四环与内廓间饰四件神器，钱背阳雕龙凤呈祥纹样。

　　生肖花钱以十二属相为主题，单一生肖或十二生肖组合，有多种形制，用意是以属相神灵护身延年。刻语多为"龙凤呈祥""福寿延年""九世同居""长命富贵""雷霆儿杀鬼降精斩妖辟邪永保神清，奉太上老君急急如律令敕""天罡天罡，斩妖灭亡，吾有令剑，斩鬼不存，急急如律，令上清摄"等。佛道庙钱，历史上有符印钱、虎符钱、天罡钱、辟邪钱、太上咒字钱、和尚钱等多种称谓。如钱文为"阿弥陀佛""宝珠菩萨""道经菩萨""百神呵护""大峰祖师""天后娘娘""观音保佑""灵应保佑""驱邪降福""阴阳神灵"及六字真言、八仙、符咒等，一般为寺庙、道观铸造供善男信女使用。棋钱特指中国象棋车、马、炮、将、士、卒、象，以字、实物纹样铸造的花钱，可游戏亦可馈赠。马钱是以历史传说的名马、名将坐骑铸造出的钱，多用于封赏将士，如"千里""渠黄""绿耳""赤兔""汗血""飞黄""骅骝""逐日""蹑影""龙子""京兆""遗风""千里之马""建威将军""虎牙将军""齐将孙膑""燕将乐毅""唐将尉迟""蜀将马超""汉将李广""秦将白起""汉将魏青"等。异形花钱指那些造型有别于常见方孔钱的花钱，如"货布"形、"契刀"形、葫芦形、桃形和其他。

　　花钱的钱文，真、草、隶、篆无一不备，论书法之精，首推宋代泉府元神花钱，钱文九叠篆书，精妙绝伦。"百福百寿"花钱，"福""寿"两字就有数十种写法。花钱还伴随着货币影响并传播到日本、越南、朝鲜等，这些国家纷纷仿铸或自铸了各式花钱，有些种类也像钱币一样流传到中国，成为研究中外文化交流的实物资料。有些花钱由于是为某种特殊需要而铸造，往往不惜工本，制作精益求精，生动逼真，是当时工艺制作水平的力作。所以，无论从思想内涵、书法技艺、铸造工艺、社会风尚诸方面看，花钱的文物价值、历史价值绝不在古钱币之下。

老北京春节游戏——掷"升官图"

"升官图",古称彩选格,起源甚早,隋唐时期随科举取士制日益完善而成形。宋代称为选官图,明代称为百官铎,清代老北京俗称"升官图"。民国时期,伴随封建制而存的"升官图"不再刻写,流传千年之久的民间游戏——掷"升官图"从此也销声匿迹。

"升官图"按部门类别、官阶高低组列成表,手写或雕版印刷,因朝代、版材、着色、雕技等不同,图形亦不尽一致。官吏未必百员,如有的"升官图"便由官吏七十九员组成。由白丁、童生、案首、监生、生员、廪生、贡生、举人、解元、进士、二甲、会元、探花、榜眼、状元开始,分外县衙门、京县衙门、外州衙门、外府衙门、按察司衙门、布政司衙门、外省衙门、京府衙门、九卿衙门、翰林院衙门、都察院衙门、六部衙门共十二衙门,正中列衙门太保、内阁太傅、学士太师所谓"三公"。各衙门设品级不同的官衔三员至七员,外县衙门设未入流的典史、从九品的主簿、从八品的训导、正八品的县丞、正七品的知县共计五品官吏;京县衙门选取未入流的京典、正八品的京训、正七品的京丞、正六品的京县共计四员;外州衙门选用从九品的吏目、从八品的学正、从七品的州判、从六品的州同、从五品的知州五级官吏;外府衙门采用未入流的驲丞、从九品的巡检、从八品的经历、正七品的教授、正六品的通判、正五品的同知、正四品的知府计七类官员;按察司衙门摘取从九品的司狱、从五品的检事、从四品的副使、正三品的按察四级官吏;布政司衙门设从八品照磨、正八品的大使、从六品的理问、正五品的参议、正四品的参政、正二品的布政六类官吏;外省衙门设从四品的道台、正二品的巡抚、正一品的总督三种官;京府衙门列正七品的京惊、正六品的京判、正五品的治中、正四品的府丞、正三品的府尹五种官吏;九卿衙门设正七品的评事、从六品的寺副、正六品的寺正、正四品的少卿、正三品的正卿五级官衔；翰林院衙门取未入流的孔目、从九品的序班、从七品的检讨、正七品的编修、正六品的修撰、正五品的侍读、正二品的学士七类官阶；都察院衙门选正五品的监察、正三品的副都、从一品的都史三种官衔；六部衙门设从九品的司务、正七品的司库、正六品的主事、从五品的员外、正五品的郎中、正二品的侍郎、正一品的尚书七类官级。

其玩法儿，原用骰子以点数定出德、才、功、赃四类：一点属赃，二、三、五点属功，四点属德，六点属才。如掷骰子者掷出一点赃，则按要求受到降级处分；如掷出二点、三点、五点功，则按规定稍加升迁；如掷出六点才，则按级升职；如掷出四点德，则越级升官。官吏由低至高以先升至太师者为全胜。

古人将骰子六面上的"幺""四"涂成红色并对"四"情有独钟，滥觞于唐代。《言鲭》提到：唐时唯"幺"一点加红，余五子皆黑色。明皇与杨妃彩战，将北，唯"四"可解。有一子旋转未定，连叱之，果成"四"。上悦，顾高力士令赐绯，遂相沿至今云。不久前从山西雁门关发现的宋代骰子与现行骰子一样，更加证明这一点。

以骰子掷"升官图"后又改进为以捻"捻捻转儿"旋转的方式进行游戏。"捻捻转儿"似陀螺状而上端设木柄为轴，在一写有德、才、功、赃四字的方块内以手捻动"捻捻转儿"，以停止的字进行官级升降，一如以骰子掷"升官图"方法。"升官图"也有将玩法儿令约刻写在图面上的，如本图所示"德为案首，才为童生，功为白丁，赃不上名"；"德仲状元者，与出任者、与未出任俱送礼双分""同衙门者，小与大送礼，后与先送礼俱一分"；"升至内阁者，俱送礼一分，在尚书升至太师俱送礼双分"。

老北京过春节，在迎年、拜年、驱邪、娱乐诸项活动中，因天气寒冷，家人团聚以室内为主，喝酒、嬉戏、赌钱，最为风行的游戏当数掷"状元筹"和"升官图"了。今天看来，那种寓知识于游戏之中，将科举、职官这些特定时代下的至尊崇拜，融入日常生活尤其春节团聚之时的娱乐项目，对于平衡心态、增进亲情、开阔视野、益智健身、催人奋进等积极作用不可低估，不应简单否定。

学术研究论文

西辽河流域远古文明的再探索

文明的起源地是一元还是多元，文明的标志是划一的还是各具特征，红山文化是否已进"文明时代"等，由于西辽河流域5000年前祭坛、女神庙、积石冢群、"金字塔"般巨型建筑以及玉龙为代表的诸种玉器的发现，这些问题引起学术界广泛、热烈的探讨。或坚持中华文明的起源地非黄河流域一处，而"发祥地有'四大区域'"，红山文化"使中华文明史提前了一千多年"；或否认红山文化进入文明时代，"根据世界文明史的惯例，红山文化还没有青铜器的铸造和应用，也无城市的发现，更无文字的发明和使用，因此，它不具备文明时代的特征"。众说纷纭，争论不休。本文在前人研究的基础上，借鉴考古学、人类学、古生物学诸领域的研究成果，对西辽河流域新石器时代、青铜时代的远古文明再抒鄙见，希冀学界同仁指正。

———

"文明"一词，最早见于中国史籍《易经·文言》："见龙在天，天下文明。"《尚书·舜典》也曰："浚哲文明。"孔颖达疏："经天纬地哲曰文，照临四方曰明"，意指文采光明、文德辉耀。含有文化状态、与野蛮相对之义的"文明"，有据可查的则是清代李渔《闲情偶寄·冲场》："若因好句不来，遂以俚语塞责，则荒芜一路，求辟草昧而致文明，不可得矣。"至于史学界把"文明"一词引用到社会，一般指已由氏族制度解体而进入有国家组织的阶级社会的阶段，却是近现代的事，主要依据是摩尔根的《古代社会》一书。摩尔根在书中把人类社会的历史分为三个时代，即蒙昧时代、野蛮时代、文明时代；而前两个时代又划分为"低级""中级""高级"三个时期，即七个时期。摩尔根认为"文明"应包括古代文明和近代文明,并以陶器的发明作为蒙昧社会阶段与野蛮高级社会阶段的划分标志,以铁器的制造作为高级野蛮社会的标志。但摩尔根对自己的历史分期法又进一步补充说明:"如果想找一些衡量进步的标准来标志上述各期的起点,并求其能绝对使用放之四海而皆准,即使说这不是绝不可能,也得说,这是很难办到的。"恩格斯继承并发展了摩尔根的历史分期学说,阐述"游牧部落从其余的野蛮人群中分离出来——这是社会第一次大分工";"从第一次社会大分工中,也产生了第一次社会大分裂,即分裂为两个阶级:主人和奴隶,剥削者和被剥削者。""手工业和农业分离"产生第二次社会大分工,"在前一阶段上刚刚产生并且是零散现象的奴隶制,现在成为社会制度一个本质的组成部分;奴隶们不再是简单的助手了,他们被成批地赶到田野和工场去劳动"。当"不从事生产只从事产品交换的阶级——商人"的出现,标志着社会第三次大分工的开始。摩尔根、恩格斯的历史分期理论,对我们探讨中华文明的起源及西辽河流域的远古文明具有重要的指导意义。目前学术界一般仍以城市、文字、金属器和礼仪性建筑,作为文明的具体标志。但世界文明起源地不同,必然是文明的标志不止一个,应因地而异。

西辽河流域新石器时代,早在7000年前,就已出现以有肩石锄为代表,伴以大量夹砂陶器的地域性兴隆洼文化。当时代演进到距今五六千年的红山文化时,东至辽河,西迄西拉沐沦河,南达燕山南麓,西到张家口附近的辽阔地区,先民们创造了具有一定规模和独特的东山嘴祭坛、牛河梁"女神庙"、积石冢群。"在我国其它地区还没有发现相应时间的类似遗迹(坛、庙、冢结合)。"巴林右旗那斯台遗址东西长约1500米、南北宽约1000米的一些地段有土垒和沟壕的痕迹,估计是形成中的城的雏形。良渚文化和红山文化时期相当,其墓葬都出土了大量玉制的璧、环、圭、箍、鹗等,阜新胡头沟M_1随葬的玉器达十五件之多,而三星他拉玉龙、胡头沟猪龙的发现,使华夏民族龙的图腾史追溯到5000年前,"这是中国文明起源的重要标志","中国在石器和青铜器、铁器之间还存在着一个玉器时代"。

阶级和国家是文明时代的标志,作为阶级和国家在物质文化方面表现的城市、文字、复杂的礼仪中心等是文明的重要因素,它是探索世界文明史的重要坐标,但文明的演变在中国却有其独特方式。中华民族文化传统的许多不解之谜在红山文化中可寻其踪,如爱美如玉、尊龙为神的民族心理;总体布局南北轴线分明，注重对称及中心两翼主次之别的建筑风格；庙、坛、冢相结合的宗教意识等，在红山文化中都有不同程度的表现，所以把红山文化称为中华文明的曙光是有道理的。再者，如果按照恩格斯第二次社会大分工的推论，那些精致绝伦的各类玉器，要经切、磋、琢、磨复杂工序，必须拥有一批技艺工匠专操此业，即是说，手工业与农业应该分工，那么得出的结论是：主人与奴隶、剥削者和被剥削者已出现。从出土的一部分细石器与打制、磨制石器共存情况看，红山文化的经济形态是以农耕为主，兼有渔猎、畜牧，证明恩格斯所言的第一次社会大分工即农业与畜牧业的分离已然存在。从而推出："我国早在五千年前，已经产生了植基于公社、又凌驾于公社之上的高一级的社会组织形式。"这种社会组织形式就是原始公社衰落、奴隶社会萌芽的过渡体。尽管史无所载，也没有有力证据证明陶器上的刻画符号是文字的雏形，目前更未发现容纳5000人以上所谓"城"的遗址，金属制品也没见报道；按照一般的文明标志，红山文化的确不能划入文明时代，但是它所拥有的宏伟宗教礼仪建筑、以玉龙为代表的独特玉器、由社会分工推证出的阶级萌芽、残留的土垒沟壕、典型的中国传统建筑风格等东亚文明的独特内涵，足以说明红山文化已跨入文明的门槛。文字是标志文明的重要因素，后来活动于北方草原上的匈奴、东胡和立国初期的蒙古、肃慎诸族也未有文字留世，可是我们能不承认其所创造的原始文明吗？

二

西辽河流域地处燕山、长城以北，自古以来就是中原与东北交通的咽喉要塞。在这里产生并受黄河流域古代文化、东北地区古代文化的影响，形成区域性独特的远古文明。夏家店下层文化人种属远东蒙古人种华南型，夏家店上层文化人种属远东蒙古人种华北型，这正是民族迁徙、通往的例证。夏家店下层文化与当地别种文化相比较而最具特征的是陶器群，与之年代接近的郑州二里岗商代陶器群、偃师二里头陶器群相似之处很多。"从农籍工具适应不同用途的分化而反映的生产技术的发达状况而言，它的农业经济并不低于黄河流域同时存在的农业文明，且在公元前16世纪以前就已经出现在这里。"半支箭河流域夏家店下层文化聚落群，各聚落明显地划分为大、中、小三种不同规模的等级，分别以城子、西道小型"山城"等为代表，各级别的遗址数量又可组合成小型者多、中型者少、大型者唯一的塔形结构。说明在夏家店下层文化分布范围内城乡差别早已产生。有专家认为，西道村遗址中高台及带宗教色彩的遗址位于一隅，一般性居民散布外围，西、南两边濒临河道，这很像处在萌芽阶段的中国早期城市的形制。

夏家店下层文化是辽西地区最早出现的青铜文明，它与黄河流域夏商时期的金属文明几乎是同时的。苏赫先生深入研究了赤峰地区出土的夏家店下层文化几件大型青铜器后认为：1981年翁牛特旗解放营子公社头牌子大队出土的一甗三鼎，1958年赤峰县大西牛波罗出土的弦纹铜甗等，都是同一工艺方法、同一文化属性、同一时代的产品，证明在这一地区有着一个很发达的早期青铜文化。赤峰地区北部几处古代铜矿遗址的发现，特别是林西县大井子古铜矿发掘出的大量石锤、鬲腿、夹砂红灰陶片、铜器和陶制鼓风管等，可以作为夏家店下层文化存在的源于当地，并受殷商青铜文化一些影响的青铜文明的佐证。

翁牛特旗头牌子铜甗上刻有"亞""✤"两个符号，苏赫先生推测其是与商族有密切关系的商代一个重要的"世侯国"的徽号。笔者认为："亞""亞"符号能出现在印第安人古文化遗址中的陶器上绝非偶然，而且骆宾基先生考证这些陶器为公元前2300年左右从中国出去的虞夏交替之际逃亡移民传下来的遗物；不可想象一个在北方活动数百年而既无史载又无遗迹的国家存在。所以称"亞""✤"为族徽值得商榷，不如称其为金文更为可信。既然夏家店下层文化出土的青铜器纹饰、器型根基于陶器，那么人类完全有可能将写实纹、几何纹高度抽象来表达复杂的思想而刻之于陶器进而移到青铜器表。我国学术界大多数学者都将甲骨文作为中国最早的成形文字，而认为半坡、大汶口陶器上的刻画符号只是文字的雏形。骆宾基先生在其著《金文新考》中，阐述金文早于甲骨文的研究观点，认为公元前2400—前2300年之间就产生了文字。如果骆先生的观点成立的话，"亞""✤"是金文且来源于陶器纹饰的推测是可信的。否则无法解释夏家店下层文化青铜器、印第安人陶器上的刻画符号，在时空相差悬殊的情况下却如出一辙。

这样看来，如果按照美国人类学家克拉克洪（Clyde Kluckholn）的文明标准，即不论任何文化只要具备了下列三项因素中的两项，就是一个古代文明。这三项标准是：（1）有高墙围绕的城市，城市居民不少于5000人；（2）文字；（3）复杂的礼仪中心。夏家店下层文化具备了早期城市的形制和礼仪中心，有了金属器和文字，萌芽状态下的国家和阶级分化已出现。可以得出结论：西辽河流域在夏家店下层文化时期已进入文明时代。

三

世界文明发祥地不同，文明起源的标志也不划一。作为世界四大文明古国的中国，传统观点将商、周视为华夏文明的开始，将黄河流域认作中华文明诞生的摇篮。如"从考古发现上证实，商、周遗存也以这里最为集中，特别是商代文明继承史前文化的脉络尤为清晰可见"，"商周文明的出现，不仅标志了早期国家的诞生，随着疆域和影响的不断扩大，还起着逐渐统一的作用，后来的历代王朝也基本承袭了这一历史传统"，"冒前的一些论点，显然不足以反驳中原地区在文明起源上的重要地位"。但是费孝通教授提出的"中华民族多元一体格局"理论，既得到学术界大多数学者的赞同，也对中华文明的起源问题有重要的指导意义。一些学者根据辽宁凌源牛河梁和甘肃秦安大地湾的考古发现，推论"五千年前这里曾存在过一个具有国家雏形的原始文明社会"，"甘肃出土五千年殿堂遗址提供了探索中华文明起源和形成的重要线索"。考古学、人类学、民族学等学科专家、学者站在各自的领域，对传统的文明观提出相异的看法。

文明与史前文化确属不同概念，但标志文明的诸要素无疑孕育于史前文化之中。红山文化独特的庙、坛、冢建筑，复杂的宗教礼仪祭祀中心，玉龙等各种玉器的出土，是探讨中华文明的起源，阶级和国家的形成的重要史前实物。它证明西辽河流域是中华传统文化和中华文明的重要发祥地，红山文化已放射出文明的曙光。西辽河流域又是商民族的重要起源地，后来商民族的祖先辗转迁徙到山东半岛，史称东夷，故而辽西地区的远古文化对殷商青铜文化有一些影响是合理的。反之说，商文明的某些因素渊源于西辽河流域。

耐人寻味的是，一向被考古界视为"南蛮荒服"之地的江南地区，1990年在赣江流域的江西新干县大洋洲乡发现一座晚商大墓。墓内仅青铜器就多达480余件，其中有鼎、甗铙等礼乐重器，戈、矛等兵器，铲、耒等农用工具。很多器物的造型纹饰及铸造工艺表现出浓厚的地方特色，器物表面普遍具有的带状燕尾纹饰及器物附件上具有强烈写实色彩的虎形雕塑，在商代青铜文化中实属独树一帜。出土的短剑、手斧和犁等在北方商墓中前所未见。青铜专家研究后认为：远在3000年前的赣江、鄱阳湖流域就已有高度发达的青铜文化，存在着与商殷王朝并行发展的奴隶制政权。墓主人极可能是这一方国的最高统治者。这一考古重大发现的另一意义是，它雄辩地证明：殷商的青铜文明决不仅限于黄河流域的中原地区。

江南赣江流域的考古收获，也启迪我们重新认识西辽河流域夏家店下京文化的文明史。因为公元前19世纪前后，夏家店下层文化就已掌握了冶铜技术，至迟也不会晚于公元前14世纪，和黄河流域商代早期青铜文明发生和发展时期相当，应是一个同时并存的北方青铜文明。另外，在老哈河、孟克河、教来河流域，大凌河、柳河上游地带都有相当稠密的夏家店下层文化居民点的分布，在赤峰以西的西路嘎河沿河两岸的分布，几乎超过现代居民点的密度。西道遗址的发掘证明了这一点。因而笔者认为：在黄河流域殷商青铜文明时代，赣江流域也存在着同样发达的地域性青铜文明，西辽河流域的青铜文明时代甚至比黄河流域还要早；并且三大流域的殷商青铜文明既互相独立又彼此影响。

四

综观西辽河流域的远古文化，从时间上看，7000年前的兴隆洼文化是已知辽西地区最早的新石器时代远古文化，打制、磨制、压制石器并存，骨器种类也较多，应是以粗犷农业为主兼有渔猎。6000年前的赵宝沟文化，从出土的有尖石锄、磨棒、斧、锛、凿、刀以及骨制的锥、匕、鱼镖等看，农耕较细作了，渔猎技术也有很大提高；特别是小山遗址出土的陶尊，饰有猪龙、飞鹿和神鸟三种灵物图案，揭示出6000年前图腾崇拜的宗教繁荣。历史演进到5000年前的红山文化时期，从出土器物看，它既继承了当地传统文化的特点又接受了周边地区的东北新乐下层文化、中原仰韶文化的影响，是西辽河流域新石器时代诸文化中文明因素最高的。同一时期存在、定居于乌尔吉木沦河流域的富河文化的缔造者，与红山文化居民一样以农业为主并发展了畜牧业，然而文化类型却显然不同。5000年以后的小河沿文化，其活动范围与红山文化相当，从凌源西八间房遗址出土的彩陶片与石祖共存的关系看，小河沿文化已进入父系氏族公社。这些各具特征的文化遗存，一方面显示出西辽河流域远古文明的进程，另一方面也显露出这一地区远古文化的时兴时衰，而红山文化在诸文化中文明程度最高。辽西地区远古文化在继承中发展从塑像可以看出来，兴隆洼文化石雕人像的简练、赵宝沟文化陶塑人头的形象、牛河梁红山文化"维纳斯"女神像的完美证明了这一点；而时兴时衰的发展情况从出土的诸文化的器物上可以明显看出，众多学者进行了区分论证，在此不再赘言。

夏家店下层文化，标志着西辽河流域进入青铜时代，而且前面已论证其是与殷商共存的地域文明。然而令人困惑的是兴于西拉木沦河的夏家店上层文化，陶器制作简陋、器型较少、器表粗劣，只有鬲、甗、鼎、豆、罐、钵而没有松土的锄、铲等，但大量的锥、镞、小刀、铜斧等青铜用具却特征明显，宁城南山根101 墓中还发现短剑七件。这些实物所代表的无疑是游牧民族创造的文化，发展趋势自北向南但未超越燕山山脉。学者们普遍认为这是东胡或山戎民族的史前遗留。夏家店上层文化的文明程度明显低于下层文化，至此，西辽河流域远古文明衰落下去，成为考古学、历史学的难解之谜。世界历史上，不乏由于战争和落后民族征服了先进民族自然灾害等各种原因所导致的文明衰落现象，爱琴文明就是被战争、地震毁灭。一度闪耀过"文明的曙光"且后来与中原文明一时并驾齐驱的西辽河流域，为何在商周之际文明衰落不振呢？物质决定意识、客观环境的变迁决定人类生活方式的变化。根据中国社会科学院植物研究所对敖汉旗兴隆洼遗址植物果核的研究，远在 7000 多年前，兴隆洼地区的自然植被可能属温带森林，到距今 3400 多年仍有乔木生长。再按照全新的气候变迁的研究成果，辽西地区在距今 7000—3000 年有一个暖期，而且在渤海和黄海沿海地区曾发生海侵，其高峰正好在距今 6000—5000 年，在距今 3000 年后气候又转入一个干期。从气候变迁、生态变化上，我们会发现它与西辽河流域远古文明的进程相一致，从中得出：距今 3000 年左右，由于全球气候的变迁，气温下降，降水量减少，加之可能出现的人为的森林草原的破坏，辽西地区开始草化、沙化，从事农业生产的先民们被迫逐渐南徙，而游牧民族在南进大趋势中迁至此地游牧，夏家店下层文化、上层文化共同向南发展的器物遗存及京、津地区出土的夏家店下层文化的陶器、青铜器，便证明了这一论点。南移的夏家店下层文化到了中原汇入殷商文化之中，成为中华文明的一部分。而辽西地区迁入的东胡、山戎族由于原来文化较低、经济类型相异而导致了西辽河流域文明的衰落。

本文对西辽河流域新石器时代、青铜时代的代表文化进行了综合分析，得出西辽河流域是中华文明发祥地之一的结论，并对红山文化、夏家店下层文化做了深入探讨，认为前者进到文明的门槛、后者进入文明时代。到了夏家店上层文化时，由于气候变干、变冷，植被由森林草原变为沙漠草原，致使原有的农业文明衰落了。

红山文化的人类信仰初探

笼罩在远古人类信仰的迷雾，在十几万年前的尼安德特人墓葬中已见端倪。若干头东足西式埋葬的遗骸，表明当时人已有对于日出日落现象的自然信仰。山顶洞人遗尸周围撒有含赤铁矿的红色粉末，象征血液的流动和火的温暖，并用燧石石器和钻孔兽器、石珠、骨坠等装饰品陪葬，表明中国黄河流域的原始人在1.8万年以前的旧石器时代晚期就有了信仰和相关的仪式。历史演进到距今五六千年的红山文化时期，生活在今西辽河流域的原始初民随着思维意识的提高，已由自然信仰、图腾信仰，向体现自我意识的祖先信仰迈进。标志着自然神时代、兽神时代的衰落和人神时代的诞生，预示着人类文明时代的即将到来。本文主要依据红山文化的考古资料尤其近年来发掘出的遗址、墓葬、祭坛、积石冢等，对西辽河流域远古初民的信仰变化做一初步的探索尝试。

一　自然信仰、图腾信仰、祖先信仰三者并存

人类的童年由于认识能力低下，缺少对变化多端的自然现象的认识，缺少对自身精神活动和机体活动关系的认识。其思维乏于抽象能力，具有一种直观的性质，对人类赖以生存的自然环境，往往根据人的特征类推万物有灵而产生自然崇拜的意识。自然信仰是原始人群中首先产生的信仰形式，表现为山崇拜、石崇拜、水崇拜、火崇拜、土地崇拜、天体崇拜等。火、土地、天体等都是与人类生活息息相关的自然物。而日、月、风雨、闪电、洪水、山崩、地震等自然现象、自然变化，在原始人类的眼中却是何等的不可捉摸和难以控制。为求吉避凶，只能拜服于自然的脚下，于是对自然物体顶礼膜拜的自然崇拜即自然信仰就产生了。喀左县东山嘴祭坛方形基址中红烧土面、立石相聚、遗址等都选择在面对河

川和大山山口的梁顶。赤峰红山后遗址发掘的二十六座红山文化古墓皆为石棺墓，许多墓葬遗有红色陶器。胡头沟墓地圆形石圈中央地下，也发现一层泥质红陶筒形器碎片，M_1石墙下有坚硬的红土面。牛河梁红山文化积石冢，以石垒墙、以石筑墓、以石封顶，冢内堆积着大量的红陶筒形器；女神庙庙址表层散布大量的红烧土块。翁牛特旗石棚山原始墓地的无头墓中，死者头骨位置扣一件陶器；无骨架墓，只见随葬器物而无骨架，随葬的器物与一般墓相同。多数墓地底有桦树皮，有的尸骨上发现有树枝，墓口多经火烧，并在填土中普遍发现红烧土地。这些考古资料都是自然信仰在红山文化人类信仰的远古孑遗。石棚山遗址有桦树皮、枝的墓葬，与史籍记载的"古之葬者，厚衣之以薪，葬之中野，不封不树，丧期无数"相吻合。

红山文化前期、中期处于母系氏族公社的繁荣期。虽然还没有产生完全独立于自然之外的人类自我意识，还无力去想象现实世界之外的超自然世界，但是随着思维的发展而产生出朦胧的生殖观念，企望氏族人口能像自然界中某些繁殖能力强而又健壮的动植物那样繁盛健壮。愿望的实现是将那些动植物认同为自己的伴侣、亲人、保护者或祖先，对其拥有特殊的感情。这样动植物便具有了生育、保护氏族成员的功能。人们把自己的氏族看作起源于某种动物、植物，用动植物的名字作为氏族的徽号，与之攀结了"血缘亲族"。自然信仰的灵性观念逐渐转化成比较专一的动植物崇拜——图腾崇拜。这种信仰的痕迹在红山文化遗址中大量存在。

墓葬是现实社会的缩影，是当时人们思想意识、宗教信仰的反映。红山文化墓葬中多以玉制品随葬，如玉龙、玉龟、玉鸟等；陶礼器多葬于墓室外，施有彩色纹饰的大量筒形器，成排、成组地竖立在山顶墓地，作为永久性的纪念物。今天我们决不能将这些墓葬遗物看成单纯的艺术装饰之物，而应看作当时人们对原始宗教虚幻理解的一种反映。凌源县三官甸子城子山遗址出土的双猪首玉饰；建平县牛河梁红山文化积石冢发掘的两猪龙；"女神庙"出土的泥塑猪龙；翁牛特旗三星他拉采集的"C"形玉龙；敖汉旗小山遗址尊形器上的猪首蛇身图像；喀左县东山嘴红山文化遗址双龙首玉璜。这些出土的文物，证明了生活在西辽河流域的原始氏族、部族多信奉"龙"图腾。胡头沟墓地出土的玉鸟、玉鸮；东山嘴遗址出土的鸮形松石饰；牛河梁"女神庙"泥塑的二爪残块和小山遗址尊形器上的灵鸟"凤"，说明当时还存在一些信奉鸟图腾、凤图腾的部落。此外，还会有以猪、狗、鹿、鱼等为图腾对象的氏族部落。当然可能存在同一氏族部落同时信奉几种图腾的可能。陶器上的纹饰、图案，玉雕的动物，泥塑或石雕的塑像等造型艺术在原始人的心目中并非单纯的审美，更大程度上是作为超现实的神灵图像，是浓缩了部族集体意识的表象象征符号。"图像与被画的和它相像的被它代替了的存在物一样，也是有生命的，也能赐福或降祸。"敖汉旗小山遗址尊形器上三种灵物头部，系分别根据现实生活中的猪、鹿和鸟首的形象提炼而成，猪首下做蛇身，鹿首和鸟首右侧纹饰则似由羽翼抽象而来；还有融合多种动物形体的"龙"形象，都属于变形图腾。变形图腾赋予了图腾自身所不具有的灵性或神性。如龙体现了蛇类动物、鱼类动物、四足兽和云、电等自然物的种种属性。变形图腾或称之为虚拟动物不再是实有的自然物，而是许多自然物在想象中的叠加。这些抽象图腾不再发挥作为氏族成员纽带和作为氏族标志的功能，它们已经成为包含无数氏族的新的联合体的标志。这是长期的生活和战争中彼此融合、渗透，逐渐形成统一的部族的象征。虚拟图腾动物，实际上反映了原始社会末期各部族逐渐走向统一的历史趋势和进程。

　　红山文化晚期的墓葬、积石冢、女神庙等远古遗存发掘出陶塑、泥塑的人像，标志着原始社会母系氏族公社末期，随着人类征服自然能力的增强和思维意识的发展，红山文化先民认识到自己的智慧、力量及人与自然的主客体关系。氏族组织更趋严密，氏族首领显示出越来越重要的作用。人类的信仰开始由自然信仰、图腾信仰提高到以人为中心的人神信仰阶段。原始宗教走向衰落，阶级宗教孕育萌芽。喀左县东山嘴出土的陶塑小型孕妇塑像、大型人物坐像；建平县牛河梁"女神庙"发掘的泥塑群像、穴坑中采集的小型泥质褐陶人头像；赵宝沟一号遗址发现的陶塑人头；这些塑像原型可能是活着的氏族首长或享有威望之人或掌握某种特权之人，也可能是死去的祖先。人们对祖先神灵的偶像进行祈祷、供奉和祭奠，并伴有一定的仪式，东山嘴祭坛遗存既有祭祀生育神、农神祭台，又有祭祀地母神的遗痕。表现出女神在当时人类信仰所占的重要地位。塑像是原始宗教人神信仰物态化的表现，具有强烈的社会功利意义，其宗教性和非实用性、非艺术审美性非常明显，尽管塑像活灵活现，姿态逼真，不乏美感。

　　原始人的灵魂观念往往产生于"梦"的迷惑。对于睡眠状态的自己能进入另一个虚幻、荒诞的世界，能遇见已逝的祖先大惑不解，诚惶诚恐。将这种意识扩展、深入、类推下去，便出现了灵魂不灭的神灵信仰。灵魂观念的形成，使人从自身的二重性弥漫到世界的二重性。于是相信死去的祖先魂灵不仅"活着"，而且能够随时回来保佑自己，帮助子孙后代繁衍壮大。它也体现出人类自我意识的独立和自主。一些雕像往往突出胸部、肚子、外阴的妇女特征，是沿袭了图腾崇拜所具有的祈求生育、繁衍子孙的生殖观念，表明原始人类在母系氏族公社时期朦胧的性意识和女性在社会中的崇敬地位。

总之，红山文化遗址、墓葬、积石冢、祭坛等人类遗存反馈出的远古信息表明：当时初民的信仰沿循着自然崇拜、图腾崇拜、祖先崇拜的信仰轨迹，而图腾崇拜、祖先崇拜的印痕尤多，包含着生殖、繁育等复杂的信仰内涵。它证明新石器时代，西辽河流域的红山文化先民的思维不断发展、丰富起来了。

二　祖先信仰揭示的时代特征

红山文化遗存显示出当时的原始信仰是多元化而非一元化的。自然崇拜、动植物崇拜、土地崇拜、生殖崇拜、图腾崇拜、灵物崇拜、偶像崇拜、祖先崇拜等都有信仰的印痕。这些崇拜对象都曾先后不同程度地被神化过，都曾作为神灵高踞于人类之上。但对于物象的每一种神化都应以一定的社会物质生活条件的变化为基础。崇拜动植物，是因为渔猎和采集是人们赖以生存的食物来源和保护群体的生存、延续。崇拜土地，是因为农耕时代土地是重要的生产资料，成为人们生存依赖的对象，所以乞求地母恩赐五谷丰登。喀左县东山嘴长方形的祭坛，有人认为应是祭祀地母的场所。无疑代表地母的石头崇拜被赋予了神灵而成为图腾崇拜，但明显脱胎于原始社会的自然崇拜。生殖崇拜是人类出于对种族繁衍的神圣感和生殖原因的神秘感，常将多子植物、多产动物以及能同妇女的生育行为进行类比的自然物作为人类生殖概念的具象，作为氏族的象征。葫芦是南方许多少数民族用以生育象征的图腾物。作为容器，它与人类生活密切相连，是一种非常古老的作物，7000多年前浙江余姚河姆渡文化遗址，就有葫芦埋藏其中；它又具有多子、中空的特征，容易让人产生生育联想，故常被原始人类寄寓为人类起源或氏族繁荣的象征。女娲的传说里，就有人类生命的种子是通过葫芦保存下来的神话。喀左县东山嘴祭坛遗址采集的葫芦形陶器，可能蕴含生殖图腾崇拜的信仰。在图腾信仰阶段，人类便产生了模糊的氏族祖先意识，只不过开始时是以动植物替代了祖先。与母系氏族公社只识其母不知其父的对偶婚一脉相承。认为自己氏族的血缘来源于某种动植物与母辈的"天人感应",这样某种动植物便成为图腾神,进而成为氏族的徽号和标志。图腾是中国古姓的一个重要来源,还起到了维持图腾外婚制、禁止图腾单位内部通婚的作用。自然信仰、图腾信仰及其他原始信仰都是红山文化氏族相互联系的纽带和凝聚核,基本社会功能是维持群体的团结和保护群体的生存、延续。

　　红山文化晚期遗址、祭坛、积石冢、女神庙出土了一些具有鲜明女性特征的泥塑、陶塑残件。这些女神塑像可能代表的是开创世界本原的创世之神、创造人类文化的祖先英雄或生育人类的生命之神。人像的出现预示着人神时代的到来。但值得探讨的是,女神像并不能简单地成为母系氏族公社繁荣的标志,因为宗教信仰具有极大的保守性、连续性。中国女神崇拜迄今所知已有8000年的历史。在喀左县东山嘴遗址发掘的腹部凸起、臀部肥大,并有表现阴部记号的孕妇裸体立像属小型塑像;而盘腿正坐、双手交叉腹部的大型人物坐像未有显示性征,难以辨别男女。建平县牛河梁红山文化穴坑遗址发现的眼圆、窝深而大、鼻直、吻部突出、颈粗的小型人头像及体扁、不辨前后的小型人身像;敖汉旗赵宝沟一号遗址出土的脑后塑空,口、鼻、眉、目、耳均凸出,耳靠上双眉相接并做出两鼻孔的陶塑人头;巴林右旗那斯台遗址采集到的束腰、脚跪坐下、裸体赤脚、两臂于胸前做合掌状,没有性别特征的一件石人雕像;另一件石人雕像亦为裸体,未见性的特征;这些陶塑、泥塑、石雕的难辨男女性别的人像真是耐人寻味。东山嘴祭坛、那斯台遗存的文化年代经C_{14}测定都晚于牛河梁"女神庙"的文化年代。以上考古发现,可以推断红山文化晚期的人神信仰即祖先信仰,正处于由女神向男神潜化的中间期——两性神阶段;而男神崇拜的标志——陶祖,最近在牛河梁的发现,证明了当时已存在男性生殖崇拜。信仰转变揭示出的时代特征是:母系氏族公社已经衰退,父系氏族公社继之形成。还可作为佐证的论据是大型东山嘴祭坛的设立和金字塔般的土石丘建筑的发现。东山嘴祭坛位于山之高处,远离氏族部落,规模庞大。修建如此大的祭祀场所,非一个氏族、一个部落所能承担,而劳动力即男子在修建中的作用可想而知。祭坛修立方形基址、石圈形台址和多圆形石砌基址;总体布局上,按南北轴线分布,注重对称,按中心两翼的主翼之分、南北方圆对应的建筑风格。基址中立置的长条石堆或几块立石相聚成组。遗址南部石圈形台址东北侧，发现唯一的一具人骨架。祭坛保存如此完好，必定带有浓厚的宗教色彩。方、圆的象征，立石的内涵，石化人骨及大量的陶器、骨器、陶塑人像、石饰等，是否意味着东山嘴祭坛就是红山文化晚期初民祭天祀地之所；莫非当时就产生了"天圆地方"的朦胧观念和人类早期的地理观。石化人骨可能是占巫、卜术、沟通人与天地神之桥梁的巫、觋或祝。主宰众多氏族、部落生活的中心神或统一神的产生，标志着母系氏族公社血缘家族的破产；按地域划分的农村公社即父系氏族公社已经产生。氏族几部落按某种关系走向联盟统一。所以说，红山文化晚期，映衬、弥漫于人们生活习俗和行为方式上的祖先信仰，反映了当时氏族公社正处于大变革时期，揭示了当时的社会特征。

三　初民信仰揭示的内心世界

无论自然崇拜、图腾崇拜抑或祖先崇拜等原始宗教信仰，都是初民内心世界的反映，是他们现实生活的精神支柱，并体现出人类自我意识的独立和自主。尽管这些信仰都有歪曲和虚幻的成分，却证明了原始人类感性表象能力和逻辑思维能力的增强。初民的信仰是群体的意识，承担了维护社会生活秩序的功能。翁牛特旗石棚山遗址 M52：1 直筒罐，器表周身刻画一幅完整的原始图画，圆形尖顶状的氏族房舍，房前画有方格园田，并绘有五个图像文字，真实而生动地反映了当时氏族成员居住的房舍和生活环境。反映出红山文化农业居民恬淡、清宁的社会背景及对美好、和平生活的向往。

红山文化晚期，"灵魂不死"观念产生，认为人死而魂灵不死，超度到另一世界。虚幻、梦想的另一世界又脱离不了现实世界的羁绊，只不过将自然界融进了想象的成分。人活着是群体居住，死后的另一世界亦是积石冢群和墓葬群。当时的人类既敬仰祖先又畏惧祖先的魂灵，因而用祭坛祀祖来求助于祖先的保佑，用墓冢群体现对祖先在另一世界生活的理解。牛河梁红山文化积石冢结构复杂，冢内大、小墓有别，墓内随葬玉器，墓外排列彩陶筒形器。三冢相连，方向一致。积石冢群内的圆坛，有"墓祭"的性质。"女神庙"主体建筑既有中心主室，又向外分出多室，以中轴线左右对称，另配置附属建筑，已具殿堂雏形；泥塑群像之大小不一，体态各异，似已形成有中心、有层次的"神统"。墓葬是人世间等级差别、地位尊卑的翻版和再造，能反衬出当时已出现社会地位、尊卑贵贱的差别，从积石冢大、小墓的主从关系，随葬品的众寡，二次葬的出现能佐证这一论点。三座积石冢形制不一，Z_1、Z_2均以大石块垒砌规矩外墙，平面呈方形；Z_3则是三圈淡红色石桩围成的三层叠起的圆坛。但三家方向又一致，大概是出自不同血缘的三个氏族出于某种信仰的一致，走向联盟。圆坛之中的"墓祭"同时祭奠三家的祖先神，或是祭奠三家所代表氏族的共同祖先神，成为联结、统一三个氏族思想和信仰的纽带。因而红山文化初民的信仰具有复杂的内涵，能够揭示它，对于探索中华文明史、宗教文化史具有重要的意义。积石冢、墓葬群随葬的不均、墓制大小的不一反证人世间财富占有的不均，财富不均又是私有制诞生的摇篮，故说，红山文化晚期，西辽河流域的先民已跨入文明的门槛。

试论红山诸文化陶器纹饰

红山诸文化发祥于西辽河流域，主要分布在内蒙古东南部、辽宁西部和河北北部的辽阔地域。按文化类型又细分为前红山文化，包括兴隆洼文化、赵宝沟文化、红山后文化及富河文化；后红山文化，包括小河沿文化，另外还有东山嘴遗址、牛河梁遗址等遗迹。红山诸文化出土的陶器，无论器型还是纹饰都有明显的区域特征。本文不揣浅陋，试就其纹饰做一初探，并求教于纹饰学研究的专家、学者。

———

陶器最初的纹饰受编织物影响较大。"在许多地方，也许是在一切地方，陶器的制造都是由于在编制的或木制的容器上涂上黏土使之能够耐火而产生的。"后来人们只沿用编织器皿形状，却脱离编制器皿做胎，并逐渐在征服大自然的过程中，学会模拟自然形象进行陶器造型。但是最初留在陶器上的编织物的印痕却给人以美的启迪。陶器制作始于笨拙的手捏、盘条，后发展为轮制。在成形的过程中，最后一道工序是将器皿的表面修整，或用鹅卵石磨平，或用木制的"拍子"轻轻打平，这样留下了某种规则或不规则的痕迹——线条、块面或指甲印。人们从烧制后的陶器上发现，这种痕迹不但没有影响器物的实用性，而且给人一种朦胧的美感。为了使陶器结实耐用，制陶匠也常采用以缠有绳子的木拍拍打器表，以加强陶坯质地的紧密程度，器物烧成后便留下绳纹的印痕。新石器时代常见的陶器上的席纹、绳纹、布纹、篮纹、网纹等纹饰就是这样演化而来并成为几何图案的蓝本。

红山诸文化陶器纹饰以横压印、竖压印"之"字纹为主。早在距今 8000 年前的兴隆洼文化的敞口直壁罐上便已出现，到距今 7000 年前的赵宝沟文化时则得到充分发展。一般说，器物纹饰的变化，要先于器型的改制。但是西辽河流域的先民生活在红山文化、富河文化甚至更晚的小河沿文化时，虽器型发展变化，但纹饰却一直以"之"字纹为主体，且出现了斜压印、复合压印的"之"字纹。构成"之"字纹饰线条的不仅有直线，也有了弧线、连点弧线；还有了实线与虚线的区别。在赤峰红山后出土的陶器纹饰还有网纹、绳纹、涡纹及空心三角纹、平行斜线纹、圆圈纹等，甚至出现了叶脉纹。在小河沿文化包括石棚山遗存，又在陶器上出现了菱形细绳纹、斜方格纹。早在兴隆洼文化出土的陶器纹饰就有附加堆纹、弦纹、折线纹、网格纹、席纹、坑点纹等。

红山文化的彩陶纹饰多用一条或平行多条以直线和斜线构成空心三角形纹、菱形纹等带状图案，还有椭圆形涡状纹、变形三角纹。新石器时代其他地区彩陶的纹饰各有其不同特征：中原地区的纹饰，动物纹方面有像生的鱼、鹿、鸟等，但最有代表性的是从植物中演化出来的旋花纹和对称的连叶纹图案；西北地区的纹饰，除了动物有变化了的人纹、蛙纹外，有代表性的是以平行波浪纹、水草纹、螺旋纹、同心圈纹和从编织变化出来的网状纹等；东南沿海地区的纹饰特点，很少具有像生纹样，而最多的是用点、线、三角形、菱形等极为单纯的几何形体，组织成各种对称的有规律的图案。

赤峰红山后出土的带涡旋纹的彩陶及阜新胡头沟出土的无底涡纹筒形器，都是墓葬中的随葬品。涡状纹是超越时空在自然界里普遍存在的，如星云、涡流、贝壳等。其含义是否有某些宗教性及图腾崇拜，尚不得而知。古人傍水而居，红山诸文化的先民也是依辽河及支流西拉沐沦河、老哈河、教来河而住，死者与饰有象征水的涡旋纹陶器同在，这种现象，耐人寻味。

在赵宝沟文化小山遗址出土的一件磨光夹砂陶质尊形器，纹饰由猪龙、飞鹿和神鸟三种灵物首尾相衔环绕器腹一周经抽象而成。另外在敖汉旗南台地采集的一件陶尊，腹部饰有两只飞鹿，也是首尾相接。两件尊形器周身都刻画着精细的网格纹。仿佛驰骋在大地上的灵物正进行着永久的追逐，使人深切感到永恒性和循环性的存在。猪龙、飞鹿、神鸟三种图腾之物出现在同一尊形器上，说明信奉龙图腾的部族与信奉鹿图腾的部族、鸟图腾的部族在长期的生活和战争中彼此融合和渗透，逐渐形成了统一的部族。实际上这也反映了原始社会末期红山文化各部族逐渐走向统一的历史进程。两只飞鹿循环追逐，令人联想到原始人对雌雄相嬉那种朦胧的性意识和对繁育后代的企望。当时西辽河流域属温带森林环境。森林中可以想见生活着诸如野猪、鹿、雉鸡等野生动物，红山诸文化时期的人们在采集不足以果腹的情况下，对于猎物的渴求可想而知。在原始人的心目中这些动物的意义是双重的，它既是自然的，又是观念的。当以它们为食物时，它们是自然的动物；而把它们当作某种观念意义的寄托时，它就成为一种神秘的崇拜对象了。人们吃他的崇拜对象，如吃图腾动物，是图腾崇拜允许的。这正是原始宗教对于生存需要的妥协和利用。这些陶尊上的动物纹饰，在本质上具有复杂的观念内容，对于氏族充满了超现实的神圣含义。在原始人看来，图像是所画对象本身的特征与神秘属性的结合，其神灵和魔力甚至比原物还要大。猪龙、飞鹿、神鸟便是虚构而出的灵物。同时古代许多部族认为受孕生育是神的恩赐，是图腾精灵进入妇女体内的结果。因而膜拜这一神物的同时也就祭奠了祖先，体现出神人合一的思想。

在赤峰西水泉遗址出土了五件陶纺轮，是利用陶器碎片制成，直径4—5厘米，中央有穿孔。其中四件用彩绘陶片，一件用"之"字形压纹陶片制成。与江汉地区屈家岭文化遗址出土的模拟纺轮转动速率的象征性纹样有明显的不同。屈家岭文化出土的陶纺轮，带有抽象性质的几何纹样。两者都是制陶匠发挥其丰富的想象力，把周围现实的事物提炼为艺术形象，并使之规律化、程式化，以适应器物上的装饰。有些几何图案经过提炼、概括，逐渐失去了所描绘事物的影像和痕迹，有的甚至成为与现实全然无关的形象。

小河沿文化石棚山墓葬群出土了几件刻画或彩绘有文字符号或图画的陶器。其中在52号墓出土的直筒陶罐上饰有"卍""卍"的纹饰。有人认为这是"卍"字图案的原型，是太阳实体的抽象描写，并称之为"日"字纹。我赞同这样的观点，如果将曲线写出的几个"卍"复合起来，目不转睛地看，就会出现一种神奇的眩晕现象，面前一轮太阳正喷薄光芒。它可能就是远古人类对象征生命不死的神奇太阳的抽象描写吧，也吻合当时人们图腾崇拜太阳，祈求吉祥幸福的心理。更重要的意义是：纠正了"卍"是产生于印度、欧洲，随佛教而来的传统说法。同时说明在古代交通十分不便的情况下，某些陶饰图案的共同特征，是由于虽然地区、部族不同，但人类却有某些生理、心理、意识、习俗及原始宗教信仰等相似的特征。

二

  我国新石器时代陶器纹饰，可归纳为写实和几何图案两大类。表明原始人不仅能以具象的手法对周围客观世界进行实体描写，也能以抽象形式对自然界的现象通过综合、概括、提炼，用几何图案加以表现。人类童年呈现出来的审美意识是朴素、天真、稚拙简练的，这是当时的经济结构、心理特征、审美观念等意识形态的综合体现，坦率、真诚而毫不拘束。纹饰一般不能作为独立性的审美对象，它依附于被装饰的器物。写实纹饰有人形、动物、植物纹样之分。抽象的几何图案也分为两类：第一类是对客体进行较大的夸张、变化，但依然保留客体特征的写意型图案；第二类是从实用功能和装饰美观出发，实以点、线、面，对于描写什么客体、象征什么意识、反映什么内容并不重要，重要的只是其功用、美观。

  对于写实纹饰、几何纹饰是从具象演变为抽象还是抽象发展到具象，争论不一。占大多数的观点认为："仰韶、马家窑的某些几何纹已比较清晰地表明，它们是由动物形象的写实而逐渐变为抽象化、符号化的。""主要的几何形图案花纹可能是由动物图案演化而来的。有代表性的几何纹饰可分成两类：螺旋形纹饰是由鸟纹变化而来的，波浪形的曲线纹和垂幛纹是由蛙纹演变而来的。"但是也有的同志与其观点相反，"认为图案是起源于抽象的，而且肇始于相对抽象中的'绝对'抽象的几何形图案"，"不同意彩陶装饰是从具象到抽象的演变之说"。其实，原始社会的陶器最初是以朴实的造型及土质（红、灰）的自然色泽适应人们的生活之需，其目的是实用。陶器的各种造型也是依照不同的用途而精心设计和制作的。古代彩陶上的纹饰绘制方法大致是：先在器皿的装饰部位画几个点，单位奇、偶数不等，然后以点为中心，分别向左右延伸，或弧线、或直线、或块面、或用其他几何因素，连成一个整体，出现连续式的"旋涡纹""三角纹""勾叶纹""垂幛纹"等。现在也发现了"轮制"的彩陶纹饰，随着轮盘的转动，用蘸有颜料的毛笔顺向彩绘，绘成粗细相间的平行线或波状线，其线条规则、整齐。

  原始人制陶器时的纹饰首先是实用，然后才有审美意识。大量考古资料证明：作为装饰和审美功能的几何形图案及描写客观实体的具象纹饰，许多都在同一陶器上共同出现。赵宝沟文化小山遗址出土的那件灵物尊形器,其纹饰制作:首先是用抛光物把陶尊通体打磨光亮,然后压划出灵物的轮廓线,最后再以较细的线条刻画出缜密规整的网格纹。赵宝沟文化小山遗址年代为$C^{14}B·C_{4200}±85$(校正数4850)年,当时的人们在与自然界的斗争中,共同斗争的目标首先是谋取生存的资料,关心的是种族的繁衍。至于美的观念、艺术的创造是次于生活的。所以非要寻出陶器实物纹饰、几何纹饰之间的源头,必然众说纷纭,其说不一。笔者认为:原始社会陶器上的纹饰由当初制陶时偶然留下的编织物、指甲等的印纹启发,从实用功能出发,当时的人们开始有意识地压印一些纹饰。后来加进审美意识、宗教图腾观念。无论实物纹饰还是几何图案,二者并无明显的时间差别,虽然难免有些实物抽象成几何图案,但不能就以此来证明几何图案来源于实物描写;也不能以某些几何图案类似某种动、植物的形体,便肯定几何图案先于实物图案。艺术来源于生活,对纹饰也应采取一分为二的态度,许多纹饰就无法将之划为几何图案还是实物纹饰。新石器时代的人类把经头脑加工后的自然实体在陶器上艺术地再现出来,无论实物抑或几何图案在人类活动的周围不俯拾即是吗?

红山诸文化陶器纹饰无论是以"之"字纹为主体的几何纹,还是描写客观实体的写实纹,作为一种艺术创造,都来源于生活。涡旋纹、植物纹、动物纹等都是对周围自然界某些客体的或具体或抽象的描写。而作为"之"字纹、网格纹、菱形纹、三角纹、编织纹等几何纹饰,由线的不同状态、长短、粗细、横竖、曲折、交错、盘旋和圆点等相互有规则地排列、组合,构成不同形式的装饰图案。至于彩陶上的纹饰虽然受色料来源的局限,颜色虽不丰富,只以赭红、黑和白三种颜色进行彩绘,但由于运用得比较成功,因而看起来并不单调,反而显得粗犷、质朴。彩陶匠一般在彩绘之前,经常在胎地上先涂一层红色或白色的陶衣做衬地,然后再在上面绘黑色、赭红色或白色的纹样。陶衣掩盖了坯体表面的粗糙和空隙,增加了器表的光泽,使纹饰更增强了艺术美。

三

综观红山诸文化出土的陶器纹饰,尤其彩陶纹饰,可以发现这一地域陶器纹饰的独特性以及一脉相承的关系。兴隆洼遗存出土的陶器只有夹砂陶,没有泥质陶器。器表素面者极少，普遍饰满由三种至五种纹饰组成的复合纹，并以压印纹和附加堆纹为主。主体纹饰最富特征的是交叉纹、网格纹、竖压横排"之"字形线纹，以及戳印坑点纹；部分陶器主体纹下与器底之间尚另施一种纹带。赵宝沟一号遗址出土的陶器亦是器表素面者极少，均施以压印纹饰。常见纹饰中以直线组成的几何纹为主，"之"字纹次之。另外还有压痕不规则，短而密的"琐印纹"，常布满筒形罐的全身，其上往往再施其他纹饰。内蒙古敖汉旗小山遗存陶器，"之"字纹占重要地位，几何纹数量较大，图案形式多样，规律性强。A形直线几何纹可看作云雷纹的原始状态，"之"字纹独具特色，表明本地区几何纹发展起来的年代较早，也为"之"字纹谱系的探索提供了新材料。尊形器上三种灵物图像的出现，不但对龙、凤起源的研究向前推进了一步，而且对于纹饰学，如实物纹、几何纹的产生顺序等问题有重要意义；可以旁证随着陶器产生，陶器上的实物纹饰、几何纹饰相随产生。赤峰红山后出土的陶器，其纹饰除弧线纹、指甲纹、附加堆纹及彩陶上连续性的平行菱形纹外，仍以"之"字纹为主体，如果把菱形纹从中间分开，恰好还是"之"字纹的结构形式。到后红山文化的代表小河沿文化石棚山墓葬遗存，出土陶器200余件，器型10多种，彩陶器有各种不同形制的壶类和豆、钵等。纹饰多饰在器物的口沿、肩部和腹部。花纹绘制方法主要有附加、刻画、压印、锥刺、笔绘、涂朱等，纹样有附加堆纹、细绳纹、三角纹、回字纹、方格纹、网纹、蓖纹、指甲纹、锥刺纹、动物图像、原始文字等10多种。彩陶花纹以三角形与平行直线相结合、半圆形与平行直线相结合、三角形和半圆形间隔与平行直线相结合，以及菱形与直线相结合，构成各种几何花纹图案。也有的用原始文字符号与花纹图案或动物图像相结合构成彩陶图案。"之"字纹衰落了。

综观上面红山诸文化陶器纹饰中，我们会清晰地看出：辽西地区新石器时代陶器纹饰的地域特征即"之"字纹从无到有、到消失的发展过程，并从中反映出它们一脉相承的关系。当然即使在同一文化类型也有不同的分支。如朝阳东山嘴、阜新胡头沟的彩陶纹饰以连续简化玫瑰花为主题；赤峰附近的蜘蛛山、西水泉等红山文化遗址的彩陶纹饰以鳞纹为主题的图案，特征鲜明，都有相当长的发展过程。它们代表了红山文化的两支：一支以老哈河流域为中心，一支以大凌河流域为中心。

总之，红山诸文化陶器纹饰由最初的"之"字纹为主体，逐渐发展、复杂起来。这与社会的发展、人类审美能力的增强分不开。它与黄河流域、长江流域出土的陶器无论器型还是纹饰相比,具有显著的地域特征。从出土的一些陶器纹样看,生活在辽河上游流域的红山文化先民们已放射出文明的火花。过去一直认为黄河流域是中华民族的发祥地,是中华民族文明的摇篮。浙江河姆渡遗址的发现,证明长江流域同黄河流域一样,是中国远古文化的又一重要发祥地。而地处塞外的西辽河流域,随着红山诸文化遗迹的重展风姿,特别是玉龙的出土、牛河梁"女神庙"和积石冢遗址群的发现,说明在西辽河流域,早在 5000 年前就"产生了植基于公社、又凌驾于公社之上的高一级的社会组织形式"。这就把中华文明史的上限,从 4000 年前前推到 5000 年前,把中华文明史的研究从黄河流域、长江流域扩大到燕山以北的西辽河流域。并向世界昭告:早在距今五六千年前的红山诸文化的先民们曾用自己的双手创造过光辉灿烂的古文化,使中华文明史向前推进了千年,从而证明西辽河流域也是中华民族诞生地之一,是华夏文明的重要起源地。

林丹汗联明抗金的经济原因

明万历三十二年（1604），正值明朝衰落不已，东北地区女真崛起，蒙古诸部割据混战之际，时年13岁，被中原蔑称为"穷饿之虏"的"新憨"林丹，承继父亲布延的蒙古察哈尔部汗位。10余年后的万历四十三年（1615）八月，林丹汗三次举兵进攻明朝，从此声威大振，蒙古诸部"虏中各王，尤称桀骜"。就在林丹汗试图统一蒙古的过程中，努尔哈赤已完成女真各部的统一，并于1616年建立后金。明、后金二强对峙，蒙古的向背成为双方胜败的关键。蒙古诸部贵族最初徘徊于明、后金二者之间，邀功请赏，获利丰厚。当后金占领辽沈地区、割断明朝与蒙古间的通道之后，努尔哈赤以联姻、厚赏、封爵等多种形式，拉拢、诱降、控制各部蒙古，科尔沁部、内喀尔喀部等陆续投入后金廷下。但是，后金政权始终未能降服察哈尔部林丹汗；相反，林丹汗却从最初的与明争斗，转为联明抗金达数年之久。对于林丹汗何以联明抗金而不合金反明，史家从军事形势、民族关系、政治策略等角度进行过深入研究。然而，经济基础决定上层建筑，林丹汗采取的战略方针亦必受其经济条件的制约。因受史料的限制，研究者往往避谈经济原因对林丹汗该举措的影响。本文试图通过蒙汉互市和经济互补性、蒙古与后金经济利益的冲突、蒙古诸部抗金态度的不同几个方面，分析探讨林丹汗联明抗金的经济因素。

一 蒙古经济的单一性，决定其对中原的依赖

蒙古族经济结构中，历来以畜牧业为主。明朝末期，处于封建领主游牧经济的蒙古，生产范围仍很有限，除从事粗放的畜牧业和部分狩猎业生产外，只能制造简单的游牧经济所需的手工业物品，如扦毛毡、皮带、木轮大车、马具、马

鞍、甲胄、刀枪等。畜牧业自然经济的性质，决定了蒙古民族流动性大、迁徙不定的特点。这一特点也决定了蒙古牧民不可能有更多的生活用品和生产工具，从而限制了手工业生产的全面发展。至于蒙古民众日常生产和生活所必需的粮食、布匹、器具等，则是蒙古游牧经济所不能解决的，便以牲畜交换中原地区的农产品。仅以张家口为例，明神宗时，蒙古地区每年向市场提供马匹达3.6万多匹；万历三年（1575）明朝将易马数限定在3.5万匹以内，但三年以后，张家口一处易马便超过5万匹，表明了蒙古地区要求同中原进行经济交往的迫切性。

　　明朝对蒙古推行经济封禁政策，力图通过时断时续的通贡、互市手段，以达到"抚驭羁縻"蒙古的政治目的。而游牧经济的单一性，决定了蒙古民族生活所需"锅釜针线之具，缯絮米菽之用，咸仰给汉"，"若或缺乏，则必需求，需求不得，则必抢掠"。攻掠明边，迫使明廷答应通贡、互市的请求。"通贡"或曰"赏赐"，实质上是一种官方集中性的经济交易活动。蒙古贵族每年将属民上交的牲畜、猎物、手工畜产品等贡给明廷。明廷再赏以生活用具、医药、棉布、绸缎、货币等。互市又分官市和民市两种。官市上蒙古方面出售马匹，换取粮食、布匹、绸缎和器具。民市主要是以物易物，贸易范围远比官市要广，蒙古民众用牲畜、皮毛、盐碱、木材、柴草等换取粮食、布帛、锅釜、衣帽、糖果、纸张、茶叶、小刀、佩物、火石等。至万历四十三年（1615），辽阳、长安堡艾开设木市，"西自广宁，东至辽阳境外。游牧络绎，是带亦以木市为命矣"。明朝严禁出售武器，蒙古仍然通过民市、私市换回兵甲、弓箭、铜铳等。通贡、互市作为蒙古游牧经济的补充形式，客观上又促进了漠南蒙古地区，由单一游牧经济向多种经济形式发展。加之中原大批人包括工匠、商人、传教者等迁居蒙地，蒙汉犬牙交错般杂居于边界地带，草原上出现了明廷帮助建设并取名为"归化"的库库和屯城（今呼和浩特），以及其他一些中小城镇。同时，一些蒙古民众受汉人影响，种植糜子等农作物，近边地区开始向半农半牧经济过渡。城镇的繁荣是商业刺激的结果，而商业的发展又进而增强了蒙古地区对中原的向心力，与明朝没有互市关系的卫拉特蒙古和喀尔喀蒙古，多年间都派大批商队到库库和屯城，交换中原的生活用品。

　　明朝通过与漠南蒙古诸部的通贡、互市，获得蒙古朝贡、交易来的大批牲畜、皮毛、药材等，仅永乐初期，"所易马至数十万。命官放牧，统养待用，在野成群"。尤其是隆庆和议之后的俺答汗约束诸部不再入犯明边，岁来贡市，边塞安宁。三娘子、黄台吉、扯力克、卜失兔接连严明法规条款，诸部对明保持和平互市的关系，长城沿边地带，遂有"四十余年无用兵之患"，"民老死不识兵革，农狎于野"的兵息民安局面。尽管明朝为羁縻、控制诸部蒙古所花费的市赏很大，万历末年，每年达数十万两，但比起出兵塞外，"烧荒""捣巢""赶马"的战争费用却少得很多。更何况缺衣少粮、频繁掠掳的蒙古诸部，又非明军所能轻易攻灭的。因而明朝统治者认识到"拒虏其易，而灭虏实难。虏东西岁扰我，远近戒防，士马疲于奔命，财力匮于征输，非计之得也"。蒙古"诸酋利吾市赏，便我交易，我之布帛锅口等物，皆彼夷日用所需，而彼马牛毡革非与我市则无所售"。也就是说，蒙古诸部频繁掳掠明朝边界，是出于经济上的窘迫而不得已为之。只要明朝能满足其经济上的要求，即通过互市、通商的经济渠道，使蒙古单一、脆弱、常常因遇自然灾害而崩溃的游牧经济得到补给，各部蒙古与明朝间亦会相安无事。历史已证明了这一点，如每岁入贡而恩加赏赉的漠南近边蒙古兀良哈三卫，"作我藩篱，为塞外耳目，如传报有验，为边吏得首功者拟迁秩，视汉吏矣"。后来察哈尔部林丹汗在屡屡攻掳明朝边镇，迫使明廷满足其经济要求之后，率兵策应明军围攻后金部队，其先决条件仍然是经济因素。

  经过元朝统一之后，蒙古草原的游牧经济与中原地区农业经济的联系更为密切，逐步形成了经济上相互影响、交往、依赖、推动和渗透的不可分割的一个整体，并表现为带有一些地区分工性质的供求关系。这种联系绝不会因为两族统治集团的和、战而断绝，必然会通过一定的方式，或通贡互市，或战争掠夺，来保持这种不可分离的关系，这是历史发展的必然。漠南东部诸如科尔沁、札鲁特、巴林、敖汉等部蒙古，在后金割断其与明的经济联系之后，仍多次背盟，只是苦于经济实力的单薄，缺少明朝的经济补给，加上诸部割据混战所造成的经济摧残，而被迫最终接受后金的恩赏条件。东迁之前便已为蒙古各部中"最富强；控弦十余方，多蓄货贝"的察哈尔部游牧于辽东、辽西边外，而又以广宁为其常牧地。最初察哈尔部常常攻掠明朝边镇而求市赏，后来努尔哈赤不断南进辽东地区，危及明、蒙古双方经济利益。林丹汗求贡，明朝意欲利用林丹汗阻止努尔哈赤南下，便把辽东马市抚赏金全部赠给林丹汗，谓之"播赏"，这种播赏到崇祯时每年达百余万。林丹汗统一蒙古的事业，也受到了努尔哈赤的破坏和阻碍，尤其女真军的南下又严重损害了察哈尔部的经济利益，所以林丹汗一改攻明求贡的策略，而希求联明抗金。

二 后金与蒙古经济利益上的冲突，是林丹汗联明抗金的决定因素

嘉靖末年，建州女真大酋王杲，导引东迁的察哈尔部几万骑数寇明边；杲子阿台也多次引导察哈尔蒙古侵犯辽东。但是，王杲父子终不过是浑河河畔的一个部酋，毕竟不能和当时风靡兴安岭以东地区的察哈尔汗相匹敌。两者的关系类似宗主和从属。清太祖努尔哈赤承继了这种关系。直到林丹汗继位前，女真与蒙古使者常相往来，而且努尔哈赤对蒙古也不敢轻易招惹。当叶赫部依靠明朝的经济支持，毁其与努尔哈赤的婚约而将女改嫁给蒙古之时，部将多次力谏，要求出兵叶赫。努尔哈赤自知建州女真"素无积储，虽得人畜，何以为生，不论不足以养得人畜，即本国之民且待毙矣"。所以按兵不动，治国家、固疆圉、修边关、务农事、裕积贮。又通过"与大明通好，遣人朝贡，执五百道敕书，领年例赏物。本地所产，有明珠、人参、黑狐、红狐、貂鼠、猞狸狐、虎豹、海獭、水獭、青鼠、黄鼠等皮，以备国用。抚顺、清河、宽甸、瑷阳四种关口，互市交易，照例取赏。因此满洲民殷国富。"互市来的犁铧、耕牛、羊、马、驴等，又进一步推动了女真农业的发展。

强大起来的女真族，在努尔哈赤统领下，开始扩张疆域，争霸辽东。正如明臣所言，努尔哈赤"自捕杀王兀堂，吞其地，遂南与瑷阳、宽奠为邻。自捕杀阿台，吞其地，遂北与抚顺、清河为邻。自戕杀猛骨孛罗，吞其地，遂又北与开原、铁岭为邻。自擒杀金白二酋，吞其地，而我之抚、清、开、铁城堡一空，遂近与辽沈为邻。又兼北关既亡，东西夷虏自此合交无碍，门庭之寇，乃及堂奥矣"。其实，利益受到损害的不只是明王朝，蒙古诸部亦同样受到经济上的致命打击。当努尔哈赤攻击开原，影响了蒙古科尔沁部、札鲁特部与中原的互市贸易，经济利益受损时，诸部皆"一心同口，谤詈奴酋"。科尔沁、锡伯、卦勒察三部出兵一万参加了万历三十一年（1603）声讨建州女真的九部联军。九部之师惨败，加盟的科尔沁蒙古贵族未受惩戒，却反而受到努尔哈赤"被锦衣、骑战马、使还其巢"的优待。以后尽管科尔沁部几次背叛女真，暗中与明朝经济往来，但经济命脉已扼于女真之手，被迫成为蒙古诸部中第一个投降后金的部落。

抚顺、开原、铁岭相继失陷于后金之后，触动了明朝给予蒙古各部养命之源的"数十万两市赏"之利。内喀尔喀蒙古的互市道路也被断绝，驻牧于开原西北新安关外的喀尔喀宰赛贝勒声称对努尔哈赤有六大仇恨，发兵助明，增援铁岭，抵抗后金。失败后的宰赛，在天命六年（1621）年底派大车百辆，要求后金供给谷物。后金连年征战，粮食并不充裕，但为收复蒙古人心，而被迫"给米百斛"。内喀尔喀五部蒙古也是多次背叛后金，抢掠后金牲畜、粮食，史载："初，帝与五卫等盟，曾言征大明与之同征，和则与之同和。后五卫王等背盟，私与大明和，杀满洲斥候军，献首于大明，多受其赏。又屡劫满洲使者财物牲畜，由是与之为恶。"

漠南东部蒙古诸如札鲁特部、巴林部、喀喇沁部以及察哈尔近属敖汉部、奈曼部，均与明朝保持密切的经济往来，在努尔哈赤西服、南侵明朝的战争中，都倾向于明而抵制后金。直至广宁被后金占领后，蒙古与明沿边地区的大小市场无法继续开市，诸部得不到明朝用赏赐、互市形式给予的经济补充。加上诸部间长期混战不休更削弱了各部的经济实力，只好接受后金的赏赐并最终投降。

明前期在辽东广宁、开原（镇北关、广顺关）和抚顺等处，设立互市市场，用以抚绥兀良哈三卫和女真。后期又为三卫开义州木市，抚顺以外又在清河、叆阳、宽奠设立市场，专以用来抚绥女真，开原除南北二关外，又开庆云新安关；广宁也在镇安关之外，复开大福堡、大康堡；宁前又开高台、兴水县二堡，以致力于抚慰三卫。辽东地理位置极为重要，"延袤千有余里，北拒诸胡，南扼朝鲜，东控福余、真番之境，实为神京左臂"。察哈尔部蒙古东迁辽东之后，万历末年"虏中酋首以百计，子姓部落以数十万计。直前屯者为赖、蟒等，直宁远者为獐兔、拱兔等，直广宁者为小歹青、以儿邓、黄台吉等。折而西北则虎墩兔憨为虏王，而东西部皆属之。北则煖赤、伯言他不能等。折而东北则卜言顾等。又折而东则炒花等。镇安广宁之间，为西虏歹青、虎墩兔憨、黄台吉、拱兔等营。锦义之间，为小歹青营。此河西三面虏也。三岔河东则额伯革等、打大成等直海州西，孛儿败、伯言等直辽沈西，煖兔、宰赛等直开原西。北则恍惚大等。东北则北关。东则南关。辽沈之东则奴、速。开铁之间，煖兔、宰赛等营。抚顺至宽奠一带，东南俱近海。此河东三面虏也"。

察哈尔蒙古大部落驻牧于辽东辽阳边外，离边 300 里，近努尔哈赤；小部落驻牧在宁远、广宁边外，离边100余里。后金天命四年（1619），后金攻陷铁岭，生擒蒙古喀尔喀强酋宰赛，辽阳、广宁等又成为后金新的攻占目标。明朝面临的是边塞要镇的逐渐失去，而蒙古失去的不仅是住牧地，更重要的是市赏之利。正如明臣张鼎对形势所分析到的，"辽阳一带，塞西虏所资以为生，料西虏亦决不利我失辽阳，而令奴得之也"。"虎墩兔憨为西虏帝，然累岁思邀我贡市王爵，如俺答故事而不得，抱恨终身，岂肯坐视奴帝辽阳，断其市赏之利乎？"同年十月，林丹汗致信努尔哈赤："今夏吾亲往广宁招抚其城，取其贡赋，倘汝兵往图之，吾将不利于汝。吾二人原无交恶，若吾所服之城，为汝所得，吾名安在？设不从吾言，二人之是非，穹苍鉴之。"天命六年（1621），后金攻陷沈阳；天命七年（1622），又攻占广宁。林丹汗率军参加了辽远保卫战，还向明军提供军帐、粮食等。喀尔喀五部尤其札鲁特、巴林两部，也背叛后金，"潜通于明，听其巧言，利其厚赂，以兵助之"，"甚至将所杀之人，献首于明"。至天命十一年（1626），札鲁特蒙古左翼诸贝勒，仍监视女真"使臣之出，屡次要截道路，劫夺财畜，并行残害"。清太宗皇太极列举喀尔喀部的叛金行为指责道："察哈尔，我仇也。科尔沁，我戚也。尔慎无与察哈尔通好，或要截我遣往科尔沁之人，致起兵端。"其实屡战屡败的林丹汗，以及多次盟誓而又背叛后金的喀尔喀部，之所以不愿投靠后金，就是因为有明朝做其强大的经济后盾。

后金南下、西进，林丹汗失去了大片住牧地，尤其失去了与明交易、互市的场所；经济利益的矛盾冲突，即后金对蒙古养命之源的危害，是林丹汗抗金的决定因素。腐朽的明朝企图借助蒙古的力量，以达到抵制后金南侵的势头。多数明臣主张"制东夷在先款西虏"，"足释内惧"。因而失去市场的察哈尔、喀尔喀等部蒙古，并未失去明朝给予蒙古的巨额赏金，相反还逐年增加，如明天启二年（1622），明朝给予蒙古诸部的市赏，"每岁约二十万，而流赏、坐赏、添赏皆在其中矣。"天启六年（1626），"增至三十六万余两"，仅林丹汗所统察哈尔部、炒花所率喀尔喀部"八大营、五大营二家，臣部已出二十七万余两"。明朝如此高的市赏，源源不断地流入蒙古，充当蒙古的经济后盾。所以林丹汗在抵制后金，保卫蒙古经济利益的军事斗争中，采取联明抗金的政治策略，是受其经济环境制约的。

远离明边的科尔沁部，在与明直接互市的抚顺、开原及铁岭以北的新安关相继落于后金之手后，市路断绝，又得不到明朝的市赏，窘困的生活使其投入后金的怀抱。泰宁卫伯耍儿"六十余酋"贡赏、市利"俱在新安关",铁岭等地的失陷,致使"市赏断矣",伯耍儿部经济随之受挫,以"无市赏之利而思逐奴",自愿代替明军守著名的原福余、泰宁两卫分界地,后为炒花辖地而明朝认为"远隔境外""非我兵所能守"的黄泥洼地区。而失去驻牧、市场之所的喀尔喀五大营酋首炒花,对后金"过河,要犯宁远",毅然"发兵助天朝",以致努尔哈赤"大恨"。

三 辽沈失陷后蒙古诸部的抗金态度

漠南诸部蒙古在后金南侵过程中所受到的经济损失,单纯依靠武力是不能解决的。更何况经济基础脆弱、凭借明朝市赏维持割据统治的诸部蒙古贵族,当然无法战胜依靠农耕经济崛起并拥有一定经济实力的后金王朝。后金为实现争鼎中原的战略目标,深知仅以东北一隅的综合国力还难以取胜人口众多、经济雄厚的明朝,因而争取游牧于塞北辽阔地域、牲畜量多并有一定攻战能力的蒙古支持,便成为其南下取胜的重要步骤。努尔哈赤以绥抚为主、征服为辅的对蒙政策,正是其勃勃雄心的体现。后金天命七年(1622),蒙古十七贝勒率军民以牲畜投降,努尔哈赤诏命"凡所用之物,俱赏给之"。天命十一年(1626),"无琪献者"的科尔沁奥巴哄台吉叩见清太祖,被赐以雕鞍、马匹、金顶帽、锦衣、金带,令奥巴"且喜且讶,而未敢深信"。努尔哈赤进一步诱惑道:"以后赐与之物,不过随其心而已,谁肯以好物(恶)给之。等若见诸王所服之衣叠奇异之物,即任意逼取之可也。"感恩戴德的奥巴发誓,与后金盟好,若践盟忘恩,仍与察哈尔、喀尔喀相和,"天罪以灾危"。

对于蒙古诸部名义上的宗主林丹汗,后金慑于他的威名和实力,加之察哈尔蒙古与海西叶赫部的姻亲关系,故兴起之初,便致书林丹汗:"明与朝鲜异国也。言虽殊而衣冠相类。二国尚结为同心;尔我异国也,言虽殊而服发亦相类,汝果有知识者,来书当云;皇兄征我旧日之仇国,蒙天垂佑,破其城,败其众,愿同心协力,共同有仇之明。如此不亦善乎!"后金百般拉拢、诱降,更以贵重物品赏赐诸部蒙古贵族,并附之以断绝诸部与明互市道部的经济扼杀政策。陷入经济困境的蒙古诸部,如喀尔喀、敖汉、奈曼以及八大营二十四部部众都逐渐出现背离,独立于林丹汗的倾向。而助长这种背离倾向的就是清太祖所施的离间、诱降、威胁等降服手段。林丹汗虽然想惩罚背叛者，巩固统一，但客观经济形势迫使诸部纷纷降于后金可谓大势所趋，故统一之愿、抗金抚赏之利，只能让蒙古最后一位汗王心有余而力不足。林丹汗始终不愿投降后金，正像明总督王之臣所言："虎墩兔憨为八部酋长，素称骄黠。观其不饵奴贿，而终为中国藩篱，可谓忠顺矣。"林丹汗抗金多年，直至病死于大草滩，而念头始终未改。其原因是多方面的，但后金南侵对其经济上的打击所造成的诸部离叛，无疑增强了这位蒙古宗主抗金到底的决心。所以东征惩叛失败后，林丹汗又率部西迁灭掉哈喇慎大营，吞并土默特部众，并立即进逼明境宣府、大同，要求把本部和别部的新旧岁赏一并归于自己。但由于明朝忙于镇压李自成农民起义而无暇顾及，甚至猜疑林丹汗，终使林丹汗抗金市赏断绝。

察哈尔部西迁时，所遗部众俱往明边外，而不愿归顺后金，努尔哈赤又致书察哈尔遗众："我两国语言虽异，衣冠则同，与归附异类之明人，何知来归于我，不惟尔等心安，即尔祖父世传之衣冠体貌亦不烦变易矣。"后金天聪九年（1635），亲王多尔衮率军追至托里图，降服林丹汗遗子额哲及其母亲苏泰，察哈尔遗众最终降于后金。后金将太祖之女嫁给额哲，并将遗众安于察哈尔部故地义州边外，地位高于蒙古他部。林丹汗联明抗金最终以失败而告终，导致失败的原因很多。仅从经济因素来看，蒙古达部虽乏统一之力，却不失抚赏获利之心。单一游牧经济对中原市赏的过分依赖，反而弱化了自身发展经济的意识。明朝封贡、互市，最初是为了安边，而后期的市赏则是为了以夷制夷，正如明臣所论"西虏东夷，雄不两栖，我艳虏以封赏，借彼觜距，张我羽翼，捐金缯以树藩篱，未为也。""自开夷讧，蚤结房交，谿壑难餍，要挟无已。"明朝与蒙古的联合抗金，是出于维护各自利益而达成的暂时妥协。因此这种联合并不牢固。因明朝断绝了西迁后的察哈尔部市赏，林丹汗便常以邀赏为名，入掠边塞。如后金天聪三年（1629）四月，察哈尔部至明宣府新平保胁赏不成，举部进攻大同镇，杀军民数万。市赏是为了补给蒙古单一经济的不足，而蒙古当时的经济状况又加速了诸部降服于后金。明朝后期以"市赏日坏、国库空虚"、不再"徒费金钱"为由，禁绝边外赏赐，并以市赏为陷阱，伏杀林丹汗兵将。因此联合抗金的结果不言而喻。

后金占领辽沈地区之后，经济实力进一步增强，为满足蒙古各部贵族的贪利欲望，"以征所获缎匹、财物之佳者"赐予蒙古。"各地蒙古每次来朝，厚加恩赏，因此俱不愿离去，虽去时犹属恋恋，蒙古各部亦从此富足安闲。"后金对蒙古的民族特点和游牧经济可谓了如指掌，"蒙古合则成兵，其散犹如云收而雨止也。候其散时，吾当呕而取之"。故努尔哈赤和皇太极都极力破坏林丹汗统一蒙古的事业，离间蒙古诸部，并从经济利益上迫使诸部贵族自愿或不自愿地投降后金。因此，林丹汗名为蒙古诸部的大汗，实际上各部处于割据分裂状态，对于投降后金的各部蒙古，林丹汗除了征讨之外束手无策。腐朽至极的明王朝停罢市赏之后，事实上已宣告林丹汗联明抗金的失败。

十二生肖历的起源及在北方游牧民族间的传承

一 十二生肖历起源于战国时代的秦

十二生肖之名，史乘所载较为完备者，最早为东汉时期的《论衡》，它将十二生肖与十二地支对应起来了，即子鼠、丑牛、寅虎、卯兔、辰龙、巳蛇、午马、未羊、申猴、酉鸡、戌狗、亥猪。先秦史籍诸如《诗经》《左传》《礼记》等也有支离破碎的相关材料，引之为证难免有牵强附会之嫌。以考据著称的清代学者赵翼认为："后汉时其说甚行，更推之汉以前，则未有言及者，窃意此本起于北俗至汉时，呼韩邪款塞入居五原，与齐民相杂，遂流传入中国。"赵翼将十二生肖形成的时间定为东汉，创制民族推测为匈奴。

1975年12月，湖北省云梦县睡虎地11号秦墓出土了大量竹简，里面有两种《日书》，其中之一《盗者》一章中提到了十二生肖。睡虎地11号墓下葬于秦始皇三十年（公元前217）证明十二生肖的形成绝不会晚于该年。《日书》内容有的可溯源至战国时的楚国，也有的可追溯到秦国，故十二生肖的渊源应从战国时代的秦或楚开始寻根。

史前考古表明，我国传统被习称为"六畜"的马、牛、羊、鸡、犬、猪，早在新石器时代便基本驯育成功。猪、狗南北都有饲养，差异表现在南方多水牛，北方则有鸡。龙山文化时代，北方驯化成功家马、家山羊和绵羊，南方是否有这些家畜尚不清楚。因而，"六畜"最早是由北方先民驯化出来的。另外，虎、兔、鼠、蛇这些游牧、狩猎民族常见的动物，在春秋末至战国时的草原青铜器纹式及艺术造型上多有表现。龙的最早形象也是发现于北方西辽河流域，即出土于5000年前红山文化遗址的玉龙、猪龙。内蒙古宁城南山根出土的战国时期龙形饰件，宁夏固原县河川土台村发掘的战国时代双龙纹饰牌，证明草原地带的民族有崇拜龙的传统。游牧民族对龙的敬思，并非像中原汉族那样将天子、皇帝奉为龙的化身而顶礼膜拜。蒙古人认为闪电出自某种类似于龙的动物，而且在他们的地区上，居民（仿佛）亲眼见到它怎样从天上降落到地上，以尾击地，蜿蜒而动，并从口中喷出火焰。猴是栖居热带、亚热带森林里的野生动物，然而内蒙古伊克昭盟准格尔旗速机沟出土的战国时代猴形饰件，以及同时代的发现于宁夏固原县吉西玉桥村的猴骑马饰件，表明了草原民族对猴类动物的熟悉和喜爱，生肖历的十二种动物都是草原地带习见，故草原民族有创制十二生肖历的条件。

十二生肖动物按其习性和与人类的关系程度划分，可隶属于游牧、狩猎、农耕三种经济类型，即马、牛、羊与游牧民族关系更近，虎、兔、猴与狩猎民族似乎接触更多，猪、鸡应属农耕经济下的动物，龙、蛇、狗是上述三种经济类型的民族所共同崇拜或拥有的动物。把三种经济类型归于同一国家、同一民族，以之衡量战国时代十二生肖形成期的秦国抑或楚国，我们会立即发现，符合条件的国家是秦。秦在传说时代，就为舜"主畜，畜多息"。悠久的畜牧经济，使战国时代的秦"与戎翟同俗"，又"僻在雍州，不与中国诸侯会盟，夷翟遇之"，故洪迈考证道："成周之世，中国之地最狭。以今地理考之，吴、越、楚、蜀、闽皆为蛮；淮南为群舒；秦为戎。河北真定、中山之境，乃鲜虞、肥、鼓国。河东之境，有赤狄、甲氏、留吁、锋辰、潞国。洛阳为王城，而有杨拒、泉皋、蛮氏、陆浑、伊洛之戎……其中国者，独晋、卫、齐、鲁、宋、郑、陈、许而已，通不过数十州，盖于天下特五分之一耳。"不论殷商起源于幽燕之北的学说是否正确，仅从商朝妇好墓出土的玉雕动物形象看，就包括虎、熊、象、鹿、马、牛、羊、狗、猴、兔、龙、凤、怪兽、怪鸟等，这些动物必然象征着当时的社会意识。商代已有甲子纪日法，但是否有十二生肖纪时的概念还缺乏实据。干支纪年法始行于战国时期，秦墓竹简又有完整的十二生肖说法，十二生肖动物所处的农耕、游牧、狩猎三种经济类型，又唯有秦国最完备，故笔者主张将十二生肖历的形成定为战国时代的秦。秦以十二生肖用来纪日、纪月还是纪年仅从秦墓竹简《日书》上还难以断明，单凭同时出土的"干支"纪日推测，十二生肖用于纪月、纪年更宜。

二 十二生肖历在北方游牧民族间的传承

十二生肖历是由十二地支纪日演化而来的，中国历史上的岁星纪年法、太岁纪年法都是以十二地支纪年为基础发展起来的。根据出土的殷代甲骨文中的殷历甲子表可知，地支和天干早在殷商时就已出现，而且十天干和十二地支依序组合成六十序数用以纪日，称甲子而不谓干支。干支纪年法约始行于战国时代，与十二生肖历的形成期相同，只是干支纪时用于各诸侯国，而十二生肖历限于秦国和北方的戎、狄等游牧民族。秦始皇统一中国之后，推行统一度量衡、货币、律历等的"大一统"政策，纪年以王位正统纪年为主，岁星纪年、太岁纪年、干支纪年为辅，十二生肖历仅限于民间流传而难入官方历书。汉武帝实行"罢黜百家，独尊儒术"的施政方针，将"大一统"思想推向了高潮，十二生肖历在中原地区濒于失传。

戎、狄与秦同俗，十二生肖纪时的习惯在戎、狄等游牧民族中当然也存在，《金石索》所记汉镜中有角王镜，背列十二生肖名及四神，铭曰"角王巨虚日有"。有学者认为角王巨虚，是言匈奴部落之大。《后汉书·南匈奴传》云："左右贤王等谓之四角，次左右日逐王等谓之六角。"汉印有四角羌王、四角胡王，则角王镜当为匈奴、羌、胡所有，亦已应用十二辰。赵翼推测十二相属本起于北俗，且依据史料断言其起源于东汉时的匈奴，我们认为：匈奴的十二相属则是承继了戎、狄等游牧民族的纪时法。

《太平寰宇记》卷199载，黠戛斯"以十二属纪年，假若岁在子，则谓之鼠年；在戌则谓之狗年，与回鹘同也"。突厥人是以十二属纪年的，8世纪中叶突厥文碑铭《磨延啜碑》标有羊年（743）、鸡年（745）、猪年（747）、虎年（750）、兔年（751）、羊年（755）、鸡年（757）等七个属相纪年。《铁尔浑碑》也标有七个属相纪年，即蛇年（741）、羊年（743）、猴年（744）、鸡年（745）、猪年（747）、鼠年（748）、龙年（752）。突厥文《阙特勒碑》同样是以十二生肖纪年，"阙特勤于羊年十七日去世，九月二十七日举行葬礼。祠庙、绘画、碑石于猴年七月二十五日全部竣工"。辽朝契丹人使用十二生肖历，契丹大、小字解读的成果证明了这一点。另外，从发掘的契丹族墓群中常见志盖四周刻以十二生肖或人身，十二生肖头的画像，部分墓室顶部画以十二生肖图，可作为契丹人用十二生肖纪年的佐证。蒙古人使用十二生肖历,人所共知。14世纪初年,波斯史学家拉施特奉命修撰的《史集》在记述蒙古历史时,采用的纪年形式就是按蒙古人习用的十二生肖纪年法。女真及其后裔满洲人承继了草原地带传承已久的十二生肖纪年,如以满语译苏东坡的《赤壁赋》,便将其中的"壬戌之秋"译为"黑狗之秋"。按五行学说,壬属水,主北方,色为黑;再按十二生肖与十二地支的对应关系,戌、狗相应,故有此译。

应该说,秦之十二生肖历也有戎、狄的参与和创造。匈奴人继承十二生肖历的同时,又将之传入失传的中原地带。两汉时期,阴阳五行学说、谶纬巫术思想泛滥,十二生肖动物被神化并与五行、干支复合起来,加速了十二生肖历的传播。但是,中原历代王朝在统一律历的旗帜下,推行王位纪年为主,干支纪年为辅的纪时方式,单纯的十二生肖纪年在中原流传并不广,始终未能达到诸如契丹、蒙古等游牧民族那样重要和普及的程度,故汉文史籍难觅其踪、难溯其源。北魏、辽、金、元、清等北方少数民族建立的政权,又时断时续地促进了十二生肖纪年法在农耕地区民间的流传。辽代汉人马直温墓室中的十二生肖俑,泰山所立泰定鼠儿年,至正猴儿年两通元碑,都是少数民族政权下中原民间使用十二生肖纪年的例证。

匈奴之后,草原地带突厥系、东胡系诸民族继承了十二生肖纪时法,又借鉴中原王朝的干支纪年、年号纪年等纪年形式。尤其是农耕民族以十二生肖神作为人之命属的习俗,反为十二生肖纪年法在游牧民族间的传播增强了活力和后劲。吐鲁番木柱上的回鹘刻文,清楚地再现了回鹘由十二生肖纪年发展至以金、木、水、火、土五行配十二兽纪年,再演化到后来以甲、乙、丙、丁、戊、己、庚、辛、壬、癸十天干配十生肖纪年的历史过程。宇文护之母信上所言"昔在武川镇生汝兄弟,大者属鼠,次者属兔,汝身属蛇",说明以生肖为命属的习俗至迟北齐时已在草原地带出现。

草原地带在民族尚未形成前的部落制时期,社会往往处于原始蒙昧发展阶段,其纪年是以草木纪年的自然历法。"女真旧绝小,正朔所不及,其民皆不知纪年,问之,则曰'我见草青几度矣',盖以草一青为一岁也。"以草青一度为一岁的草木纪年法,是游牧民族按自然规律创造的早期纪年形式。民族共同体形成之后,随着民族间文化交往的不断增多,草原民族吸收或继承了适合其特点的十二生肖纪年法。中原文化或其他外来文化,又不断地充实、完善了草原民族的十二生肖历。游牧民族一旦建立王朝后，为加强对中原汉族的统治，纪年方式也改为王位纪年为主，干支纪年、生肖纪年为辅。《蒙鞑备录》记载，蒙古"年号兔儿年、龙儿年，自去年改为庚辰年"。这年庚辰年即1220年，从庚辰年起，蒙古各种碑文、圣旨等均用了干支纪年。喇嘛教传入蒙古地区之后，蒙古地方政府又推行了藏历纪年法，即以蓝、红、黄、白、黑五色分阴阳与十二兽名相配。游牧民族间的文化传承既有继承性又有发展性，继承中有发展，发展中保留着传统。元朝以干支纪年为主，对于游牧民族传统的十二生肖纪年法采取保留的方针。因单纯的十二生肖纪年法每隔十二年便循环一次，时间一久便难以查考，为克服这一弊端，元政府借鉴了中原的年号纪年法，以之配合十二生肖作为纪年的辅助形式。如"泰定兔儿年"，一查便知为泰定帝四年（1327）。而明朝中后期蒙古人开始使用的藏历纪年法，其雏形早在辽朝时期北方草原地带的契丹族便已使用，从初步识读的契丹大、小字可以证明，契丹人已使用五行（一说五色）配十二兽循环纪年。藏历纪年法在草原民族中的使用，说明了其符合游牧民族的文化传统。

十二生肖历在中国北方古代游牧民族间流传的原因很多。客观上讲，十二生肖历形成于战国时期与戎、狄同俗的秦国，简便易懂且生肖均为游牧民族所熟悉、喜爱甚至崇拜的动物，以之替代草木纪年当然是历史的进步。"胡人食用饮酪衣皮毛，非有城郭田宅之归居，如飞鸟走兽于广野，时至时去，此胡人之生业也。"草原民族游徙不定的生活特点，以及贵壮尚勇却轻文化教育的俗尚，决定了繁琐深奥的历法无法在其地产生和生存。骤起骤落、时兴时衰的北方古代游牧民族都无法回避从蒙昧社会向文明社会过渡的发展进程，而以十二生肖历的使用情况看，是否可以说过渡的标志之一，便是历法上以十二生肖纪年代替了草木纪年呢？草原民族对十二生肖历的继承从个体即某一民族看，其继承是间断的，但从整个草原地带发展史看，这些间断性的继承可连缀为忽上忽下的传承发展曲线，且总体上表现为更高、更完善的趋势。再者，从主观上说，某一地域、某一环境、某种社会制度条件下产生的文化现象，后裔民族常常对之产生割不断的情愫而藕断丝连。古代游牧民族之间统治、服从、融合等不断地变化，基于血缘、地域、生活方式的相近或相一，各民族从心理上有一种彼此认同感，从主观上自愿继承、吸收游牧民族的文化传统。十二生肖以神的形式与人的命属联系到一起后，主观精神对其传承又起到客观上的指导作用。蒙古族家庭教育的重要内容之一，便是在子女长到七八岁时，教其学会十种颜色、十二属，轮流数年月日。

三 十二生肖神进一步促进了生肖纪年法的传承

东汉时期随着南匈奴的大批移居中原，流传于游牧民族的十二生肖历也传入农耕地带。谶纬、星象学家又借属相之吉凶为人命所属，并造作经典以为禳解之用。一些文人骚客的随声附和，更加剧了生肖与命相的神秘感，中原地区民间也流传起来十二生肖纪年法。到了唐朝，十二生肖动物已演变为十二神，墓碑常常雕有十二生肖动物画像或人身兽首手执兵器的十二生肖神像；有的碑盖画有十二生肖动物像，还题字曰："夜半子，鸡鸣丑，平旦寅，日出卯，食时辰，禺中巳，正南午，日昳未，哺时申，日入酉，黄昏戌，人定亥。"辽朝契丹人借鉴、吸收了唐时的十二生肖神信仰，其碑盖四周亦往往风行雕绘十二生肖画像或人身兽头的十二生肖神，排列顺序一如唐碑。以《萧仲恭墓志》为例，盝顶式的志盖四周，上方（北）正中为鼠位，下方（南）正中为马位，左方（西）正中为鸡位，右方（东）正中为兔位。以十二神伺时辰、守方位无疑是契丹接受唐宋中原汉文化的产物。

羌人"俗无文字，但候草木荣落，记其岁时"。文成公主入藏前，西藏人也是"候草木记"。藏族传统历法阴阳合历，创始于吐蕃时期，7世纪中叶始用十二生肖循环纪年，9世纪前期使用六十循环纪年，其纪年方法是以阴阳、五行、生肖相配合，从阴火兔年至阳火虎年总计六十年，顺序与汉历十天干、十二地支相配合的六十年期相同，藏语称之为一个"饶迥"。藏族、彝族用以纪年的十二生肖动物与汉族、北方游牧民族的完全一样，而与印度纪年的十二禽兽有别，如印度以狮而不以虎纪年，表明藏族、彝族等西南少数民族的十二生肖纪年法来源于汉族，再上溯则渊源于北方游牧民族。藏族十二生肖纪年法始于文成公主入藏之后，彝族十二生肖纪时法也不会早于唐朝。羌人后裔的一支彝族，其建立的南诏、大理，据樊绰《蛮书》卷八记载，历法"粗与汉同"。所以那种主张十二生肖纪时法起源于哀牢山区彝族先民的观点，是值得商榷的。

草原民族在传播十二生肖历的过程中，发现十二生肖纪年循环时间短、百年内一种兽重见几次的弊端，便借鉴汉人干支纪年的方法，创造出以五气（五行、五色）与十二兽配合的纪年形式，如回鹘人使用过的火羊年、土猴年、火牛年等。藏历源于草原十二生肖历,明朝中后期随喇嘛教传入蒙古地区,又反过来充实、完善了十二生肖历。

隋朝萧吉撰著的《五行大义》将三十六禽离星分配十二支,即子为燕鼠蝠,丑为牛蟹鳖,寅为狸豹虎,卯为蝟兔貉,辰为龙蛟鱼,巳为鳝蚓蛇,午为鹿獐马,未为羊鹰雁,申为猫猿猴,酉为雉鸡乌,戌为狗狼豺,亥为豕蠵猪。萧吉的演禽之法,不仅后世术数家所谓翻禽演宿等说法悉由此起,而且一些少数民族依据身边动物改换传统十二生肖动物名称亦本于此,如西双版纳部分地方改"龙"为"蛟"(或大蛇),维吾尔、哈萨克、柯尔克孜族改"龙"为"鱼"。但总体上传统的十二生肖动物在外传过程中并未发生概念上的变化,尤其十二生肖成为十二神祇之后,许多民族出于对神的崇拜而不愿改变民间传统的风俗习惯,遥远的真腊国(今柬埔寨)便是如此,"每用中国十月以为正月……十二生肖亦与中国同,但所呼之各异耳。如以马为卜赛,呼鸡为蛮,呼猪为直庐,呼牛为个之类也"。

北方游牧民族的发式传承

髡发，即剃去部分或全部头发；辫发，即编发为辫。汉族受传统儒家思想影响至深，认为"身体发肤，受之父母，不敢毁伤，孝之始也"；剃发本为刑罚之一种，称作"髡钳"。于是汉人蓄发盘髻，以剃发为辱。古代北方游牧民族及受其文化影响的东北一些少数民族即有髡发、辫发的习惯，髡头意在轻便，辫发则为方便实用。草原民族髡发、辫发的习俗源远流长，上至夏家店上层文化时的髡其全发，下到清末前髡后辫的剃发风俗。北方民族与中原汉族发式习惯上的差异，体现了两者自然环境、生活方式、文化传统、思想意识及审美情趣等方面的差异。探究北方草原民族的发式演变史，有助于我们理解游牧民族的文化传统和各民族间文化的继承、影响与融合。

一　古代游牧民族的发式类型与各民族的基本发式

据史籍所载，草原各民族的发式大致可归为四种类型，披发、索发、剪发和髡发。披发是指不束不绾、头发自由下垂。披发习俗最早见于春秋时代的戎、狄、胡、貊、匈奴、突厥、室韦，女真诸族也有此种发式的记载。索发，或曰辫发，分为髡而后辫与全发而辫两种，柔然人是辫发，于阗、拓跋鲜卑、女真、蒙古和满等民族也有此发式。剪发，是指剪短头发，南北朝时期西域一些部族诸如焉耆国、波斯国、厌哒国、悦般国及宇文莫槐等行此种发式。髡发，分为全秃、半秃两种，半秃又可划为若干种；髡其全发者，最早见于夏家店上层文化时的游牧部族，斯基泰人丧葬时有剃头习俗。乌桓、鲜卑、契丹、奚、蒙古和女真等均有髡发之好。

披发是早期人类或人类文明初期的发式。《左传》僖公二十二年条记载："辛有适伊川，见披发而祭于野者，'曰不及百年，此其戎乎'。"春秋时期，戎、狄诸族的发式为披发。孔子之言"微管仲，吾其披发左衽矣"，也反证了春秋时"夷狄"的披发习俗。匈奴之披发则"纵体拖发"，马长寿先生主张：匈奴妇女可能是辫发，而男子一般是披发，于下端总之以结。匈奴发式的实物证据为蒙古诺颜乌拉匈奴墓中出土的粗细不同的发辫；以及陕西长安县客省庄战国墓发现的一块腰牌，上透雕两胡人做赤膊跌跤状，两人的头发都是从头顶拖向脑后，绾以一髻。室韦发式类似匈奴，"其俗丈夫皆被发，妇女盘发"。其他诸如女国"人皆被发"，高昌人、突厥人皆"披发"，但男女发式相同抑或如匈奴那样男女发式有别，尚无实据可证。

披发之俗在北方民族间的最后出现应属金朝的女真，当然只限于某些部族。出使女真地区的文惟简，曾记载说："胡儿自古以来披发左衽，习以为俗，安如有衣冠之法为可贵耶！"由此看来，上自春秋时的戎、狄，中经南北朝、隋唐时的女国、高昌、突厥，下至辽宋时期的女真某些部落，都曾有过披发的历史。

辫发之一为"全发而辫"。于阗"妇人皆辫发"，柔然"编发左衽"，拓跋鲜卑则因有索发（辫发）习俗而被呼为"索虏"。辫发之另一式为"髡而后辫"。见于考古发掘的实物资料，有豪欠营6号辽墓出土的契丹女尸。其式：剃去前额沿边部分头发，而保留其余头发，在头颅左侧分出一绺长发并编小辫绕经前额，与颅顶的束发结扎在一起，耳后及脑后的长发向身后下披，垂至颈部以下。其后的女真及满族人，男子皆"剃发垂辫"，即剃去颅前发，只留颅后发并编结为辫。蒙古"男人在头顶剃成一个四方形，从（这个方形的）前角径头的两边一直剃到太阳穴。他们也剃掉鬓角，后颈剃到颈窝上，前额剃到头顶，编成齐耳的辫子"。"妇女在结婚后，剃掉头的前半部。"这种髡发与辫发结合的发式或许是在契丹、女真双重影响下的产物。

剪发，即剪短头发，是披发发式的发展，也是后来髡发发式的过渡。匈奴后裔悦般国人"俗剪发齐眉，以涂之，昱昱然光泽"，亦是匈奴后裔的宇文莫槐部"人皆剪发"。而沈括所记契丹、奚族"其人剪发，妥其两髦"，这里所说的"剪发"则是指契丹人的髡发形式。

髡发，形式多样。夏家店上层文化铜板上的人，秃顶不蓄发，说明当时的山戎或东胡族有髡其全发的习俗。东胡后裔乌桓"父子男女悉髡头为轻便"；鲜卑是"唯婚姻先髡头"。契丹和奚人髡发式样繁多，从辽墓壁画看，其男子髡发或剃去颅顶发、颅四周发下垂并向后披；或前额全部剃光，仅在额两侧留有两绺长

339

发，自然下垂或结辫下垂；有的剃光了前额当中发，颅后发也下垂并向后披；还有的前额、颅顶全部剃光，只于鬓角留一绺长发，从耳后垂至肩际；等等。女真及其后裔满洲人髡首习惯相近，属一脉相承的发式，即剃去头上其他部位发而蓄留颅后发，男女皆留发辫，编结的发辫也只能向颅后的颈肩下垂。元朝蒙古人也曾髡发，《蒙挞备录》说"上至成吉思，下及国人，皆剃三搭头"；郑思肖《心史·大义略叙》释之曰："三搭头者，环剃去顶上一弯头发，剪短散垂；却析两旁发，垂绾两髻，悬加左右肩衣袄上，曰不狼儿。言左右垂髻，碍于回视，不能狼顾。"

每一民族的发式并非一成不变。"披发左衽"的高昌人，至隋炀帝大业八年（612）冬，首领伯雅下令"庶人以上，皆宜解辫削衽"。同样有披发之俗的突厥人，在毗伽可汗的葬礼上，众多百姓为表达哀悼之情而"剪去了头发"。蒙古人由室韦时的披发，演变至后来的辫发、髡发，到了清代，除边远草原的蒙古人仍保留传统发式之外，受满族影响，蒙古男子都把周围的头发剃去，只留颅后发编结为辫，垂于脑后；女子一般到成年待嫁时，方才蓄发，未婚女子多梳单辫，扎红辫根，贵族已婚妇女，多仿效满族妇女的发式"梳撑子"、梳大头。

同一类型发式，不同民族并非完全一致；即使同一时代同一民族的不同部落，发式亦并非完全一致。《魏书·失韦传》载室韦之俗，丈夫"索发"，妇女"束发，作叉手髻"；《北史·室韦传》却言"其俗丈夫皆被发，妇女盘发"，若史载相记不误，只能理解为构成同一民族的不同部族，其发式存在着差别。同样的实例，诸如《魏书·悦般国传》云悦般国人入柔然境，"见其部人不浣衣，不绊发"。不"绊发"即披发或髻其全发，而非结发为辫。《魏书·蠕蠕传》言柔然一奴"发始齐眉，忘本姓名"，云其主曰木骨闾，"木骨闾者，首秃也"。"首秃"便是髡其全发，但《梁书·西北诸戎传》却称柔然"辫发"；《南齐书·芮芮虏传》亦说柔然"编发左衽"。史料上的是抵牾，一方面应以发展的眼光将之视为发式的变化，另一方面也应考虑到汉文史籍对北方游牧民族记载上的片面性，即将一个民族中的某一部族发式误记为该民族的整体发式习俗，犯了以偏概全的错误。

二　北方游牧民族发式习俗上的变化和传承

游牧民族的发式亦如其他民族一样，首先是出于实用，然后才有美的追求。

发式不仅受地理环境、经济方式及生活习惯等客观条件的限制，也受民族心理、审美观念和传统习俗等主观因素的约束。历史上，草原民族由于受传统礼教和儒家思想的束缚较小，发式或披、或剪、或髡、或辫、或束、或兼而有之，不拘一格；头上戴鞾巾、幞头之类，不像中原地区蓄发束之以髻、鬟，头戴冠冕。农耕民族与游牧民族风俗上的差异，早在《礼记·王制》就已明载："中国、戎、夷五方之民皆有性也，不可推移。东方曰夷，被发文身，有不火食矣；南方曰蛮，雕题交趾，有不火食者矣；西方曰戎，被发衣皮，有不粒食者矣；北方曰狄，衣羽毛穴居，有不粒食者矣。中国、夷、蛮、戎、狄，皆有安居，和味，宜服，利用，备器。五方之民，言语不通，嗜欲不同。"戎、狄的不粒食，正是由游牧业经济决定的。游牧民族发式上的变化并非偶然，它是各民族、部族间互相联系、交往、彼此继承、互相影响的结果与反映。

民族学调查表明，披发为原始社会人类的共同发式。夷、狄、戎、匈奴、突厥、室韦等部族的披发，表明其社会发展阶段尚处于原始社会末期或奴隶社会初期。随着游牧民族与中原汉族的不断交往，以及游牧民族之间发式上的互相影响，草原民族发式由披发进步为剪发，进而发展为髡发、辫发两大类型。由于民族间交往联系范围的扩大，其影响所及又超出了游牧民族的范围。后起的女真及其后裔满族前髡后辫的发式，又将历史上游牧民族的两大发式类型合二为一、兼容并蓄，并反转过来影响了作为其附庸的蒙古诸部。

中原地区早在商代，男子便以梳辫为主，发辫式样较多，有总发至顶，编一条辫子，然后垂于脑后的；有左、右两侧梳辫，辫梢卷曲，下垂至肩的；也有将头发编成辫子，盘梳于顶的。商代妇女发式与男子大同小异，不过将顶心髻上横贯一支骨簪，或头顶两旁斜插鸟兽状的玉簪，有支持发髻的实用价值，更多的则有美的内涵。秦代之后中原人的发式，男子编发为髻趋于定式。汉朝之后，妇女梳发为髻普遍多起来，辫发习俗被髻发形式替代。尽管历史上各朝发式多彩纷呈，但终未逃脱髻发的窠臼。儒家思想对发、肤的观念，则使汉人的蓄发形式得以长期保留下来。汉族严格遵奉发肤不得毁伤的儒家清规戒律，除唐宋之后僧尼落发脱俗之外，乏见剪发、髡发的记载材料。

草原民族受儒家传统思想的约束较小，随着社会的进步、经济的发展、工具的改进和审美意识的增强，实用已非发式的唯一目的。剪发、髡发皆出于轻便，剪发可以说是由披发向髡发发展的过渡。匈奴宇文槐部"人皆剪发，而留其顶上以为首饰,长过数寸则截短之",鞑靼人"如同僧侣一样在头顶上戴一环状头饰,所有人在两耳之间都剃去三指之宽的一片地方,以使他们头顶上的环状顶饰得以相接。另外,所有人同样也都在前额剃去两指宽的地方。至于环状头饰与已剃去头发的这片头皮之间的头发,他们让它一直披到眉毛以下,把前额两侧的头发大部分剪去以使中间部分的头发更加伸长。其余的头发则如青丝一般任其生长,他们把这些头发编成两根辫子,分别扎在耳后"。正是从披发、剪发进而在乌桓、鲜卑习俗影响下形成的髡发形式。而契丹人的髡发则更为典型、复杂和形式多样。匈奴宇文莫槐部与蒙古人的剪发、髡发,表明草原上的人们在追求发式轻便、实用的同时,也注重头饰的衬托即头发的整体美。以此推证,嫁女娶妇即婚姻时先髡头的鲜卑人,何以在喜庆之日剪发、髡发,当有梳洗一新、装扮漂亮之意吧!鲜卑、乌桓诸族之后裔契丹、奚,承继了髡发的发式习俗,劫掠至辽境的燕蓟人也从其俗"削顶垂发"。蒙古、女真及满族将草原民族的髡发传统发展地继承下来,证明髡发发式适合游牧、渔猎民族特殊的经济生活方式和审美标准。

游牧民族变革原始披发发式后的另一类型便是辫发。匈奴妇女已结发为辫,柔然称雄时辫发成为时尚。社会发展程度落后于匈奴、柔然的突厥、室韦等族,在经济发展、民族文化交往过程中,发式亦复杂起来。鲜卑人走出大鲜卑山后,各部族迁徙的方向,接触的民族不尽相同,所受的影响各异,习俗上的差距也逐渐形成;拓跋部的索发是在匈奴人披发基础上的改变,宇文部的剪发则更多地受到了乌桓的影响,慕容部的披发属于草原民族的原始发式,吐谷浑在迁徙中受到了多方面的影响,"丈夫服略同于华夏,多以罗幂为冠,亦以缯为帽;男人皆贯珠贝,束发,以多为贵"。北魏立国之后,索发即编发为辫的发式亦只是拓跋部习俗而已。契丹、奚、蒙古断断续续地继承了辫发的习俗,并出现辫发、髡发融合为一的发式新样。女真及其后裔满洲人前髡后辫的发式,可谓草原民族发式传承两种类型的完美结合。古代靺鞨人俗编发,女真人辫发垂肩。满族男子的剃发垂辫,就是承继了女真人的辫发和契丹人的髡发发式,在额角两端引一条直线,将直线以外的头发全部剃去,颅后编发为辫。前额不留发便于骑射,以免跃马疾驰中让头发遮住眼睛。乌桓、鲜卑、契丹、蒙古等族髡发以求轻便的传统内涵,无疑对满族人发式起着指导作用。颅后垂辫,在出征、狩猎之时,可以枕辫而眠。满族人辫发的功利作用或许就是草原民族索发、编发为辫的目的和存在原因，当然，审美意识的提高也是辫发的原因之一。任何习俗的传承，都离不开其存在的实用价值和社会价值，满族人前髡后辫的发式，是继承、吸收、融汇草原地带古代民族两大发式类型的结果，有其存在的必然性、合理性。游牧民族习俗的形成和传承，受经济方式、地理环境、统治制度及民族心理等综合因素影响和制约。抛开这些特定条件而生搬硬套至其他地区，就会显出其不合理性和民众的抵抗性。立国后的清朝统治者，总结辽、金、元三朝丧失统治权的教训，认为衣冠改用汉唐仪式，是导致"国势渐弱"的重要原因，故用强制手段让汉人剃头辫发、改换清装，遭到汉族士民的强烈反抗；清朝灭亡后，前髡后辫的满族发式也逐渐消失。

  历史上，草原民族的发式变化有汉族的影响，汉族的发式也曾受到北方民族的冲击。辽代契丹族妇女梳的高髻、双髻、螺髻等髻发发式，就是由汉族发式而来的；清代中期，一些汉族妇女所梳的"叉子头"却是模仿满族宫女发式而成。文化往来促进了统一的多民族国家的发展，也加速了民族融合的进程。草原民族由披发进化为剪发，再由剪发发展至辫发、髻发，而任何一种发式的确立都非偶然，既有主观上的认可和崇尚，又有客观上的实用和美观；当然也不排除统治者的强制行为和统治思想对人们行为的制约。北方游牧民族发式的传承、发展，及草原民族对周边民族发式上的彼此影响，证明了这一观点。

北方游牧民族勒勒车的传承

草原游牧民族的主要交通工具为畜和车。马、牛、骡、驴、骆驼等牲畜是北方游牧民族最古老、最普遍的代步、驮运工具，从阴山岩画中便能看到远古民族驯化牲畜的情景。匈奴、东胡、乌桓、鲜卑、突厥、契丹、女真、蒙古等都以能骑善射而著称于世。游牧民族随牲畜、逐水草、游徙不定的生活特点，决定了装载货物、运输毡帐的车成为不可或缺的运载工具。草原荒山僻野、沼泽河溪纵横的地理环境，又决定了车形的独特，即双轮高大、车身简陋。历史上，草原民族的车曾有过"高车""奚车""勒勒车""辘轳车""磊磊车""罗罗车""牛牛车""大毂轮车""哈尔沁车""达斡尔车"等不同名称，其使用的历史可上溯至斯基泰人，下延到今日草原游牧民族蒙古、达斡尔、哈萨克等民族。勒勒车是游牧民族适应生存环境的一种创造，在游牧民族历史上起过重要作用。正如希罗多德所言："（斯基泰人）在全人类中最重要的一件事上却作出了我们所知道的、最有才能的一个发现……他们竟想出了这样的办法，以至任何袭击他们的人都无法幸免，而在他们如果被人发现的时候，也就没有人能捉住他们。原来他们并不修筑固定的城市或要塞，他们的家宅随人迁徙，而他们又是精于骑射之术的。他们不以农耕为生，而是以畜牧为生的。他们的家就在车上，这样的人怎么能不是所向无敌和难于与之交手呢？"斯基泰人的许多风俗习惯，包括物质文化上的勒勒车车形，为后来交替兴起的草原民族吸收并传承下来，历史文献、出土文物及现存实物证明了这一点。

一　勒勒车在北方游牧民族间的传承

斯基泰人以漂泊草原的"车居民"闻名，他们多住房车，即在载有毡制穹庐的车上起居。这与现代草原蒙古人的毡车——勒勒车上支起毡帐供休息的作用是相同的。由此推断，游牧斯基泰人的房车，车形与勒勒车当不会有大的差异，即车轮比较高大，木制的车身比较简陋。草原民族基于游牧经济生活创造的物质文化、精神文化，与中原农耕地区相差很大，春秋时期便有记载："（戎、狄）其衣服、冠带、宫室、居处、舟车、器械、声色、滋味皆异。"相异的原因很多，仅以车之用途看，草原上的车主要用于载运物品，而中原地区既以车载重又以车战斗，西周至战国时期，中原地带盛行车战，战车成为当时编组兵力的基本单位，并出现了"千乘之国""万乘之君"，战车之多寡是衡量一个国家兵力和国势强弱的重要标志。而游牧民族强弱的尺度却以"骑"即马匹的数目来衡量，如匈奴左、右屠耆王指挥骑兵一万，便有"万骑"称号；被称为"小种鲜卑"的轲比能集团，以拥众十余万骑统一了漠南；《辽史·食货志》言："契丹旧俗，其富以马，其强以兵"，这里的"兵"主要是指骑兵；《元史·兵志》明载："元起朔方，俗善骑射，因以弓马之利取天下。"另外，游牧民族车帐的多少，也是推断其人口数目，衡量其强弱的重要标志，如《魏书·契丹列传》记述：北魏孝文帝太和三年（479），契丹"莫弗贺勿于率其部落车三千乘，众万余口，驱徙杂畜，求入内附"；《史集》记载汪古惕部落时，也称其"有四千帐幕"。北方游牧民族的社会结构大都是生产组织与军事组织相结合，"上马则备战斗，下马则屯聚牧养"，即牧民平时为生产劳动者，战时则为战斗的骑兵。游牧民族骑士出征时，家属、辎重常常随行其后，简易、轻便的高轮勒勒车成为运输的重要交通工具。迁徙不定的游牧生活方式，决定了勒勒车即使在平时生活中也是离不开的。

中原地区无论战车抑或平时载运之车，皆主要以马驾驭；北方草原民族的勒勒车却以牛、骆驼为驾驭。殷周时代之车形，从文献记载和出土实物看，都是独辕、双轮、方形车厢（舆）、长毂；车辕后端压置在车厢与车轴之间，辕尾稍露厢后，辕前端横置车衡，衡上缚轭，以驾辕马；轮径在124—140厘米，辐条18—24根；车厢门均开在后方，以供乘者上下之用。战国后期，随着步兵、骑兵的兴起，战车逐渐退出战争舞台。秦统一中国之后，车轨划一，车也越来越笨重、复杂起来。载人之用的牛车，除魏晋南北朝时期风靡一时之外，其他朝代均不以此为重，甚至被视为贫困低贱之物。从宋代开始，中原王朝便不再将牛车列入车舆礼制了。然而，北方游牧民族却将轻便、简练、高轮的勒勒车传统继承下

345

来，辽朝礼制规定送终车及临吊所用的四望车均以牛驾驭。

匈奴人已将车广泛应用于军事运输和日常交通之中。东汉阳嘉三年（134），汉兵在西域车附近的阗吾陆谷掩击北匈奴，获其车"千余两（辆）"。匈奴之车制，史无明文，从蒙古诺颜乌拉匈奴墓葬出土的车子残骸仅能看出是木器、铁器等手工业的综合产物；但从传说为"匈奴之甥"的敕勒人使用的高轮车推测，匈奴人制造的车与"车轮高大，辐数至多"的高轮车应不致有大的差异。敕勒人起源于贝加尔湖一带，随水草迁徙游牧，衣皮食肉，饮乳酪，俗无谷，不做酒，住穹庐，乘高车。公元1世纪末，北匈奴西迁后，敕勒南下，与残留在蒙古草原的匈奴部落接触更加频繁，匈奴与敕勒人的车制也当互相影响和吸收各自的优点而加以改进。《汉书·扬雄传》在《长杨赋》里提及匈奴车种之一的"辕辒车"；《魏书·临淮王谭附孚传》记载柔然有车名"辒车"；《辽史·礼志二》丧葬仪条，提到了契丹"辕辌车"。"辕辌车""辒车"与匈奴"辕辒车"名称上相近绝非偶然巧合，恰恰证明至少匈奴某些车种被后起的诸如柔然、契丹等游牧民族继承。柔然人会造车，阿那瓌长女嫁与西魏文帝，随行的车竟达"七百乘"；神麚二年（429），北魏出击柔然，"凡所掳及获畜产车庐弥漫山泽，盖数百万"。柔然称雄漠北，役属敕勒诸部，敕勒人的高轮车必然影响、传播到柔然活动地域。由铁勒（敕勒）族的一支，发展壮大形成的突厥，"随水草迁徙"，以毡帐为居室，食肉饮酪，身衣裘褐，披发左衽，善于骑射，继承匈奴、敕勒等游牧风俗习惯的同时，也保留了木轮高大的勒勒车传统。《隋书·契丹室韦传》记载"南室韦……乘牛车，篷簾为屋，如突厥毡车之状"，此仅指明突厥毡车的下传，而未深究其上源。一些学者从语言学的角度认为《蒙古秘史》将"车"标音为"帖列格秃""帖列坚""帖儿格"和"帖列格"，词根相同仅词缀有变化，其词源为突厥语"Talan"（木质作战机械）的对音；"乘高车，逐水草"的丁零人自称敕勒，即从"帖列格"所来；迄今蒙古人仍称车为"铁勒格"，汉人称蒙古牧民使用的木轮车为"勒勒车"，敕勒人的高轮车又可上溯至斯基泰人匈奴人，可见勒勒车在草原被使用的历史源远流长。

鲜卑崛起后，敕勒又与鲜卑关系密切，甚至有部分敕勒人融入鲜卑之中。鲜卑及乌桓均以畜牧为主，兼营狩猎、农耕，日常生活和交通运输也离不开木制车这一草原重要交通工具。长城以北草原地带复杂的地理环境决定了鲜卑、乌桓民族的车的地域特点，即简便、木轮较高等。数百年之后，鲜卑、匈奴等族的后裔契丹、奚族仍保持着勒勒车的特征。《辽史·仪卫志》曰："契丹故俗，便于鞍马，随水草迁徙，则有毡车，任载有大车，妇人乘马，亦有小车，富贵者加之华饰，禁制疏阔、贵适用而已。"契丹公主下嫁还要赐以青幰车，二螭头、盖部皆饰以银，驾用驼。辽墓壁画中常以车为题材，形制亦不尽相同，但均有车轮较大的草原勒勒车特色。如克斯克腾旗热水二八地1号墓石棺画，喀喇沁旗娄子店1号墓壁画中的毡车，长辕、高轮、粗辐，车上设一黑色毡篷，乃居寝所用的流动毡帐；库伦旗辽代1号墓、2号墓壁上均画有高轮大车、车楼后半部做庑殿式顶，前半部做平顶，八根立杆支成凉棚和副棚、下垂帷幕，辕端雕饰螭头，旁有两峰骆驼憩卧；翁牛特旗解放营子辽墓壁画、辽宁鞍山辽墓出土画像石上的驼车，均长辕、高轮、骆骑驾辕，这种车当为契丹辎车。库伦1号墓还画有一种女主人乘坐的鹿驾小车，轿式顶、高轮红辕、棚周缘覆帷幕和短帷，前垂格帘，棚顶做火珠形，四周垂流苏，此车应视作毡车中的小车。契丹族的高轮车，或学于黑车子部族，或"资于奚"。无疑，契丹人沿用的车形，是从其他游牧民族那里吸收、继承而来的，其常用的驼车与奚人的相同。

驼车因产于奚地故又称奚车，奚车以高轮、长毂、驾驼闻名草原民族。"奚人业伐山，陆种，斫车，契丹之车，皆资于奚。车工所聚曰打造馆。辎车之制如中国，后广前杀而无鞔，材俭易败，不能任重而利于行山。长毂广轮，轮之牙其厚不能四寸，而辖之材不能五寸。其乘车驾之以驼，上施幰，惟富者加毡幰文绣之饰。"近年来出土的辽代车辖，内径8—14厘米，有六角形和六爪形两种；车轮已用铁瓦加固而非单一的木制品，可见奚车的形制已趋复杂化。奚车承继了高轮、轻便的勒勒车风格，又适应山地运输的地理条件，发展为宽厢、驾驼和车轮加固铁瓦，这是传承中加以改进而使之日臻完善、进步的文化发展表现。

蒙古人的勒勒车制作简陋，吸收了突厥等游牧民族的车制，车轮很大。有些车轮是用树干弯圆制成，安上木制的车辖，穿上木制的车轴，再安上车篷便告完成。勒勒车车轮之高，从成吉思汗征世仇塔塔儿时下令"比辖而屠之"可窥一斑，辖即车轴头上穿着的小铁棍。勒勒车由于制作简单，故使用广泛、户有数辆、数十辆车为平常之事。鲁布鲁克在其《蒙古行记》中讲道：一个富裕的蒙古人有一二百辆带用细枝编织成厢的车。一个妇女要管二三十辆车，因为土地平坦，他们把牛车或驼车一辆辆连接起来，妇女坐在头一辆车上赶着牛，其他的用同样的步调跟在后面。倘若他们碰上坏的道路，那么就把车辆解开，一辆辆通过。随着手工业的发展，蒙古人在继承传统车制的同时也有创新，鲁布鲁克曾见到"大的房车，轮距为二十英尺，每辆车用二十二头牛拉一所屋，十一头和车并行，另十一头走在前头。车轴粗若船桅，并且有个人站在车上房门口，驱赶着牛群"。柏朗嘉宾在见贵由可汗时，看到装满金子、银子和丝绸服装的五百多辆四轮马车。大的房车、四轮马车都是特殊之用，民间最普遍、最实用的仍是勒勒车。草原民族迁徙不定的生活特点，决定了其生活器具以轻小为主，勒勒车也讲究轻简、便捷。从今日蒙古、达斡尔、鄂温克等游牧民族使用的车看，双轮高大，直径1.4—1.5米，轮辐多，轴径如橡；车之木材以桦木为主，轻便宜驾又易于修理，适合于草原、泥沼、山地行驶；有时远途赶车进城卖畜产品后，将车当柴草卖掉，骑马而归。

二　勒勒车在草原民族间传承不衰的原因

草原地带作为一块独特的文化区域，历史上创造并沿用了高轮木制车，即勒勒车这种带有草原特色的交通运输工具。勒勒车历经众多游牧民族的兴衰嬗变却承继不衰，探求其原因应从草原地理环境、游牧经济方式、草原民族心理等出发，并考察草原民族历史上是否存在充足的木材这一勒勒车传承的前提。

北方游牧民族生活的地带，有草原、沙漠、湖泊、河流，也有山峦丘陵、原始森林；气候恶劣且变化无常，狂风、暴雨、冰雹、厚雪常常威胁着人、畜的安全。无霜期短以及少雨、缺水诸因素，决定了这一地区只宜于放牧而不适合农耕。南宋淳祐七年（1247），应忽必烈之召赴其衙帐的张德辉，过张北县城之南的"野狐岭"顿觉南北有别，"始见毳幕毡车，逐水草畜牧而已，非复中原之风土也"。复杂的地理条件、恶劣多变的天气，加上游牧民族迁徙不定的生活特点，不断地入草原、爬山谷、过泥沼、走雪地，环境决定了游牧民族的车必须具备轻便、易行的优点，高轮木制的勒勒车便是这样条件下的杰作。历史上，各民族在继承勒勒车的传统之时虽都有创新，如匈奴之"辕辐车"、柔然之"辐车"、契丹和奚之"青幰车"与"总䘖车"、蒙古之"大的房车"等，车名异彩纷呈、车身大小有别，但却未脱离"高轮""木制""长毂"的勒勒车原型。匈奴以降，马、牛、驼、骡、鹿等均为游牧民族驱车的畜力，地理条件往往决定着驱车之牲畜不同，但勒勒车是稳定的。

游牧经济生活的特点是居无定所，迁徙流动性大。夏季要迁入水草丰美的夏营地，冬季又要回到能避风御寒的冬牧场；即便同一季节，也要经常更换草场。每次迁徙都要带上炊具、衣物、食粮、生活用品和穹庐式的毡帐，仅以牲畜是难以运载的。频繁的迁徙生活，需要较多但无需承载量太大的运输工具和流动性居所，勒勒车以其数量多、易取材，满足了数量上的需求并弥补了载重量不够的缺陷，而生活必需品可以分散在多辆车上装载，对载重量并不苛求。勒勒车制成的毡车则是理想的流动房屋，下至牧民百姓，上至皇帝可汗，均以毡车为憩所，如"契丹主乘奚车，卓毡帐覆之，寝处其中，谓之车帐"。刘敞亦曰："奚人以车帐为生，昼夜移徙。"《新唐书·奚传》也称奚族"逐水草畜牧，居毡庐，环车为营"。游牧民族从根本上讲是人随牲畜移动，牲畜到了哪里，政治、经济、文化也随之到达哪里。契丹族依季节游牧，皇帝有四时"捺钵"，"捺钵"所在地自然成为官衙、贸易的场所。汉代便有人指出游牧经济方式与农耕定居经济的差别："胡人食肉饮酪，衣皮毛，非有城郭田宅之归居，如飞鸟兽于广野，美草甘水则止，草尽水竭则移。以是观之，往来转徙，时至时去，此胡人之生业也"。时至今日，草原上的游牧民族转徙放牧，仍然保留着居住毡车的习惯。

　　游牧文化的传承隐含于各民族政权的不断变化之中。草原民族的风俗习惯、生活方式及产生于游牧经济基础之上的民族心理，却不因民族政权的更迭而发生实质性的变化。除却经济因素之外，游牧文化传承下来的因素之一便是民族心理上的接受程度如何。13世纪的波斯人拉施特阐释道："因为他们的外貌、形状、称号、语言、风俗习惯和举止彼此相近（尽管在古代，他们的语言和风俗习惯略有差别），现在，甚至连乞台、女真、豕思、畏兀儿、钦察、突厥蛮、哈喇鲁、哈喇赤等民族，一切被俘的民族，以及在蒙古人中间长大的大食族，都被称为蒙古人。所有这些民族，都认为自称蒙古人，对于自己的伟大和体面是有利的。在此之前，由于塔塔儿人的强盛，也有过同样的情况。"游牧经济生活的民族在心理上对同一经济类型的民族有一种文化认同感，而对其他经济类型下的文化往往产生排斥心理，这种民族心理是游牧民族间文化得以传承的前提。中行说劝谏老上单于保持游牧民族风俗习惯，提出："匈奴人众不能当汉之一郡，然所以强者，以衣食异，无仰于汉也。今单于变俗好汉物，汉物不过什二，则匈奴尽归于汉矣。其得汉缯絮，以驰草棘中，衣裤皆裂敝，以示不如旃裘之完善也。得汉食物皆去之，以示不如湩酪之便美也。"中行说的目的在于保持匈奴人的特点，使之减少对汉朝的依赖，但客观上与经济基础决定其生活方式、文化特点的规律是一致的。匈奴之后的草原民族在民族融合的同时都从心理上极力维持民族的游牧特色。拓跋鲜卑宗戚、贵族抵制孝文帝的汉化改革，契丹、蒙古推行的南北两种统治方式，都是游牧民族心理的折射反映。后金努尔哈赤就曾希冀借文化认同的民族心理，劝降蒙古察哈尔部林丹汗，其给林丹汗的书信言称："我两国语言虽异，衣冠则同，与其归附异类之明人，何如来归于我，不惟尔等心安，即尔祖父世传之衣冠体貌亦不烦变易矣。"可见，民族心理上的认同，是游牧民族间文化、习俗继承和发展的内在动力之一。高轮、轻便的勒勒车如果说是草原独特环境下的产物，那么2000余年的使用中以及传承未衰，与游牧民族心理上的认可、崇尚则息息相关。勒勒车、毡车及各式的高轮木车之所以被草原游牧民族崇尚，除了运输、憩居、围营等用途之外，还能渡河、置教堂等特殊功用。宋朝使臣张舜民出使辽廷途经芦沟河，契丹接伴使云"恐乘轿危，莫若车渡极安，且可速济"，汉人不晓其法。鲁布鲁克在哈剌和林蒙哥汗的宫殿，见到金匠威谦在一辆车上盖有一座礼拜堂，极其漂亮，绘有宗教故事；鲁布鲁克收下威谦的法衣，向礼拜堂祈福，充分显示出勒勒车能适宜草原各种环境的变化而得以传承下来。

  草原上的车均是木制或以木制为主，其存在、传承的物质条件便是木材的源源不断。史载，西汉时期，今内蒙古大青山和河西走廊一带，是匈奴人木器制造业的重要基地，"匈奴西边诸侯作穹庐及车，皆仰此山（指阴山）材木"。匈奴失阴山之后，"过之未尝不哭"。丢失优良牧场、木材基地，应是匈奴人痛哭的主要原因。后来，在敕勒川"乘高车，逐水草，畜牧蓄息"的敕勒人，制高轮车的木材也是依靠阴山森林提供。奚、契丹凭借西辽河上游流域的千里松林，蒙古占据着兴安岭原始森林，充裕的木材基地为勒勒车及各式高轮车的制造提供了物质保障。

  环境条件的限制，经济方式的制约，决定了草原勒勒车的不可或缺；民族心理的认同和崇尚，制车原料的丰富和保障，在精神、物质上为勒勒车的传承准备了条件。

文物活化利用

走东岳庙保用并举之路，创民俗馆民俗文化特色

自 1995 年 12 月 18 日东岳庙中路约 2 万平方米、殿宇堂庑 200 余间、古建 8000 余平方米的古建群收归原朝阳区文化文物局管理以来，在国家文物局、北京市文物局的关怀重视下，在朝阳区委、区政府的直接领导下，东岳庙管理处（北京民俗博物馆）在古建修缮的同时，坚持"保护为主，抢救第一"的文物工作方针和"有效保护、合理利用、加强管理"的文物工作原则，深入挖掘东岳庙富有的民俗文化内涵，走"以活动推展览互动走向社会"的博物馆发展之路。从 1999 年春节开放至今游客已突破百万人次，"来东岳庙祈福，到民俗馆怀旧"的主题理念深入人心并受到社会各界尤其是文博界的广泛关注，让戏称为"守着金饭碗要饭吃"的许多博物馆同人为之振奋。

一 立足东岳庙挖掘东岳庙文化内涵

作为全国重点文物保护单位和拥有近 700 年历史的丰厚文化遗产，东岳庙的开发利用首先应立足挖掘自身蕴藏的深厚道教文化、民俗文化、传统文化内涵。继承东岳庙"祈福迎祥，戴福还家"的传统，移风易俗地推出"出入平安""子孙成才""财源广进""人寿年丰""事业发达""金榜题名""心想事成""年年有余"等八种福牌，既表达了人们美好祝愿，又悬挂成亮丽的风景线，构成北京东岳庙独特的景观，挂福牌习俗由东岳庙起源一时风靡大江南北。画福布借鉴、弥补了文物古迹被乱涂乱画的恶习，任由游客抒发情感，5 年来东岳庙未发生一起文物古建遭涂画的现象。生肖长寿带、福条、福卡、高香、三官福星卡、吉祥幸运鼓等，无不体现出对东岳庙道家福

文化、寿文化、养生文化的深入挖掘，这些东岳庙特色商品，既满足了游客传统的求吉避邪心理，又是继承升华道家养生学说的物化体现，经济效益和社会效益都十分显著。

东岳庙明清时被列为朝廷秩祀的皇家道观，不仅帝王经常光顾，刻碑立传，更存有赵孟頫、赵世延、虞集、吴澄、张居正等文臣和鲁国大长公主等皇亲国戚到东岳庙拜谒诸神的文物资料。历史的辉煌，要求管理者的文物保护和利用工作起点要高。如对东岳庙"三多"之一的楹联的恢复工作，便是多方查询楹联历史记载，诚邀国内名家以篆、隶、楷、草多种文体书写全院楹联近百对，文物保护不再是单纯的复原，更是现代书法的杰出代表。我们对东岳庙文化内涵的挖掘，围绕"祈福迎祥，戴福还家"这一主题，开发出走福路、绕福树、挂福牌、画福布、系福条、请寿带等福文化系列项目。

东岳庙庙会在历史上非常有名。我们继承了这一传统活动，结合春节长假，成功举办了5届春节文化庙会，并适时过渡为北京民俗文化节，以环境优美整洁、文化含量高著称于京城众多庙会，成为首都春节期间独具特色的市民享乐场所。1999年首届北京东岳庙春节文化庙会历时10天，逛庙会人数便达17万，2003年第五届北京东岳庙春节文化庙会历时8天，逛庙会人数达16万多。2002年全年进庙参观人数首度超过30万人次。

二　馆庙结合打民俗文化品牌

按照北京市政府"九五"发展规划，1997年东岳庙被辟为北京民俗博物馆。根据东岳庙在北京"神像最多，酬神最易""祈福迎祥，戴福还家"的传统，以及北京东岳庙七十六司的特殊历史地位，结合实际，在听取多方人士意见的基础上，制定出前庙后馆、馆庙结合的东岳庙中路使用方案。

后馆自1999年开放以来先后举办了《东岳庙历史沿革展》《北京民间工艺展》《中央美术学院民间美术展》《龙年话民俗展》《民间风物展》《国际民俗摄影展》《老北京人的生活展》《王金华荷包收藏展》《中国民间服饰展》等大型民俗系列专题展十九次。面对新建馆藏品少的实际困难，东岳庙北京民俗博物馆主动联系，加强馆际交流和社会往来，如来自世界29个国家和地区的摄影家摄制的获奖作品《国际民俗摄影展》，受到专业人士的好评；中国历史博物馆、中央民族大学民族博物馆、北京民俗博物馆联合举办的《老北京人的生活展》轰动了京城百姓。

借助推碾子、拉石磨、滚铁环、学陶艺、看木偶、拉洋片儿、抖空竹、耍中蟠、演杂技、学拓碑、编花结、舞抬阁等民俗动态活动，借助大型活动中推出的老北京民间工艺、老北京风物、老北京人的生活、老北京的服饰等怀旧系列民俗展览，借助东岳庙祈福、求寿、安康等信仰民俗，东岳庙北京民俗博物馆馆庙结合，主打民俗文化这一优势品牌，再现京东民俗文化中心风貌。现已成为北京市旅游局向市民推荐的民俗一日游重要景点之一。

三 政府支持创东岳庙保用并举特色

东岳庙从张留孙选址元大都齐化门外、通惠河边那一天起，就决定了其与朝廷的政治关系、与京城各行业的思想文化关系。今日朝外大街的商业繁荣溯其源也是先有庙后有市再有城，明清时东岳庙四周有多少商家靠庙养家恐怕已数不胜数。所以说朝阳区的发展扩大繁荣，从历史某种角度看当与东岳庙发展的步伐相吻合。如今东岳庙北京民俗博物馆时逢盛世又遇发展的新契机，以东岳庙为核心的朝外北京第三商业大街的打造、东岳庙毗邻的北京CBD的崛起、东岳庙被列入北京人文奥运文物保护计划的启动，都给东岳庙北京民俗博物馆的保护、开发、利用再次提供了良好契机。

1998年，朝阳区委、区政府投资近3000万元作为东岳庙一期工程费用修缮东岳庙中路。清运渣土8000多立方米，回填人防地下工程防空洞600延长米；将清出的七零八落的残碑拼接，在查找大量的历史资料的基础上按原貌立碑90余通；复原神像1000余尊。实施古树救护、环境整治及监控系统、避雷防范、夜间照明、保安巡视等安全技防系列工程；建立了完备的"四有"档案资料。

2002年，朝阳区委、区政府将东岳庙二期修缮工程作为"朝阳区重点工程"之一，总投资3.8亿元，将积压多年的东岳庙门前违章建筑1万余平方米彻底拆除，搬迁商户、居民400多家，东岳庙新建仿古围墙135.62米，新建门前停车场及休闲广场近万米，并于同年8月抢救修缮了多年失修的九天普化宫主殿，复建了月台，重新树立埋于地下多年的清顺治四年（1647）《敕修九天普化宫碑记》。10月10日，以修缮西路古建群29座殿宇、98间古建、2290.85平方米建筑面积为主的东岳庙二期修缮工程正式开工启动。

东岳庙二期工程还被列入北京市"3.3亿文物建筑抢险修缮计划"。2003年北京市政府正式启动《人文奥运文物保护计划》，共投入数亿元用于全市的文物保护修缮，按照"成片整治、恢复景观、保用并举、形成风貌"的工作方针，保护古都风貌，为奥运会增添浓重的北京历史文化氛围，东岳庙是人文奥运文物保护项目之一，标志着东岳庙三期修缮工程即东路、北院的修缮提上了议事日程。所以说东岳庙北京民俗博物馆事业飞速发展的今天，首先应归功于各级政府尤其是朝阳区委、区政府决策上的正确和强有力的支持。当然，我们也不会忘记社会各界、个人对文博工作的极大支持，东岳庙管理处、北京民俗博物馆成立之时，驻朝阳区文化、公安、财政、街道等系统许多单位无私赞助支持，奠定了文博事业向前发展的良好基础；天津刘凤梧先生出于对东岳文化的崇敬，捐献珍贵的金丝楠木供桌，诸如此类的善事不胜枚举。

四 发挥自身优势整体打造东岳庙文化形象

修缮东岳庙初始，文物保护专家谢辰生先生，古建专家郑孝燮先生、罗哲文先生及已故的单士元先生等国内外知名学者多次亲临东岳庙，指导古建修缮、保护、利用和远景规划工作。东岳庙北京民俗博物馆开放之后，社会学家费孝通先生、作家冯骥才先生、诗人文怀沙先生、文物鉴定权威王世襄先生、朱家溍先生、史树青先生，及已故民俗学家钟敬文先生等文化名流作为顾问，都曾为东岳庙北京民俗博物馆文物保护与开发利用献计献策，并在一些实际问题上给予具体指导。2002年、2003年两届北京民俗文化节期间召开的"北京民俗文化学术论坛""北京行业习俗信仰学术研讨会"，2002年召开的"喜神学术研讨会""东方文化学术论坛"系列讲座等，来自北京各大院校、科研院所的知名专家、学者群贤毕至，针对东岳庙北京民俗博物馆急需解决的民裕文化问题各抒己见、畅所欲言。

依托这些文化名流，东岳庙北京民俗博物馆找准了发展的支撑点和自身优势，即以东岳庙元明清古建群为载体，以北京民俗博物馆馆藏丰富的民俗文物为展示实证，以馆庙一体所积淀蕴含的优秀道家文化、行业信仰习俗文化、传统民族文化为主题，以中华民族传统的春节、端午节、中秋节、重阳节等节日为时段，以丰富多彩、寓教于乐的民间民俗活动为主导，开展东岳庙春节文化庙会、端午民俗游、中秋传统文化游大型民俗游园活动，以活动推进对民俗文化、非物质文化遗产的抢救、搜集、整理、展示、研究和宣教。

东岳庙北京民俗博物馆前庙后馆、合理利用的中路开发使用效果，引起国内民俗学界、博物馆界的瞩目，所举办的各类民俗活动也引起国内外新闻媒体的关注。2001年9月20日，第二届北京朝阳国际商务节使节夫人活动日在东岳庙北京民俗博物馆举办，300余位来自五大洲近百个国家的外交官和夫人、国家女领导人身临680余间的庞大古建群，在惊叹中华文化博大精深的同时，又为京剧、武术、民乐、杂技等传统技艺折服，更为东岳庙北京民俗博物馆常设的画福布、推碾子、抖空竹、踢毽子、滚铁环、跑旱船、舞龙等民俗娱乐活动所陶醉，随着数十家中外媒体的传播，东岳庙北京民俗博物馆的名声享誉世界。

2002年举办的端午民俗游活动，与来自东岳庙育德殿的建造者鲁国大长公主家乡的内蒙古克什克腾旗合办，国内外60余家媒体予以报道；同年举办的中秋传统文化游活动，因50多位大学校长的参与，中央电视台等中央媒体宣传报道。2003年春节文化庙会代表首都春节文化活动上了《新闻联播》和《午间新闻》。法国国家电视台、德国国家电视二台等国外媒体连续5年报道东岳庙庙会盛况。更有专家在《人民日报》《中国文化报》盛赞东岳庙庙会是真正的庙会。连续5年的庙会也让生活在朝阳地区的父老乡亲找到了过年的感觉。

2003年初夏非典肆虐时，东岳庙北京民俗博物馆庙门前竖起两块巨幅宣传牌"祝福您——辛勤工作在抗击非典一线的领导和同志们""向抗击非典一线的医务工作者致敬"，不仅表达了东岳庙北京民俗博物馆全体文博工作者的衷心祝福，更代表了社会各界、广大市民的肺腑之言，起到了鼓舞人心振奋精神的宣传作用。多年来，东岳庙北京民俗博物馆用于宣传展示优秀传统民俗文化等公益性事业上的投入不下500万元，在社会上树立了良好的博物馆宣教阵地形象。

联合国秘书长安南、原中央常委中纪委书记尉健行、全国政协主席贾庆林、全国人大副委员长何鲁丽、北京市委书记刘淇等领导视察东岳庙北京民俗博物馆后都非常兴奋，对东岳庙馆庙结合、合理利用的古建使用方针给予了充分肯定。

东岳庙北京民俗博物馆整体良好的社会声誉也得到各级政府的充分肯定，北

◇❈ 文物活化利用

京市有关部门对北京民俗博物馆全体工作人员保护、利用文物工作予以集体嘉奖，同时被评为朝阳区精神文明先进单位；1999年北京市文物工作会议上朝阳区人民政府就东岳庙北京民俗博物馆的文物保护和文物利用工作就曾做过典型经验发言。

同善堂义学与东岳书院

党的十七届六中全会和十八大高度重视传统文化的作用，提出文化是民族的血脉，是人民的精神家园。建设优秀传统文化传承体系，弘扬中华优秀传统文化。尤其是认识到"社会主义核心价值体系是兴国之魂，决定着中国特色社会主义发展方向"，指明"要坚持依法治国和以德治国相结合，加强社会公德、职业道德、家庭美德、个人品德教育，弘扬中华传统美德，弘扬时代新风"。建于清道光年间的北京东岳庙同善堂义学，秉承"万善同源""善与人同"的道家传统，设博学、审问、慎思、明辨、笃行五斋，育人"以教化明而习俗美焉"；民国时期同善堂义学改为慈善学校，坚持育人善举；新中国成立后东岳庙成为公安干校直到北京民俗博物馆成立，修缮后的东岳庙东廊在 2011 年成为东岳书院所在地，继续坚持书院的优良传统，包容厚德，在中华民族文化复兴的历史进程中发挥传统文化策源地的作用。

一　同善堂的历史渊源

北京东岳庙始建于元代，选址齐化门外，按照官方说法，康熙四十三年（1704）御制《东岳庙碑文》"京师朝阳门外，向有东岳庙"，"五岳为名山之长而泰山尤群岳之宗，于时于春于德为仁，而其神之灵又能肤寸成云，霖雨天下。故诸岳止祀于其方，而泰山之祠遍宇内，崇德报功所从来久矣"，"朝阳既都城之巽位，而东岳庙又适在其地，则因其方位之宜以隆望秩之，典亦礼之，可以义起者"。依据民间信众的认识，早在顺治十二年（1655）《敕建东岳天齐仁圣大帝庙大供会碑记》就已有记载"帝出乎震东方在旦"，"朝阳门外大街有敕建东岳庙"，"旧门名曰齐化，明以示天齐生化之妙"；康熙四年（1665）《东岳大帝圣会碑记》

"京师所称神州也，众神朝拱为帝藩辅理阴赞阳，各有常职以镇厥土"，"旧有齐化门朝阳关外东岳大帝行宫，为四方香火庇佑群生"，碑侧刻有"八项进贡展翅老会"，"沿途寺庙二百六十四处"；康熙十七年（1678）《路灯老会碑记》"齐化门统丽东之道，为四乡之首"，"日出方向有东岳神庙建焉"；康熙四十五年（1706）东华门内小南城修善圣会所立《东岳庙香会记》载"东岳号曰天齐，尊为镇首，节宣寒暑，则万物顿以生成。鼓舞阴阳，则四民顺以动止"。据以上文献可以得出结论，元代齐化门取意"天齐生化"，东岳庙镇京城东方，主生；明清至今齐化门改名朝阳门，又在东岳庙之南神路街建日坛，日出东方仍为主生之意。

东岳庙以东岳大帝为主神，以劝人为善为训诫箴言。故此，东岳庙中遗存有历代《宝训》、碑刻，多以"行善远祸""化育众人为大善"等为主要内容，并成为日后兴建义学的直接思想源头。如《东岳大帝宝训》说："一日行善，福虽未至，祸自远矣！一日行恶，祸虽未至，福自远矣！行善之人如春园之草，不见其长，日有所增；行恶之人如磨刀之石，不见其损，日有所亏。损人利己，切宜戒之。一毫之善，与人方便。一毫之恶，劝人莫做。"碑刻资料中，有明代崇祯五年（1632）《东岳庙常明海灯圣会碑》碑阴额刻有"万善同源"。崇祯五年四季白纸圣会所立《敕建东岳庙碑记》曰"以一善而引众善"，"愿众善人精明强固，不以善小而不为，不以初终而少懈"。崇祯六年（1633）《年例进贡白纸圣会碑记》亦曰"一人化一人为善者小，以一人化众人为善者大；以一时化一时为善者亦小，以一时化众人为善者更大"。中华民国丙子年（1936）由东岳庙住持张吉荫参与重修，公议同善重整诚献清茶老会碑，再刻雍正九年（1731）《献茶圣会碑记》曰"三教大圣人千言万语，如日星昭布，其实总祇欲人迁善改恶"，"真性无二理也"。"然宝经秘典充诸世界，人多不能遍观。或观一二语，觉其义理深微，不耐思索而即止。夫人性本善，虽凶顽暴戾之徒，亦知恶本不可为，而悔悟速改者常少，何也？未尝感发其天良也。今欲语众曰某行善致福、某行恶招祸，欲获福而免祸，当知从善而去恶，则人虽暂信未必即尽涤洗非，力行善事。如人生日日所不可少者，即如施茶之说，无分春夏秋冬之际，每逢行人过客暂息稍停，聊克半饮，虽不敢称为功德，适当其渴之时，一滴犹如甘露；正逢烦躁之际，点水胜似慈津。种种情状，触目骇心。本来真性愿为感悟，大有助于三教广化愚蒙之至意也。"同治十三年（1874）公议重整掸尘散司献茶老会重修乾隆三十九年（1774）《掸尘老会碑记》："神明之理起于方寸，天下之汶汶者不一,惟善则降祥,不善则降殃。祥与殃虽神之降也,而善不善惟方寸知之。故凡心存敬畏者,自能检点寸衷,同登善域。"乾隆庚戌仲夏,京都顺天府大兴县朝阳门外棚行众善人等公献,住持余源林撰书的《鲁祖圣会》碑"愿同心种无穷之善果""千祥云集百福骈臻万善同归"。乾隆五十四年(1789)六月,京都顺天府大兴县朝阳关内南小街以内众棚铺搭彩众士人等公献,住持余源林撰书的《鲁祖碑记》云:"夫天地位焉人间作福为先,是以积福之中为善最乐,故众荟萃于齐集协力同心广修功德,善垂千古成百年之胜果,利不朽之芳名,福寿遐龄子孙绵远,世奕昌祺,千祥云集百福骈臻,众信创立,万载兴焉。"

至晚清时期,国运衰微,民生凋敝,民间能有贫困至举合家之力尚不足入书塾读书者。有鉴于此,道光二十九年(1849),东岳庙住持马宜麟在东岳庙购庙后空地建房屋数十间,"延师以课邻近子弟之无力就傅者,品式明密,规矩整肃,意固美,法尤良也"。诰授光禄大夫、前吏部尚书、协办大学士、萧山汤金钊有感于马宜麟住持的社会担当责任,撰并书《同善堂义学记》:"愿为之师者,勤恳启迪,为之徒者,奋勉诵习,以无负善举,而后之人复克遵其法,俾勿坏且崇起之,则夫寒口小子之蒙,造成岂浅哉?""君以方外人独能向慕圣学,教育口才,实有裨于朝廷,化民成俗之治。惟故乐为之记。"石碑碑额曰"善与人同"。"善与人同"出自《孟子·公孙丑上》,意为偕同别人一齐行善,是君子最高的德行。希望人们力行善事,把行善的风气推而广之。在这种观念的影响下,善书编刊者称"同善之士",慈善组织有同善会、同善堂、同善仓,善书有称《同善录》《善与人同录》。其实乃"以一人化众人为善者大","以一时化众人为善者更大"传统美德的延续。

民国年间大慈善家熊希龄所言:"吾国立国最古,文化最先,五千年来养成良善风俗者,莫不由于儒、释、道之学说所熏陶。"尤其在宋元之后,儒、释、道三教合一已经成为普遍的现象。在各种善行善举中,都蕴藏着这些共同的思想观念。在这众多的善行善举中,庙宇往往是其常见的发生地。民国年间,太虚大师曾反思"一二千年来中国之民间教化何在",他认为民间社会"其有扶生助葬、养老济病、拯天灾人祸之难,救鳏寡孤独之苦,加以修桥补路、义渡侠行等社会慈善公益,都出于庙会善堂"。据《北京寺庙历史资料》记载,北京解放前夕,朝外大街有德声住持的东大桥162号广济庵和东大桥167号头道行宫;东大桥1号管理人毛嘉本管理的土地庙;朝外大街130号张吉泉任住持的十八地狱庙;朝外大街290号张吉荫任住持的建于明代天启年间天仙护国佑圣延寿宫(俗称天仙宫);朝外大街

242号张吉荫任住持的东岳庙;十三区朝外大街65号荣章任住持的真武庙;朝外大街285号昌和任住持的普济寺;朝阳门外二条胡同33号朗堃任住持的水月庵;十三区朝阳门外大街227号白贤珍任住持的九天宫;十三区朝外菱角坑杨家胡同15号王诚茗任住持的地亩庙;十三区朝外北营房东街3号宽池任住持的灵瑞寺;朝外大街31号续荣任住持的关帝庙;十三区朝外西中街1号佟信芝任住持的顶关帝庙;十三区朝阳门外五条胡同9号阔林任住持的天仙庵;第十四区朝外月河寺街4号善庆任住持的月河寺;朝外吉市口七条13号大兴县公产保管委员会管理的观音寺,位于朝外头条的清真礼拜寺,位于朝外四条的建于清代的黄庙,如今除东岳庙、九天宫外,朝外大街其余17座庙,随着朝外大街的拓宽和周边改造,均已荡然无存。如此众多的宫观庙宇汇集于朝阳门外关厢地区,带来的除了潜移默化因庙而市的商业繁荣外,输出的还有源源不断的仁、义、礼、智、信的道德思想。

由上看出,东岳庙、同善堂义学的创建,深含道家、儒家伦理,也可以说是儒家思想在实际生活中回馈社会的责任担当。历史相隔500余年,当下中西文化激烈碰撞,国际化大背景中的中国,如何建立中国特色的社会主义价值体系,实现党的十八大报告要求的"大力弘扬民族精神和时代精神,深入开展爱国主义、集体主义、社会主义教育,丰富人民精神世界,增强人民精神力量。倡导富强、民主、文明、和谐,倡导自由、平等、公正、法治,倡导爱国、敬业、诚信、友善,积极培育社会主义核心价值观。要坚持依法治国和以德治国相结合,加强社会公德、职业道德、家庭美德、个人品德教育,弘扬中华传统美德,弘扬时代新风",同善堂义学会给我们很多的启示和深思。

二 东岳书院的传统文化担当

在中国古代教育史上,书院由唐初兴起至清末衰落,历经1300多年,是一种由"无恒产而有恒心者,唯士为能"的士大夫在官学体系之外所建立的研习讲学场所,既是其群体文化自觉、政治自觉的表现,也是文化自信与社会责任、担当的体现。古代书院从创办之初,就以继承孔孟遗风成德济世,以"为天地立心,为生民立命,为往圣继绝学,为万世开太平"为宗旨。历代无数知名学者在此长期投注心力,培育了大批人才,振兴了地域乡邦文化。而且,这种儒家传统思想经由书院教学而日新,而弘扬。宋时四大书院泽溉广远;明清时期,书院上可以朝野议政，下则遍布全国，风教所及，扩展到边远地区，泽被少数民族，并且跨越国界，现迹于韩、日以及南洋。故胡适感慨："在一千年以来，书院，实在占教育上一个重要位置，国内的最高学府和思想渊源，惟书院是赖。"清代末年，书院在西潮冲击之下纷纷改为学堂；政府全盘接受西方教育制度后，书院在社会上几乎销声匿迹。但在知识分子精英之中，并未放弃对传统书院精神的追求。五四新文化运动后，中国学界最引人注目的一个倾向就是胡适等推动的"整理国故"，不少人甚至以"运动"称之，其中影响较大的如吴宓以西方模式来给中国的书院方式正名，明言清华国学院"略仿旧日书院及英国大学制度"，治国学的取向，不仅要整理材料以成"历史的综合"，也要"探讨其中所含义理，讲明中国先民道德哲理之观念，其对于人生及社会之态度；更取西洋之道德哲理等以为比较，而有所阐发，以为今日中国民生群治之标准，而造成一中心之学说，以定国是"。

  在弘扬传统文化的时代背景下，书院文化重新得到重视，各地书院的建设方兴未艾。首先，从历史渊源看，主要分为传统书院复建和新创书院两种形式。作为传承文化的重要载体，历史上的书院盛时多达几千所。如今全国各地现存的传统书院或为遗址，或为机关、学校所占用，或辟为景点。如岳麓书院即为湖南大学的分支，也对外开放供游人参观。其他如嵩阳书院、白鹿洞书院、莲池书院等知名书院也多作为旅游景点运作。对传统书院的恢复举办和开发利用方面尚未有成功的案例。与此相对比，目前社会上以书院之名办学的文化机构主要多是新创书院，没有直接的历史渊源。如厦门的筼筜书院，即为2009年在厦门白鹭洲公园建设时为开发商所建。新创书院是目前以办学为主的书院的主流形式。其次，从传授内容看，主要分为文学与国学两种主题。以文学为主题的书院，代表者为陕西的白鹿书院（主持者作家陈忠实）和山东的万松浦书院（主持者作家张炜）。虽然它们也有国学培养的内容，但主要是作家培养的基地。

  如果说北京东岳庙开设同善堂义学是传播儒学思想的直接实践的话，那么这种实践正是源于东岳庙本身的文化特征，是这种以儒家思想为代表的东岳文化的外在表现。东岳书院继承同善堂义学传统而建立，主要得缘于以下因素。

  首先，东岳庙集中体现了儒家思想的国家礼法实践。泰山具有浓厚的礼法政治含义。其自殷周以来就有帝王巡守祭祀的传统，并随着泰山的祭祀和封禅，逐渐成为一种历史和精神上的儒家权威象征，并被灌注到国家的政治实践中。在这种礼法传统下，泰山不仅是一个地理概念，而且是由历代王朝正式确认、有严格祭祀制度的特定场所，是一个象征王朝正统性的体国经野的文化符号。北京东岳庙建立不久就成为庄严的国家祭祀之所，其山岳祭祀礼制集中折射着以儒家为思想根基的传统国家意识形态。

其次，泰山有建书院弘扬儒学的历史。先贤孔子多次登临泰山，观风俗习礼仪。宋代大儒、史称"宋初三先生"的孙复、胡瑗、石介于宋景祐四年（1037）在泰山东岳庙东南建"泰山书院"，他们以讲授儒家经典为主，注重学以致用，为培养儒学人才做出了巨大的贡献。

再次，北京东岳庙有设义学传统。清道光年间东岳庙住持马宜麟在东廊设义学，义学设"博学、审问、慎思、明辨、笃行"五斋，延师授课。上述五个主题本是儒家"四书五经"里《中庸》的经典语句，也是继承大儒朱熹创办宋四大书院之一白鹿洞书院之基本精神与教学理念。朱熹《白鹿洞书院揭示》，首先提出"五教之目"，以传统的五伦义理为教学目标。继而本乎《中庸》"博学、审问、慎思、明辨"之教，列举"为学之序"。以此为主题"训以经艺"，可见东岳庙义学是以儒学为主题开展教育的。

北京东岳庙代表的东岳文化融摄了多重文化内涵。其中有传统中国的国家之庙堂礼乐以及民间之社会纲常，依据儒家观念和规范而创制发展；自元代玄教大宗师张留孙、吴全节创设以来，成为正一派在华北地区最大的道教场所，道教内涵丰富；东岳庙内也有佛教的神祇，而佛教思想更在东岳文化的因果报应观以及偶像崇拜的丰富化等方面起到了深刻的作用。可以说，儒家礼乐纲常的思想，道教自然逍遥之无的智慧，佛家般若无执之空的智慧，以及阴阳五行的人与大自然和谐整全的风水空间环境智慧等，都是东岳文化的有机组成部分。

目前，传统文化的弘扬和传承越来越得到社会的重视。就北京地区来说，既有北京国学院这样的政府背景机构，也有北京老百姓国学会等多如牛毛的民办机构，从中可以看到社会各界对于国学的热情。而且从师资储备上看，北京的各大学如清华大学、北京大学、中国人民大学、北京师范大学、首都师范大学等都有国学院或传统文化学院的设置。在这里建设书院较之其他书院具有先天的地域优势。但是目前，在北京地区并没有与其文化发展地位相匹配的书院文化机构。

北京东岳庙毗邻中央商务区和使馆区，即使在北京也具有一定的地缘优势。作为展示北京和朝阳风貌的窗口地段，需要一个以传统文化为特色的空间场所，展示中国传统文化的魅力，使传统文化与时尚文化一起，成为北京世界城市建设的要素。

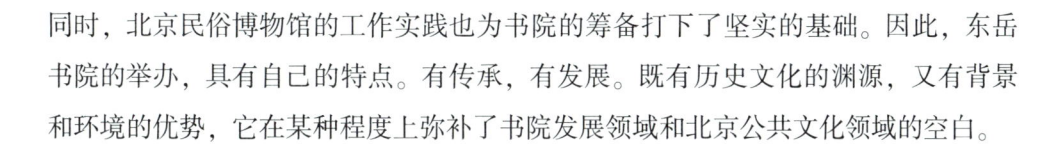

同时，北京民俗博物馆的工作实践也为书院的筹备打下了坚实的基础。因此，东岳书院的举办，具有自己的特点。有传承，有发展。既有历史文化的渊源，又有背景和环境的优势，它在某种程度上弥补了书院发展领域和北京公共文化领域的空白。

三 东岳书院制度与建构

东岳书院依托北京东岳庙，据其东路而建立书院。著名史学家顾颉刚曾说："北京东岳庙的规模固然不能及玄妙观大，但至少可以说是北京人的迷信的总汇。他们的生活上无论起了何种的不安，或生了何种的要求，都可以到东岳庙里去请求解决。"书院建于此地，正是有志方便民众于迷信、宗教、旅游等活动之外，兼可受到传统文化的熏染。从东岳书院筹建之初，我们已开宗明义阐明书院宗旨为"开展以中国传统文化为主要内容的学术研究、培训、交流、展示等活动，发挥国学纽带作用，推动两岸三地、国际文化交流，致力于建设成为中华传统文化传播、弘扬的基地"。

东岳书院既不走全盘复古的老路，也不能脱离传统文化精神，力图使人们充分认识到，从整体而言，学校教育着重专才的培养，只求其学识专精，而忽略恢宏器识的陶冶。东岳书院的重德行、崇操守、育良才、尚实行的教育宗旨，关注"人文化成"的继续教学功能，正是体现了哲学家牟宗三对中国文化核心问题的阐释"中国文化中的终极关心问题，是如何成德，如何成就人品的问题，无论贫富贵贱都是如此"，对于现代学校教育确实可有匡翼作用。

在书院师资及人才培养方面，考察古代书院制度，其执事或为学识渊博之山长，或为官方派遣之大儒。而书院内教师之职，或由大儒山长担任，或由学而优者留任。这种人才模式在当今时代下有着较为明显的局限性。有鉴于北京民俗博物馆这种公立博物馆设立书院的特殊性，2012年2月至今，北京民俗博物馆东岳书院积极引进各层次人才，实现了人才配比合理，专业结构分布均衡，优势突出，实力雄厚的大好局面。在所培养人才的培养方向上，东岳书院继承清代义学传统，以"博学、审问、慎思、明辨"为"为学之序"，正如朱熹当初设立此"为学之序"之目的，生徒学习儒家经典的最终落脚点就在于笃行上，即将道德规范转化为行为实践，而行为实践更多地会表现在日常行为中。道德讲堂的设立，既体现了东岳书院创办宗旨，也结合了时代的文化需求。

作为人才培养的新型模式,东岳书院发挥文化"引导社会、教育人民、推动发展"的功能,积极打造"一十百千"传统文化的传播推广工程,借助设立朝阳区首批传统文化传承基地,推广传统文化主题教育活动。其中,"一十百千"工程,"一"是将东岳书院建为传统文化教育基地示范点,于2012年6月、9月先后两批设立9个朝阳区传统文化传承基地,力争5年内覆盖朝阳区43个街乡;"十"是以"尊老孝亲""尊师重教""慈善博爱""政风清明""重信崇义""仁恕宽和""知书明理""克勤克俭""慎独律己""自强不息"等十个主题为核心内容;"百"是举办百场国学讲座;"千"是培训千名国学宣讲员与志愿者,并通过"一十百千"工程,让中国传统文化的传承与教育深入党政机关干部群众,深入社区、乡间,深入人心。

在具体的教学模式方面,"会讲"是书院讲学的一种重要组织形式。清初学者耿介主持嵩阳门院,延请中州名儒诸多人士前来观摩讲学,互相争辩论学术。先后聘请李宋章、冉觐祖、窦克勤、林尧英、贾之彦、张沐、陈熔等人主讲,还将奉命到中州视学的徐乾学等也请到书院讲学,以提高教学质量。同时,耿介还同这些学者质疑问难。东岳书院沿袭这种优良的学术风气,与中国社会科学院世界宗教所举办"知止"学术沙龙等,以会讲形式,邀请了首都师范大学儒学研究中心主任陈明教授等为座师,而生徒基本为来自中国社科院及北京大学等诸多高校的具有博士学历的青年教师。并与朝阳区党校合作,长期为朝阳区处级干部学员举办培训班,并陆续延请中国佛教协会副会长湛如法师等名家登台执教,此举之下,学术论辩往来有道,学术争鸣风气复兴。

考课制度在宋代就已经采用。当时主要是对生徒进行月试,按积分高低,升级讲学。此后历代的考课制度,多参照官学进行。到明、清时代,书院考课多分为官课、师课两大类。如嵩阳书院官课又称"大课",由知县或教谕主持出题课试,考试的内容一般为八股时文、诗赋、古文、解经、策论等。根据考试成绩,划分等级,如生员分为超等、特等、一等;童生分为优取、上取、次取。然后出榜公布,依次给予奖励。师课又称斋课,由书院山长主持出题课试。结合各类学校培训班的举办,考课也成为书院教学活动的重要考核指标体系之一。目前,与朝阳区党校合作培训班,考核以现代指标体系中出勤率、试卷考试、论文考核等多种形式为主,并对学员相应给予合格与否等评定。

大型学术研讨会的举办,是东岳书院沿袭北京民俗博物馆"东岳论坛"国际学术研讨会之传统。在前四届研讨会的基础上，东岳书院成立后，以东岳文化与礼法社会为主题，继续举办了第五届"礼仪中国"东岳论坛；并举办了"科举与书院"学术研讨会、承办第三届中国特色世界城市论坛传统文化分论坛，这些国际学术会议的举办，极大提升了东岳书院学术研讨的理论高度、学术关注范围与社会影响力。

东岳书院目前最主要的教学模式，是延聘诸多专家学者轮番前来举办讲座。结合这种教学活动，东岳书院通过国际网络进行学术信息发布，包括讲座内容、师友讨论以及事务通告，都提前公布在网站上，任由点阅。至于具体的教学工作，内容上主要以艺文方面与经义方面为主。艺文一类，取诗文赏析、书法导览、名曲导聆这些专题，通过大型书法笔会的举办、国际曲艺界名家讲座如2012年与北方昆曲剧院等单位合作的昆曲大讲堂系列讲座等活动的举办，导引听众进入美学世界。在经义方面，以儒学为中心，通过道德讲堂的设立，并借鉴苏州道德讲堂等示范点教学模式，以经学中微言大义、史学中历史故事、生活中具体情境或社会现象为绪言，带领学生印证经文义理，体认价值世界的内涵。

历朝书院名儒云集，亦多有藏书、刻书之举。东岳书院成立后，围绕国内外民俗文化相关著作、中国传统文化典籍等购置大量图书，并设立文昌阁二层藏书楼、义学殿东房藏书室等场所，方便学员阅读。五届东岳论坛的举办，也为东岳书院刻书事业的开展提供了原动力，陆续出版了历届东岳论坛会议论文集。除此之外，东岳书院还公开发行以书代刊之《北京民俗论丛》，并每年陆续推出有关楹联、碑刻等相关史料之编著。

近年来，国学热与民族主义的升温，给予传统中国文化重启新机。在党的十八大召开之后，更是明确提出："任何一个国家和民族，都有其社会成员普遍认同的价值观，而其中的主题和灵魂就是核心价值观。回顾历史，封建主义社会和资本主义社会都曾总结出适应自身制度形成和发展需要的核心价值观，并成为维系社会运转的精神支撑。时至今日，随着各种思想文化交流交融交锋日益频繁，文化领域已经渐渐成为各国竞争、较量的重点。不论哪个国家，要想确立其文化地位，维护其文化传统，都必须深入发掘和培育自己的核心价值观，亮出自己的精神旗帜。"那么，要恢复旧有的文化模式，似乎已不可能。而今日的中国，如何展开"其命维新"的文化创新、发展工作，西式的学校教育是否有所不足？新式的书院模式是否还可发挥人文化成的功能？由东岳庙同善堂义学发展而来的东岳书院给人们以期待。

附 录

朝阳区首批传承基地名录一览表

朝阳区传统文化传承基地

主管街乡	挂牌选址地名称
朝外街道办事处	朝外地区文体中心
东湖街道办事处	君泽会
安贞街道办事处	安华西里社区文化中心
奥运村街道办事处	龙翔社区文化中心
	国奥村社区文化中心
崔各庄地区办事处	奶东村
孙河地区办事处	上辛堡村文化中心
高碑店地区办事处	高碑店民俗博物馆
南磨房地区办事处	南磨房民俗博物馆

朝阳区民俗文化活动基地

主管街乡	挂牌选址地名称
安贞街道办事处	安贞社区公园
南磨房地区办事处	关王庙
孙河地区办事处	前苇沟村文化广场
高碑店地区办事处	漕运文化广场
崔各庄地区办事处	北皋文体苑

以开发促保护，以宣传促利用
——朝阳区文物工作探索

北京市朝阳区拥有日坛、西黄寺清净化城塔、东岳庙、元大都土城遗址、八里桥、北顶娘娘庙、491电台等各级文物保护项目106项，有闻名世界的"798""706"等近现代优秀建筑、工业遗址近30处，有全国规模最大、数量最多、管理最为规范的潘家园、古玩城、高碑店古典家具民俗旅游村等古玩艺术品市场、旧货市场，11家文物拍卖行业中名列前茅的中国嘉德公司、北京翰海公司、中贸圣佳、保利等知名拍卖公司的交易活动，也都集中在北京市朝阳区。朝阳区是北京CBD商务区、国际区，亚运会、奥运会主场馆所在地，经济飞速发展，开发项目多，文物保护任务重、责任大。朝阳区文物工作者以北京奥运会、2022冬奥会为契机，创新文物保护模式，经过十几年的不懈努力，在北京奥运会上让文化遗产大放异彩，最好地诠释了"人文奥运"的理念，并探索出一条"以开发带文物保护"的新路。中央、北京市领导对龙王庙、北顶娘娘庙在奥运会上的作用给予高度评价；对弥陀古寺、乌雅氏家族墓碑林，及普查修缮古建20余处等文化遗产保护的做法十分赞赏。"以开发促文物保护""以宣传促文物利用""让文物活起来"的思路和做法受到首都文博界的广泛称颂。

一 以奥运会为契机，为"人文奥运"文物古建的保护探索朝阳模式

作为北京奥运会主场馆所在地的朝阳区，在奥运场馆规划、设计、建设之时，朝阳区的文物工作者便敏锐地意识到奥运场馆中的北顶娘娘庙、龙王庙、弥陀古寺、乌雅氏家族和图海家族墓碑林在"人文奥运"中的分量。从2003年起

便开始奔走呼吁、组织论证、筹措资金、协调修缮等艰辛的文化遗产保护之路。2005年龙王堂、乌雅氏家族墓碑林修缮保护工作被列入北京市人民政府《奥运倒排期折子工程》。

在前期拆迁中,朝阳区文物工作者就提出"规划先行、保护为主"。与属地地区办事处协调,发挥"区、街道、社区三级网络联动"机制,加强对文物的巡查,把奥运用地范围内及周边地上文物保护项目列出清单,给当地街道政府、拆迁单位、奥组委同时备案,以免给地上文物造成无可挽回的损失。制定了《关于在朝阳区绿化美化工作中保护文物,发挥历史文化遗产作用的意见》,意见中强调对朝阳区的文物一要普遍调查,整体规划,二要确定重点,列入人文奥运修缮计划。

奥运场馆地下墓葬不计其数,是朝阳区重点地下文物埋藏区。朝阳区文化委员会及时向北京市文物局、北京市奥运场馆建设指挥部办公室提出《朝阳区文化委员关于奥运用地不可移动文物保护的意见》,吁请北京市奥运场馆建设指挥部办公室协调有关部门配合奥运场馆建设,做好奥运用地地下文物勘探和不可移动文物保护工作,希望保住文物、保住历史、保住典故、保住民俗、保住"人文奥运"要求的民族文化和民族精神。朝阳区奥运功能区规划出台后,厘清文物资源,从点到线、从线到面整体打造奥运会主场馆和奥运森林公园中的人文景观,并结合公园建设,深入挖掘传统文化遗产,让奥运会主场馆和奥运森林公园成为2008年北京"绿色奥运""人文奥运""科技奥运"的杰作,奥运场馆区的三处古建群、三组碑林,更是谱写了"人文奥运"的精彩华章。

在奥运场馆中心区,即俗称鸟巢、水立方的国家体育场和国家游泳中心有历史上北京中轴线北延长线标志性建筑、著名的北京五顶八庙之一、市级重点文物保护单位、始建于明代的"北顶娘娘庙"。2004年启动了主殿碧霞宫和东、西配殿及鼓楼的修缮,并对药王殿、玉皇殿及东西配殿遗址做了绿化保护。在奥运场馆规划建设中,朝阳区文物部门提出原规划图中水立方距北顶北侧遗址太近,已影响到北顶文物遗址的保护,建议将新建场馆向北迁移100余米,使北顶遗址能得到有效保护,在奥组委组织的协调会上,朝阳区文物工作者据理依法力争,并说明该庙在北京城建史上的重要性,得到市领导和奥组委的高度重视和肯定,故水立方为北顶娘娘庙向北移动100米。北顶娘娘庙地理位置优越,很多开发商和打着宗教旗号的各色人等多次提出想共同开发,都被朝阳区婉言谢绝,朝阳区文物部门顶着巨大困难与压力确保了施工的进度和文物的安全。奥运会前夕,修缮后的北顶娘娘庙迎来近百家中外知名媒体到访。第29届奥运会奥运协调委员会主席海因·维尔布鲁根参观后留言："简直难以置信，突然发现一座五百年历史的庙宇，这是一个伟大的发现，感谢北京奥组委，这是北京这个伟大城市的一个不朽的传奇。"

龙王庙位于朝阳区原洼里乡龙王堂村，现奥运地区办事处奥运森林公园国际区。始建于明代弘治十四年（1501），再建于正德十六年（1521），清乾隆二十七年（1762）重修。有院墙山门，山门中为龙嘴门，左、右为龙眼门，殿内设有龙王、龙母神像及黄、红、青、白四海龙神像，门前有泉眼。本为皇亲贵族郊游习骥之地，后因战乱，屡遭兵火践踏，风貌严重受损，修缮前只存有玉皇殿及过墙门楼。朝阳区文物登记项目。洼里"龙王庙"是北京众多龙王庙中罕见的求晴不祈雨的收水龙王庙，原由洼里乡龙王堂村委会使用，由于无力对该庙进行修缮保护，于1998年将该项目移交文物管理部门。朝阳区文化委员会于2006年启动对龙王庙的修缮复建工程，修缮后的龙王庙，被选定为北京奥运会村长办公室，接待世界各国代表团贵宾，在奥运会期间大放光芒。国际奥委会主席罗格先生对龙王堂非常推崇，希望以后的奥运会主办城市都向中国北京学习，有固定的奥运会村长办公室。

在奥运媒体村，有始建于明代，清朝康熙年间重修，现存民国时期修缮的弥陀古寺。院内古槐直径粗约两米，势如苍龙盘踞。为保护这一珍贵遗产，在北京奥组委的有力支持下，重新改变媒体村图纸，以弥陀古寺为中心重新设计媒体村，奥运期间中外媒体记者对修缮后的弥陀古寺大加赞赏。

乌雅氏家族墓位于朝阳区原洼里乡龙王堂村和关西庄村，现奥运村地区办事处奥运森林公园范围内，建于清代早期，是雍正皇帝外祖家族墓。乌雅氏家族属有清一代南征北战的名门望族，仅乌雅氏家族在《清史稿》有传可查的便有26人之多，墓碑、华表规模之大、规格之高在北京屈指可数，现存该家族墓碑九通和四根华表。兆惠墓碑和华表就立于网球馆边，是北京悠久历史非常好的代表。图海家族墓碑位于朝阳区奥林匹克公园内关西庄，后移至奥运森林公园内结合周围景观进行保护，一片绿树掩映下，石碑穿过历史带来悠悠古意。

朝阳区文物部门坚持"保护为主、抢救第一、合理利用、加强管理"的文物工作方针，做到"主动配合、提前介入、有理有度、争取两利"，克服重重困难穿梭于奥组委、08办、政府相关部门和开发建设单位之间，使奥运场馆内的地上地下文物得到有效保护与利用。

◆ 文物活化利用

图海家族墓碑林现状

二 发挥政府主导作用，开拓多渠道筹资，创新文物保护思路

城市现代化建设是中国经济发展的历史必然。当一个国家由计划经济向市场经济转化时，按市场经济规律而进行的大规模城市建设是不可避免的，文物古建和城市发展存在的矛盾也越来越突出。这就要求文物主管部门变被动保护为主动出击，保护好古都历史文化遗产。在城市化进程日益加速的过程中，朝阳区开发项目众多，拆迁工地也多，每年大大小小的项目有2000处左右，朝阳区政府高度重视文物保护工作，朝阳区文物主管部门早在2004年便分别致函朝阳区规划委、朝阳区建委，要求项目开发时文物审核前置，朝阳区文化委员会派专人审核该项目地上、地下文物情况，开发项目单位必须与朝阳区文化委员会签订《朝阳区基本建设施工过程中的文物保护协议》，10年来，北京市文物研究所在朝阳区勘探面积超过2000万平方米，经过主动科学挖掘，出土了大量珍贵历史文物。2004年在建财富中心时，因为先进行了考古，在施工工地发现了著名

的燕京八景之一的金台夕照遗址和乾隆皇帝亲手题写的石碑，具有珍贵价值。由于采取措施得当，经过文物部门与施工单位通力合作，使遗址和石碑得以保护下来。

严格做好土地联审和"绿色通道"项目的审核工作。朝阳区文化委建议在土地开发过程中注意文物保护单位的安全，原址保护，合理开发利用。如对文保单位有所涉及，提前与土地开发单位商讨。根据市政府要求，目前北京市扩大内需项目的工作属重中之重。每期项目多，时间非常紧，朝阳区文物部门收到项目表后都以最快速度处理。处理多项文物审核工作，出具文物部门的意见，在"保稳定、促增长"的指导下，积极保护文保单位安全，与各相关单位协调工作，做到经济发展绝不能以牺牲文物为代价。

按照"五纳入"的要求，朝阳区政府每年用于文物古建抢险修缮的经费不低于40万元，并遵照文物修缮上一年做计划、出图纸、定方案的审批程序，20多年间投入文物环境治理、文物修缮的资金超过5亿元，近几年投入古建修缮的资金便有4000万元。朝阳区文物管理部门从大局着想，"不求所有，但求所在"，打破文物为文物部门所有的思想，创新文物使用方式，以开发促修缮，利用开发商等社会资金6762万元，先后对张翼祠堂、常营清真寺、东岳庙远门、东湖关帝庙、南磨房关帝庙、朝阳公园老君庙、北湖娘娘庙、那桐墓、来广营关帝庙、来广营娘娘庙、大屯太清观、清河营娘娘庙、通县界碑、王四营关帝庙、通惠河神祠、朝阳公园老君庙、兴隆寺、图海墓碑林、弥陀古寺、黄木厂神木谣碑亭等20处濒临倒塌的古建进行抢险修缮，并对其合理利用，朝阳区财政投资10043万元，修缮了北顶娘娘庙、龙王庙、肃慎亲王敬敏墓、东岳庙西路古建、大屯关帝庙等5处古建群和奥林匹克公园朝阳贞石园。北京市财政投入近7000万元对东岳庙、西黄寺、显谨亲王坟、十方诸佛宝塔、东坝真武庙、小郊亭普门寺、高碑店平津闸闸口7处古建进行修缮。以国家投资为主导，调动社会单位保护文物的积极性，利用社会单位资金修缮文物，使文物在新时代得到更好的发扬和传承，达到共赢。朝阳区近10年来投入地上古建保护资金近2亿元，修缮项目20余项。吸引社会投资投入文物保护项目，目前在朝阳区已形成良好氛围。朝阳地上文物保护模式，赢得北京市文物局和区县文物界的普遍肯定。

平津闸春柳

三 依法行政,以训代练,建立文物保护三级安全防护机制

在文物保护工作中,需要做到有法可依,依法行政。《中华人民共和国文物保护法》(以下简称《文物法》)、《中华人民共和国文物保护法实施条例》、《博物馆管理办法》、《博物馆条例》、《关于进一步推动非国有博物馆发展的意见》等一系列法律法规,促进了文博事业的规范、有序发展,更是各级文物主管部门完善政策引导,明确职责划分,加强依法管理的尚方宝剑。朝阳区针对区域内文物保护范围广、工程多、民办博物馆多等实际情况,采取相关措施,出台相关政策,建立健全三级文物保护网络制度,切实保护文物安全。朝阳区文化委员下设文物科、文物管理所、文物执法队管理全区文物保护工作,通过区、街(乡)、

社区（村）三级管理网络和联动机制，以属地街乡为责任单位，层层签订安全责任书，明确责任单位、责任人，把地上文物保护单位责任、地下文物安全落到实处。对全区100多家地上文物保护单位项目，逐级逐项落实到单位和个人。将日常巡查与重要节日、重大活动的检查相结合，找出文物安全隐患。在日常巡视检查中，发现区级文物保护单位"肃王坟"碑楼南门被拆开，立即与乡、村有关部门联系，现场办公当天即排除隐患，发现违法行为及时进行纠正限期整改，如在日常巡视检查中，发现区级文物保护单位"山东海阳义园"使用单位"呼家楼房管所"，在未经文物管理部门的审批下对古建进行报自翻建，同时使用不具备古建修缮资质的施工队，对此责令使用单位立即停工，同时致函其上级管理部门区房地局，指出其违法及处罚依据，对其进行了依法处罚和通报批评。对造成文物破坏及损失的单位，开创了追缴文物补偿金的先例，得到市局的采纳并向全市推广实行，缓解了文物保护经费不足的矛盾，为国家节约了部分资金，弥补了地区文物资金短缺的问题。

在文物保护三级管理中，培训工作必不可少。朝阳区以训代练，加大基层相关人员《文物法》及文物知识培训的力度，坚持区属各街乡文化干部的每月例会制度，及时通报文物工作的进展及动向。利用多种形式、手段，加大《文物法》宣传力度，不定期组织全区43个街乡文化干部培训学习新修订的《文物法》，并以免费订阅专业报刊、举办专题培训等多种形式对群众尤其是文物市场和文保单位周边居民进行《文物法》教育。借助世界文化遗产日、国际博物馆日和东岳庙节庆活动等时机，利用文物知识有奖问答形式，进行《文物法》普及。通过各级电视台和《中国文物报》《北京晚报》《朝阳报》等媒体多次进行专题、专版报道，公布举报和热线电话，使群众潜移默化地了解文物相关知识，提高文物保护意识。群众就像文物部门在文物周边的眼睛一样，时刻协助文物部门注意文保项目的安全情况，努力形成保护文物人人有责的社会风气。

四　树立博物馆开发利用的典范，强化博物馆公共服务功能

朝阳区区域内现有博物馆50余家，其中非国有博物馆20多家。随着经济的飞速发展，朝阳区的博物馆事业日益繁荣，显示出巨大的文化潜力。区域内的中

国农业博物馆是国家级农业专业博物馆；中国科学技术馆是国家级综合性科技馆；北京航空航天模型博物馆，是中国首座模型博物馆，也是目前亚洲地区最大的航空模型博物馆；北京民俗博物馆是国办民俗类专题博物馆；观复博物馆是中华人民共和国成立以来第一家注册的私立博物馆；紫檀博物馆是中国首家规模最大的专题类私立博物馆；今日美术馆是定位高端的当代时尚艺术代表；陶瓷艺术馆是集展览、培训、制作、旅游为一体的综合艺术馆。朝阳区如何多维度挖掘各类博物馆（国办、民办、社区；博物馆、美术馆、艺术馆）特色，找准优势和亮点？朝阳区文化委敏锐地认识到：未来博物馆之间的竞争，是公共文化服务能力的竞争。博物馆，不在于拥有什么，而在于能给人们带来什么。故以其直属单位北京民俗博物馆为抓手，深入挖掘东岳庙民俗文化内涵，走"以活动推展览互动走向社会"的博物馆发展之路，带动、协调区域内各博物馆资源共享，优势互补，加强交流与合作，共同提高公共服务能力，达到博物馆最终为人民服务、增强国家文化软实力之目的。

北京民俗博物馆（东岳庙）从1999年春节开放至今游客已突破700万人次，"来东岳庙祈福，到民俗馆怀旧"的主题理念深入人心，并受到社会各界尤其是文博界的广泛关注。作为全国重点文物保护单位和拥有700年历史的东岳庙的开发利用，首先应立足挖掘自身蕴藏的深厚道教文化、民俗文化、传统文化内涵。继承东岳庙"祈福迎祥，戴福还家"的传统，移风易俗地推出"出入平安""子孙成才"等8种福牌，既表达美好祝愿，又成为东岳庙亮丽的风景线。画福布代替了文物古迹被乱涂乱画的恶习，任由游客抒发情感，多年来东岳庙未发生一起文物古建遭涂画的现象。东岳庙庙会历史悠久，北京民俗博物馆结合春节长假，成功举办了19届春节文化庙会，并适时过渡为北京民俗文化节，以环境优美、文化含量高著称于京城庙会，连续多年被百姓评为"最喜欢的庙会"、被专家评为"最有文化的庙会"。

在挖掘东岳庙自身资源的同时，2002年起北京民俗博物馆率先在全国推出传统节日文化系列活动，与中国民俗学会联合主办东岳论坛，深入挖掘节日文化内涵，并把节日文化带到街乡社区，成功举办首届北京市幡鼓齐动十三档民间花会展演大赛，相继在北京市朝阳区部分乡镇、社区建立了8个民俗文化传承基地，丰富了群众文化生活，使"我们的节日"成为北京民俗博物馆的文化品牌。在实践中，北京民俗博物馆找准了发展的支撑点和自身优势，即以东岳庙元、明、清古建群为载体，以北京民俗博物馆馆藏丰富的民俗文物为展示实证，以馆庙一体所积淀蕴含的优秀道家文化、行业信仰习俗文化、传统民族文化为主题，以中华民族传统的春节、端午节、中秋节、重阳节等节日为时段，以丰富多彩寓教于乐的民俗活动为主导，以活动推进民俗展览、非物质文化遗产的抢救、搜集、整理、展示、研究和宣教工作。自1999年开放至今，先后推出《北京东岳庙历史展》《老北京人的生活展》《老北京商业民俗文物展》《中国传统节日文物展》《中国民间医药用具文物展》《中国道教文化展》《丝绸之路精品文物展》《吾在其中——十二生肖文物展》《华衣冠佩——北京民俗博物馆精品文物展》等数十部专题展览并赴香港、韩国举办国际交流展；举办土耳其、秘鲁文化周；举办近20次国际国内学术研讨会；出版《漕运文化研究》《礼与中国文化》《北京东岳庙楹联荟萃》《中国匾额保护与文化传承论文集》等民俗研究专著30多部；北京电视台《这里是北京》栏目为博物馆先后制作《这里有年味》《娘娘庙里亮绝技》《不重样的重阳节》《红腰带岁末又当红》《二月二何止龙抬头》《明明白白过清明》《北京城里寻妈祖》《古村过端午》《奶子房——古村里的慈善》《另类中秋节》等17部专题片，并出版《北京寻五顶》音像片。

全国重点文物保护单位北京东岳庙以博物馆的形式得到合理保护、开发利用，引起文博界、民俗界的极大关注。北京民俗博物馆的实践表明，以公众心理需求为出发点，主动利用现代各类媒体和自身资源，通过多途径、新方式对传统文化进行宣传，既注重传统文化特别是精粹文化的知晓率和普及率，也注重文化品牌、文化精品的培育和打造，对于激发公众参与热情，培养文化传承的潜在力量，构建传统文化传播传承体系，对首都文博界宣教工作来说可谓成功的探索。朝阳区正是以北京民俗博物馆为典范，通过民俗研究、展览、活动，加强与同行的交流与合作，一方面提示各级博物馆走出象牙塔，拓展业务空间，提高博物馆公共服务能力，扩大影响力；另一方面为优秀传统文化在基层扎根传承的实践找到突破口。

朝阳区在文物保护和文物利用上，探索"以开发促文物保护""以宣传促文物利用"的工作模式，契合党中央"让文物活起来"的精神，为中华优秀传统文化传承体系的创建，克服原有管理体制和机制的限制，不辱文物工作者使命，率先进行了文物保护工作创新探索。当然，我们也应看到天时、地利、人和对文物保护工作地域性的影响，而观念、格局、意识、责任担当和职业素养等对文博工作者的要求，更是决定文物保护和利用成与败的关键所在。

◆ 文物活化利用

东岳庙碑林

东岳庙岱岳宝殿

挖掘文物价值

《丝绸之路——精品文物展》序

北京民俗博物馆坐落于朝阳门外大街元代庙宇东岳庙，以收藏、展示古代系列民俗文物为己任，是首都北京唯一一座国办民俗类专题博物馆。自1999年开馆以来先后举办了老北京风物、老北京商业习俗、历史上的儿童玩具、十二生肖文物等专题展近20个，并应邀在韩国国立民俗博物馆、首都博物馆等多家国内外知名博物馆办展览。近年来，又加强与民办博物馆的合作，继与中国陶瓷馆合办古陶瓷精品文物展并出版《观瓷——华夏遗珍古瓷文明珍品集》一书后，2015年春节适时与北京坦博艺苑合作推出"丝绸之路文物精品展"，本书便是该展览中的代表性文物图集。

"丝绸之路"一词，最早来自德国地理学家费迪南·冯·李希霍芬（Ferdinand von Richthofen）1877年出版的《中国》，有时也简称为丝路。广义的丝绸之路指从上古开始陆续形成的，遍及欧亚大陆甚至包括北非和东非在内的长途商业贸易和文化交流线路的总称，中国学者过去往往归之于中西交通或东西交通。目前学界认同比较一致的丝绸之路有三条。一为西汉张骞出使西域后开通的以西汉长安为中心，横贯欧亚通往罗马的大路交通线，包括长城以北的草原丝绸之路，运输最多的商品是丝绸，因此被称为"丝路"或"丝绸之路"，或谓陆路丝绸之路或西北丝绸之路。二是南北朝时期形成的古代海道交通大动脉，唐朝时以广州为中心港口，由南海通往东南亚、马六甲海峡、印度洋、红海，及至非洲大陆的航路海上通道，因隋唐时运送的主要大宗货物是丝绸，故将这条连接东西方的海道叫作海上丝绸之路；到了宋元时期，瓷器的出口渐渐成为主要货物，因此也有"海上陶瓷之路"之称。三是连贯川、滇两省，连接缅、印，通往东南亚、西亚以及欧洲各国的古老国际通道南方丝绸之路，开辟古道的是经商的人和马帮，唐代南诏时印、缅输入中国的商品主要有毡、缯布、珍珠、海贝、琥珀等，而从中国输出的有丝绸、缎匹、金银

挖掘文物价值

等；元代开滇以来输入的主要商品是玉石；明代古道输往缅甸的主要货物为食盐，缅甸输入中国的主要是棉花；南方丝绸之路东到中原，西达印度，既发挥着其流通商品的功能，又让中原文化和印度文化通过这条道路相互交流。

张骞出使西域后，中国的先进技术、丝绸、作物栽培法等都传到了西域，而葡萄、苜蓿、石榴、胡桃、胡麻、汗血马等西域各国的奇珍异宝也输入了中国内地。深受犍陀罗艺术影响的克孜尔、敦煌、云冈、龙门、大足等佛教艺术和遍布中华大地的各式佛塔，让我们领略到丝绸之路文化交融的经久魅力。贝叶经、蜻蜓眼、波斯币、罗马珠、琉璃瓶、盛奉佛舍利的各式棺椁等见证丝绸之路文明的珍贵文物，让我们发自内心地对张骞、法显、玄奘、郑和等文化使者钦佩、敬仰，因为岁月早已消弭了当初的政治野心和商业功利，留传后世的只有耀眼的丝路文化明珠。丝绸之路作为文化纽带，将古巴比伦、古埃及、古中国、古印度等四大文明古国，把古老的中国文化、印度文化、波斯文化、阿拉伯文化和古希腊文化、古罗马文化连接起来，成功开启了东西方经济文化交流的大门。历史上在欧亚大陆风云一时的大月氏、粟特、匈奴、突厥、鲜卑、吐蕃、党项、蒙古、女真及三星堆的先民等古代民族，借助其遗存今世的生产生活实物清晰地勾画出中华文脉，将其鲜活地呈现在我们的面前。

习近平总书记在2013年9月和10月先后提出了建设"新丝绸之路经济带"和"21世纪海上丝绸之路"的战略构想，引起世界各国的广泛关注。善与人同，以文化人，让博物馆的文物鲜活起来。丝绸之路上的民俗流变、文化融合，需要文献钩沉，更需要文物实证。北京民俗博物馆依托元明清时期气势恢宏的东岳庙古建群，发挥首都作为全国文化中心的地域优势，以丝路民俗事项为主题，借助一系列丝路专题展览，揭示不同历史时段不同种族之间，演绎的一出出丝路传奇故事。延绵2000余年时断时续仍薪火相传，涉及欧亚非三大洲众多国家政治、军事、商业、文化、民族诸多领域的丝绸古道，随着"一带一路"建设，必将重放光芒，促进世界和谐发展。思古抚今，探寻丝路文物后面的故事，有益于启迪我们的智慧，这就是出版本书的初心。

最后，向文化学者、著名收藏大家白十源先生致敬，向参与展览并为本书出版付出心血的北京坦博艺苑和北京民俗博物馆各位同人致谢。没有兢兢业业、团结协作的职业精神，没有务实包容、功底深厚的职业素养，本书是难以完成的，特此以序。

《阅旨——徐州圣旨博物馆精品文物展》序

徐州圣旨博物馆馆藏圣旨文物展，近年陆续在苏州、南昌滕王阁开设分馆，并应邀在香港、上海、西安、厦门、张家港等地举办临展及巡回展。如今经过精心准备，2017年春节期间选择北京东岳庙所属的北京民俗博物馆作为圣旨精品文物晋京展的馆所。北京东岳庙是气势恢宏闻名中外的皇家庙宇，是道教正一派在华北地区最大的道教宫观，不仅是全国重点文物保护单位，还是国家级非遗保护项目——东岳庙庙会的传承地。北京民俗博物馆是首都北京唯一一座国办民俗类专题博物馆。明清时期为皇家礼祭的东岳庙迎来明清时期众多的帝王圣旨，加之东岳庙自身拥有康熙、乾隆御碑，这种用文物进行时空穿越对话，可谓此次圣旨展的匠心独运之处。按照文化传统，作为天子的皇帝圣旨，到了封禅的泰山行宫，只能屈尊请东岳大帝阅示。千秋功过，岁月留痕。计划全国巡展的徐州圣旨博物馆"圣旨到"文物展，此次晋京选择在北京东岳庙办展，名字改作"阅旨"，不由让人联想到"洞中方七日，世上已千年"的道家宇宙观，天地人和谐统一，就是遵循道法自然的传统规则。

圣旨是历代帝王下达的文书命令及封赠有功官员或赐给爵位名号时颁发的诰命或敕命，古代文化传统习俗生者为封，死者为赠。明清定制：一品至五品用诰命授予，六品以下则用敕命授予。按所授官员官阶不同，故颁发的诰命圣旨和敕命圣旨的颜色也不一样。五品以上圣旨有三色、五色和七色之分；五品以下圣旨颜色单一，纯白绫。明朝圣旨只用汉文书写。清代圣旨则由满文和汉文合璧书写。汉文行款从右向左，满文书写从左向右，两种文字均向圣旨中间延伸，书写结束后，钤上皇帝玉玺，年号、时间以及受封人姓名、官衔等。诰命、敕命之俗始自西周，结于清末民初。诰命和敕命所记载的内容，多为官员的官品职衔，任官事迹以及封授的官职勋封等项，除了封授官员本身以外，还对官员的先代和妻室实行推恩封赠，故世有"诰命夫人"之说，而且还延及官员的子孙后人，有的可以封袭数代。圣旨因为是皇帝独享，所以制作材料讲究，或为蚕丝或为绫锦。圣旨具有重要的文物价值、历史价值，可补史之不足，传统上更被视为祖先留下的光宗耀祖的精神圣物，明清时期常常挂在宗祠或重大家族事项上方拿出示人，所以圣旨的文化价值、社会价值甚至经济价值不可低估。

同样，道家文化为后人留下了《太上感应篇》《关圣帝君觉世真经》《文昌帝君阴骘文》《东岳大帝宝训》等中华优秀文化，都是借太上、关帝、文昌帝、东岳大帝之名而降笔，可谓道家天神之圣旨，过去妇孺皆知广为流传。其言劝世人醒悟，思过向善，积德修身。如太上曰：祸福无门，唯人自召。善恶之报，如影随形。施恩不求报，与人不追悔。所谓善人，人皆敬之，天道佑之，福禄随之，众邪远之，神灵卫之，所作必成，神仙可冀。关帝君语：人生在世，贵尽忠孝节义等事，方于人道无亏，可立于天地之间。若不尽忠孝节义等事，身虽在世，其心已死，是谓偷生。文昌帝君言：救人之难，济人之急，悯人之孤，容人之过。垂训以格人非，捐赀以成人美。作事须循天理，出言要顺人心。近报则在自己，远报则在儿孙。东岳大帝宝训云：行善之人如春园之草，不见其长，日有所增；行恶之人如磨刀之石，不见其损，日有所亏。

圣旨出自皇上，或代笔或自书。奉天承运，皇帝制曰，其圣旨之制笔墨多出自皇帝手谕；奉天承运，皇帝诏曰，其圣旨之诏书多出自翰林院庶吉士，书体多为楷书。"奉天"所指的天当然是天神了，包括太上、关帝、文昌帝、东岳大帝诸神。《太上感应篇》《关圣帝君觉世真经》《文昌帝君阴骘文》《东岳大帝宝训》等天神之语当然托天神之名，是历史上民众的集体智慧结晶。这样看来，珍贵的明清数十道精品圣旨文物集中晋京，在北京东岳庙"阅旨"，在北京民俗博物馆展示，意味可谓深长。一家之言，不揣浅陋，勉为序。

北京民俗博物馆馆长　曹彦生
二〇一七年一月五日写于北京东岳庙

《朝华夕拾》序

在古都北京乃至全国各地的古城、古镇，难以找出像朝外街道这样东西"朝华夕拾"、南北"日出东方"，由一街道名而又外扩为一个城区名的街道办事处。说它"朝华夕拾"，是因它位于朝阳门和金台夕照遗址之间，称它"日出东方"，是因它坐拥日坛、东岳庙两处全国重点文物保护单位。朝阳门外大街、神路街呈十字结构，深厚的文化底蕴恰如北京唯一的过街琉璃牌楼一样与众不同。

朝阳区的历史至少可溯源至汉代。东坝古镇始于东汉时期，初时称安乐城，晋时称安德乡，蜀国阿斗刘禅乐不思蜀的故事，就源于刘禅封安乐公于安乐城；元延祐年间改称郑村坝，明永乐年间，宦官马三保在郑村坝护驾有功而因地名郑村被赐姓为郑，名为和，造就了中国历史上有名的郑和七下西洋。万历年间改称东坝，沿袭至今。它距朝阳门10余公里，堪称古都北京东郊的"门槛"，历来被人视为京东重镇，是平原地区比较少见的建有城墙的古村镇，距今已有2000多年的历史。

朝阳区在辽金时期便有驿站成村的望京馆、孙侯馆（孙河），也有因河漕运屯粮的郊亭村、辛堡村。元代延祐六年（1319），张留孙在齐化门外建东岳庙，而此时东岳庙东就有"本庙东廊内有春秋圣境者，乃宋崇宁时破磔蛟古迹也"，说明辽代天祚帝时期、北宋徽宗崇宁年间，东岳庙一带已有庙宇存在，坐北朝南的庙址表明庙南今朝外大街已有东西走向的道路。

但是，真正有明确记载和文物遗存的朝阳区历史，还得从元朝大都建成开始，即忽必烈至元十三年（1276），《元史》大都路载：元大都"十一门，……北之东曰安贞（今安定门小关）、北之西曰健德（今德胜门小关）、正东曰崇仁（今东直门）、东之右（南）曰齐化（今朝阳门）、东之左（北）曰光熙（今北京东城区和平里东广熙门）"。泰定二年（1325），鲁国大长公主祥哥剌吉自京师

挖掘文物价值

归全宁，道出齐化门（今朝阳门），祈祷于大生殿，出私钱巨万以做神寝，并画东岳大帝、帝后与侍从之像。天历元年（1328），元文宗图帖睦尔即位后，遣使迎姑姑、岳母鲁国大长公主祥哥刺吉于全宁；元文宗皇后迎母祥哥刺吉于齐化门东岳仁圣宫，适后殿落成，祥哥刺吉拜祭东岳大帝后又到其神寝之所，天子乃赐神寝名曰昭德殿。鲁国大长公主东出齐化门祈祷东岳大帝再北走通县、喜峰口、滦平、大宁、全宁的回家路线，与宋出使辽金使节所走路线吻合，证明今天的朝阳门外大街和朝阳路至迟在辽时就已成形，而且伴随元明清庙市相生相长。

明洪武元年（1368），明军占领大都城后，为便于防守，将北城垣南缩约5里至今北京德胜门、安定门一线。明成祖永乐十七年（1419）为营建北京宫室、迁都北京，又将元大都城南垣向南展拓约2里。因此，大都城南面的丽正、顺承、文明三门亦被毁，齐化、崇仁、和义、平则四门则被包筑在明北京城东西城垣之中。明英宗正统四年（1439），修建城楼、箭楼、瓮城的齐化门改名为朝阳门，沿用至今。

朝阳门外大街过东大桥称为朝阳路，明清时期称为国门东孔道、朝阳门关外石道。朝阳门石道经始于雍正七年（1729）八月至雍正八年（1730）五月告竣，长度为21.242公里。另据立于定福庄路北乾隆二十六年（1761）《重修朝阳门石道碑》记"经始乾隆丁丑十月越庚辰七月落成"，重修号称"国东门孔道"的朝阳路石道，长21.261公里。与雍正时期相比，仅差19米。雍正皇帝说"自朝阳门至通州四十里为国东门孔道……建修石路"。

从朝阳门到通州的朝阳路，民国时称朝阳街，1942年筑混凝土地面。1951年8月改称朝阳门关厢街，1953年拓宽路面并铺装沥青，1956年称今名。朝阳门外关厢地区在20世纪50年代前，拥有辽、元、明、清、民国五个时代，佛教、道教、伊斯兰教、天主教、基督教和民间俗教六大门类，寺、庙、宫、观、庵、院、祠、堂、禅林九大称谓的宗教场所41处，各个庙宇之间都有自己的重要节日，你方唱罢我出场，庙市兴隆，奠定了今天朝外商业大街的基础。如今除东岳庙、九天宫、南下坡清真寺外，朝外大街其余23座庙均已消逝。

拥有800多年历史的朝阳门外大街，汇聚了元代东岳庙、明代日坛和九天普化宫、清代南下坡清真寺等众多享誉中外的文物古迹，芳草地、吉市口、景升街、水门关胡同、盛管胡同、天福巷等老街旧巷，东岳庙庙会、日坛"春分朝阳"等传统节俗，可谓北京南北中轴线之外保存历史信息最多的一条古街，古都风貌守望者称之为朝阜路。朝阳门关厢是古代通惠河、朝阳门石道的交汇之地，更是朝阳区得名的发祥地。朝外大街是北京知名的商业大道，而充满元明清庙市元素的基因仍在传承不息。朝阳门外大街周边还保存着燕京八景之一的金台夕照遗址，以及北京五镇之一的东方木镇皇木遗址，乾隆皇帝赋诗的金台夕照碑和神木谣碑历经磨难终破土而出，可谓文化之幸事。

拥有800多年历史的朝阳门外大街，无疑是首都北京兴衰荣辱的见证。元代、明代先后在都城东朝阳门关厢一带奠基的东岳庙、日坛，既是道家东方主生思想的延续，又是齐化门、朝阳门取名"天齐化民""日出东方利中国"的最好诠释，加之金台夕照乃人才会聚之地，方有朝阳文化正朝阳的盛景。作为一名在朝阳门关厢工作生活20余年的文博工作者，早有爬梳古籍、筐捋方志、稽查旧迹之志，今见此书，有感朝阳门至金台夕照的朝外大街，人文历史脉络再现，朝夕之间已过千年，人生也需有只争朝夕的精神，故为书取名《朝华夕拾》并乐为之序。

曹彦生

《草原丝路——内蒙古明博草原文化博物馆精品文物展》序

  远古时期，在尼罗河流域、两河流域、印度河流域和黄河流域之北的草原上，有着一线由许多不连贯的小规模贸易路线大体衔接而成的草原之路，这是最早丝绸之路的雏形。早期的丝绸之路并不是以丝绸为主要交易物资，在公元前15世纪左右，中国商人就已经出入塔克拉玛干沙漠边缘，购买产自现新疆地区的和田玉石，同时出售海贝等沿海特产，与中亚地区进行小规模贸易往来。
  商代帝王武丁配偶妇好墓中发现了新疆玉，说明至少在公元前13世纪，中国就已经开始和西域乃至更远的地区进行商贸往来。除了丝绸，产自今阿富汗巴达克山的青金石，也开始出现在古中国、古印度、古埃及。晋人郭璞在《穆天子传》中记载，公元前963年周穆王曾携带丝绸、金银等物品西行至里海沿岸，并将和田玉带回中国。《史记·赵世家》曰："马、胡犬不东下，昆山之玉不出，此三宝者非王有已。"公元前139年，张骞首次从长安出使西域，到达楼兰、龟兹、于阗等地。史书上把张骞的首次西行誉为"凿空"，即空前的探险，是有史以来中国派往西域的第一个使团。在大夏市场上，张骞看到了大月氏的毛毡、大秦国的海西布，尤其是西汉蜀郡的邛竹杖和蜀布。他由此推知从蜀地有路可通身毒、大夏。公元前119年，张骞第二次出使西域，经四年时间他和他的副使先后到达乌孙国、大宛、康居、大月氏、大夏、阿萨息斯王朝、身毒等国。同时，罗马人也加入这条商道中，丝绸成为罗马人狂热追求的对象，古罗马的市场上丝绸的价格曾上扬至每磅约12两黄金的天价。史料记载艳后克丽欧佩特拉，与埃及历史上著名的艳后克利奥帕特拉七世一样，也酷爱丝绸制品。西汉张骞和东汉班超出使西域开辟的以长安、洛阳为起点，经甘肃、新疆，到中亚、西亚，并联结地中海各国的陆上通道，这条道路也被称为"陆路丝绸之路"。《后汉书》记载公元166年，罗马帝国派遣出第一批特使抵达汉朝。

西汉时就有通过当时七河地区的乌孙至蒙古高原的记载，唐时称回纥道或回鹘路，从中原正北出越过河套塞外，入蒙古高原、中西亚北部、南俄罗草原，西去欧洲的陆路商道。其中最重要的城市是讹答剌、塔拉斯、怛罗斯、碎叶、庭州（古车师）、丰州（秦九原郡）。主要包括阴山道：由关内京畿北上塞上大同云中或中受降域；参天可汗道：由塞上至回鹘、突厥牙帐哈尔和林；西段：由哈拉和林往西经阿尔泰山、南俄草原等地，横跨欧亚大陆。2014年6月22日，由中、哈、吉三国联合申报的丝绸之路"长安—天山廊道路网"成功申报世界文化遗产，成为首例跨国合作、成功申遗的项目。丝绸之路横跨欧亚大陆，全长5000公里，把古代全长8000多公里的丝绸之路给断开了，截到中亚的七河地区，涉及三个国家一共33个申遗点，其中中国是4个省共22个申遗点，包括汉长安城遗迹、唐长安城遗迹、汉魏洛阳城遗迹、隋唐洛阳城遗迹、玉门关及楼兰古城遗址等。

大约在距今3000年的时候，亚洲北部草原曾出现大面积干旱，游牧部落大规模地南迁和西移，自此开辟了东起西伯利亚的额尔古纳河流域，西至中亚、西亚和东欧的亚欧大陆草原交通大道，这条草原路线的东面连接中国，西面则与地中海北岸的古希腊文明连接。在夏商时期，草原丝绸之路初见端倪。据史书记载，商的始祖名契，其母简狄，"狄"皆为北方或西北草原地带游牧民族的称谓。商首领王亥率牛车队以牛、帛充当货币，在中原从事贸易。在蒙古草原地带发现的岩画当中发现史前不同形制的车辆图案，说明车的发明应当与北方草原地带生活的游牧民族有关。中原以农业为主，盛产粮食、麻、丝及手工制品，缺少农业发展所需要的大量牛、马等；北方草原地区以畜牧业为主，盛产牛、马、羊及皮、毛、肉、乳等畜产品，而缺少粮食、纺织品、手工制品等。对于草原丝绸之路来说，农牧互市自古有之，也是形成草原丝绸之路的基础条件。

内蒙古著名学者陈永志先生认为，草原丝绸之路其时间范围可以定位为青铜时代至近现代，空间范围大致框定为北纬40度至50度之间的这一区域，自然环境以草原为主要地貌特点，活动的人类群体以游牧为主要经济类型。其主体线路是由中原地区向北越过古阴山（今大青山）、燕山一带的长城沿线，西北穿越蒙古高原、南俄草原、中西亚北部，直达地中海北陆的欧洲地区。在草原丝绸之路

挖掘文物价值

上活动的人类群体主要是游牧民族，自青铜时代起，先后有卡拉苏克、斯基泰、狄、匈奴、鲜卑、突厥、回鹘、契丹、蒙古等。

草原丝绸之路的繁荣，与突厥和回纥两个游牧民族有着密切关系。突厥人于公元6世纪中叶建立了突厥汗国政权，其疆域在最盛时，东尽大漠，西至里海，南抵波斯、印度，将中国、印度、波斯和罗马连接起来。随着唐朝对漠北草原的统一，草原丝绸之路得到进一步的发展。公元647年，唐朝以铁勒、回纥诸部设置六个都督府和七州，并给诸部首领玄金鱼符为符信。"于是回纥等请于回纥以南，突厥以北，置邮驿，总六十六所，以通北荒，号为参天可汗道，俾通贡焉。"元人虞集在《贺丞相墓志铭》中描绘道："（上都）自谷粟布帛。以至纤靡奇异之物，皆自远至。宫府需用百端，而吏得以取具无阙者，则商贾之资也。"

"草原丝绸之路"在元朝时期发展与繁荣达到顶峰。元王朝正式建立驿站制度，以上都、大都为中心，设置了帖里干、木怜、纳怜三条主要驿路，构筑了连通漠北至西伯利亚、西经中亚达欧洲、东抵东北、南通中原的发达交通网络。元代全国有驿站1519处，有站车4000余辆，这些站车专门运输金、银、宝、货、钞帛、贡品等贵重物资。阿拉伯、波斯、中亚的商人通过草原丝绸之路往来中国，商队络绎不绝。明朝时期北方草原地区战争迭起，草原丝绸之路逐渐衰落。

从古代遗迹和出土文物看，都能体现出东西方经济、文化交流的特征和文化的多元性。如流行于北高加索、黑海北岸的斯基泰文化和阿尔泰艺术中的怪兽纹，就在匈奴金银器、鄂尔多斯青铜器中多有体现。同时，中原地区流行的文字符号、牡丹纹、莲花纹、龙凤纹、规整的装饰手法、制作工艺等，在北方草原金银器中也有非常明显的反映。而北方草原金银器的装饰手法、器物造型、纹样类型等对中原地区的金银器也有很大的影响。由于西传至君士坦丁堡的丝绸和瓷器价格奇高，令相当多的人认为中国乃至东亚是一个物产丰盈的富裕地区。此外，阿富汗的青金石也随着商队的行进不断流入欧亚各地。葡萄、核桃、胡萝卜、胡椒、胡豆、菠菜（又称为波斯菜）、黄瓜（汉时称胡瓜）、石榴、葡萄酒等的传播为东亚人的日常饮食增添了更多的选择。从中国运出的铁器、金器、银器、镜子、丝绸等。运往中国的是稀有动物和鸟类、植物、皮货、药材、香料、珠宝首饰。在蒙古国诺言乌拉、高乐毛都匈奴墓葬中出土的玉饰件、漆耳觞、汉式铜镜以及棺椁葬具，还有写有汉字的丝绸与青铜器等文物，在草原地带出土的东罗马金币和波斯萨珊朝银币与波斯银壶，在西方的金银器皿上施用的牡丹纹、莲花纹、龙凤纹，都是草原丝绸之路上商品交换与文化交流的重要实物例证和文化碰撞交汇的结晶。

有人说世上本没有路，只不过走的人多了也就有了路；也有人说条条大路通罗马。丝绸之路尤其是草原丝绸之路恰恰验证了这些俗语的合理性。古代丝绸之路包括陆上丝绸之路和海上丝绸之路，陆上丝绸之路又细分为沙漠丝绸之路、草原丝绸之路和茶马丝绸之路。草原丝绸之路延续至今为中蒙俄经济带，主要通过环渤海、东北地区与俄罗斯、蒙古等国家的交通与能源通道，并向东连接日本和韩国，向西通过俄罗斯连接欧洲。茶马丝绸之路延续至今为中国—南亚—西亚经济带，通过云南、广西连接巴基斯坦、印度、缅甸、泰国、老挝、柬埔寨、马来西亚、越南、新加坡等国家；通过亚欧大陆桥的南线分支连接巴基斯坦、阿富汗、伊朗、土耳其等国家。沙漠丝绸之路主要为新亚欧大陆桥经济带，通过原来的亚欧大陆桥向西通过新疆连接哈萨克及其中亚、西亚、中东欧等国家。海上丝绸之路主要为海上战略堡垒，分别由环渤海、长三角、海峡西岸、珠三角、北部湾等地区的港口、滨海地带和岛屿共同连接太平洋、印度洋等沿岸国家或地区。

"一带一路"是"丝绸之路经济带"和"21世纪海上丝绸之路"的简称。"一带一路"世界上跨度最长的经济大走廊，旨在借用古代"丝绸之路"的历史符号，高举和平发展的旗帜，主动地发展与沿线国家的经济合作伙伴关系，共同打造政治互信、经济融合、文化包容的利益共同体、命运共同体和责任共同体。发端于中国，贯通中亚、东南亚、南亚、西亚乃至欧洲部分区域，东牵亚太经济圈，西系欧洲经济圈。通过"一带一路"建设，无论是"东出海"还是"西挺进"，将使中国与周边国家形成"五通"。"一带一路"在平等的文化认同框架下谈合作，是国家的战略性决策，体现的是和平、交流、理解、包容、合作、共赢的精神。

北京民俗博物馆于2018年春节举办第十七届北京民俗文化节，隆重推出"草原丝路——内蒙古明博草原文化博物馆精品文物展"，就是响应国家"一带一路"倡议，以内蒙古明博草原文化博物馆收藏的鄂尔多斯青铜器、辽金元时期各类文物200余件套，全面展示草原丝绸之路1000余年繁华时期的文化特征、民族特征、时代特征，并精选其中的文物珍品结集成书，以飨关注草原丝绸之路

◇❖ 挖掘文物价值

文化的各界人士。多年来，北京民俗博物馆秉承扶持民办博物馆联合办展的理念，严守文物鉴定关，努力让更多有实力和收藏特色的民办博物馆、收藏家，将其珍藏的民间珍贵文物展示于京城，为北京打造全国文化中心添砖加瓦！

北京民俗博物馆馆长　曹彦生
二〇一八年元旦写于北京东岳庙

《观砚》序

笔、墨、纸、砚是我国传统的书写工具，被誉为"文房四宝"。千百年来这些工具为灿烂的中华文化谱写出累累篇章。汉代刘熙《释名》称"砚者研也，可研墨使和濡也"，砚比纸具有更为悠久的历史。1975年，湖北云梦睡虎地秦墓出土的砚，被视为迄今发现最早的书写砚，距今2000余年。由于汉代发明了人工制墨，墨可以直接在砚上研磨，于是砚台开始发展起来，出现了铜砚、陶砚、银砚、徐公砚、木胎漆砂砚等，六朝至隋朝有了瓷砚。唐代是砚台的重要发展时期，出现了端石和歙石两大砚材。南唐后主李煜痴迷砚台，宋李之彦《砚谱》载：所用澄心堂纸、李廷墨、龙尾石砚，三者为天下之冠。李煜在位期间，历史上第一次设置了"砚务官"。

宋代"文人皇帝"辈出，宋仁宗、宋徽宗等都留下许多与砚有关的故事，宋高宗亲自参与对砚台石品的讨论。文人墨客对砚台的情感在史籍和留世文物中多有体现。台北"故宫博物院"收藏了一件米芾行书《紫金砚帖》："苏子瞻携吾紫金砚去，嘱其子入棺。吾今得之，不以敛。"说的是砚台收藏大家苏轼借走米芾视之若命的紫金砚台，并想以其陪葬，痴迷砚台的米芾岂能割爱。如今这方紫金砚台不知所终，但米芾的《紫金砚帖》早已成为流传千古的名帖，砚文化亦流传至今。再如"一砚传五婿，五婿皆为相"的典故，也发生在宋朝。南宋王明清《挥麈录》："晏元献（晏殊）夫人王氏，国初勋臣王超之女，枢密使德用之妹也。元献婿富郑公也，郑公婿冯文简，文简孙婿蔡彦清、朱圣予，圣予女适滕子济，俱为执政。元献有古砚一，奇甚，王氏旧物也，诸女相授，号'传婿砚'。"晏殊、富弼、"两娶宰相女，三魁天下元"的冯京，冯京孙婿朱圣予、圣予女婿滕子济都做过副宰相。作为传家宝的一方传婿砚，从宋初武将王超传给文官晏殊起，传婿不传子，重文重婿的人文情怀贯穿七代，几乎延续整个北宋一朝。

挖掘文物价值

明清时期，砚台的材质、造型、功用呈现多样化，可谓千砚千貌，砚台的材料丰富多样，除端石砚、歙石砚、洮河石砚、澄泥石砚、徐公砚、易水砚、松花石砚、红丝石砚、砣矶石砚、菊花石砚外，还有玉砚、玉杂石砚、瓦砚、漆沙砚、铁砚、瓷砚等，共几十种。民国后，徐世章"视砚如命"，其藏砚数百方，上起唐宋，下讫明清，品类齐全，且铭文者居多，均编撰于《归云楼砚谱》；沈石友将自藏之砚整理编撰《沈氏砚林》等。至民国晚期，砚台市场状况急转直下。民国收藏家赵汝珍在《古玩指南》中说道："唐宋之时，千百金之砚，比比皆是，甚至万金、数万金一方之砚者，亦所恒有；元明相承，价格日升，直至晚清，砚价仍保持其历来之平衡。乃至清末，变法维新，西洋文化东来，不用毛笔者，亦可在社会上占重要地位。"

历史上将广东肇庆的端砚、安徽歙县的歙砚、甘肃卓尼的洮河砚称作三大名砚。清末，又将山西绛县的澄泥砚与端砚、歙砚、临洮砚，并列为中国四大名砚。也有人主张以天然砚石雕制的鲁砚中的徐公石砚代替澄泥砚，是四大名砚的另一说法。如今，书法界、收藏界公认的十大名砚是：广东端砚；以龙尾砚为代表的安徽歙砚；山西陶砚；甘肃洮砚，亦称洮河石砚；以红丝石砚为代表的山东鲁砚；产于四川省攀枝花市仁和区平地镇、大龙潭乡境内悬崖峭壁之上的四川苴却砚；产自贺兰山麓笔架山，以紫色为主的宁夏贺兰砚；出自贵州省岑巩县星台潭的思州石砚；产于东北长白山区，色彩有紫红、紫绿相兼、深绿、浅绿四种，以深绿色刷丝为上品的吉林松花御砚；产于河北省易县钟南山的河北易水古砚。

砚台在北京东岳庙神堂的历史可追至明朝。据明天启七年（1627）《东岳天齐大生仁元圣帝白纸圣会碑记》："天地万物，莫不各具一生机，是故有生者，有生生者，有所以生生者，果孰为之鉴录哉？人皆以为天齐仁圣大帝是斯焉……岳而曰东，东者动也，生气之府动于斯也……第元者，生人生物之始，天地之德莫先于此，于时为春，于方为东，于人为仁……内外众善进贡虔洁意诚，进贡冠袍带履、御用器皿、宝马香驭，及岳府诸司曹案空白记录、笔墨砚等项钱粮。"可见，砚台被视为体现"天地之德"的载体之一，被信众进贡至东岳大帝的神案之上，让"生气之府"东岳庙因春、东、仁而文气陡增，更让700年历史的东岳庙与砚台结缘的文字记载存续500年之久。北京民俗博物馆筹备庆祝东岳庙建庙700周年之际，"庆云精舍"堂主慨然从收藏20余年的200余方古砚中筛选出60余方珍品，到北京民俗博物馆展出，并同时出版图文并茂的砚台鉴赏书籍。

博物馆中收藏的古砚按年代分汉、晋、唐、宋、明、清、民国；按材料分端石、歙石、锡、铁、澄泥、青瓷、陶、瓦、漆砂、松花石等；类型分蝉、抄手、多足、笔架、随型石子、琴囊、碑式行囊、钟、瓶、龟、几形、马蹄、船、花、砚屏等式样；纹饰有荷叶、榴开百子、梅兰竹如意、河图洛书、缠枝莲、福禄寿、海天初月、玉兔朝元、犀牛望月、米芾拜石、携琴访友、獬豸、观象、云龙、人像、鲤鱼跳龙门等；铭款既有乾隆御铭，又有禹之鼎、王云、正岩、厉鹗、董诰、陈道復、陈鸿寿、李文田、玉堂清玩文壁、丁云鹏、张廷济、周仪、顾洛、孔祥璞、孔谷孙、凤沼、袁褧、林佶、沧门、黄莘田、宋荦、朱彝尊、冯敏昌、戴熙、赵朴初、景星庆云等人名和雅号。这些明清和近现代史上赫赫有名的书画家、考据学家、古文字学家、诗人、文学家、古物鉴定家，留下的铭刻，其珍贵的史料价值、文化价值不言而喻。砚台研究名著，民国时期有刻版的于敏中、梁国治等奉敕编纂的《钦定西清砚谱》，属难得一见的珍贵古籍善本；最负盛名的是清代咸丰时刊本，"扬州八怪"之一高凤翰著的《砚史》，也体现出了"庆云精舍"堂主收藏追求的高雅品位。北京荣宝斋从安徽购得明代将军墓碑改制而成的"景星庆云歙石砚屏"，记录了赵朴初老先生题字砚屏、墨迹聚散分合的收藏佳话。

明代方孝孺《御书赞》："惟天不言，以象示人，锡羡垂光，景星庆云。"《汉书·天文志》："天暤而见景星。景星者，德星也，其状无常，常出于有道之国。"《晋书·天文志》："景星，如半月，生于晦朔，助月为明。或曰，星大而中空。或曰，有三星，在赤方气，与青方气相连，黄星在赤方气中，亦名德星。"《汉书·天文志》："若烟非烟，若云非云，郁郁纷纷，萧索轮囷，是谓庆云，庆云见，喜气也。"《汉书·礼乐志》："甘露降，庆云集。"

20世纪90年代初，荣宝斋从安徽民间淘回由明代一将军墓碑改制的曜壁，后由赵朴初老先生题字"景星庆云"歙石砚屏。21世纪初又与杜金玲女士结缘珍藏，日本一行家曾欲以重金收购而被拒绝。2017年初冬，因缘相聚的杜金玲女士在原荣宝斋副总经理米景扬十墨山房处，见到赵朴初老先生为曜壁题写的"景星""景云""景星庆云""景耀流光之砚，荣宝斋石砚题字供参考"墨宝。米景扬先生有感于聚散离合后的缘分，舍爱让砚屏题字墨宝与砚屏相隔20余年后再聚首，可谓珠联璧合。

讲聚散离合，东岳庙的悟道先驱者，早有心得。清乾隆二十二年（1757）

挖掘文物价值

《东岳庙路灯会碑记》："事或聚或散，时也。为善有同好，心也。东岳故曰岱宗神，为五岳之一，庙建于京东朝阳门外，作火维填星白黑帝之配，其谓兴云出雨，秩三公而尊四国，产万物者也。""景星庆云"歙石砚屏、墨宝完璧展示于众，尚属首次，可谓时也、心也！

东岳庙明崇祯六年（1633）《年例进贡白纸圣会碑记》："以一人化一人，为善者小；以一人化众人，为善者大；以一时化一时，为善者亦小；以一时化众人，为善者更大。""庆云精舍"堂主收藏的古砚多来自拍卖会，藏品收藏有序，加之古砚收藏圈行家掌眼，更添高贵之筹。堂主无私，携砚至东岳庙与大众同赏、同乐；积善之心，德以配位。一方砚台，就是一方心境，也是一方天地。古庙七百华诞，景星出、庆云现、风调雨顺、国泰民安之昭示也。谨以此为序！

北京民俗博物馆馆长　曹彦生
二〇一九年元旦写于北京东岳庙

《天晴——汝瓷、汝州青瓷》序

纵有家财万贯，不如拥有汝瓷一片。隔着展柜玻璃，在台北故宫博物院、北京故宫博物院、河南省博物院等地，我曾多次端详过汝瓷，但不能上手把玩，对于古瓷爱好者来说，这无异于隔靴搔痒，也给我留下了多年的遗憾。在参观过上海博物馆举办的特展——"中国元代青花瓷器展"之后，我常常感叹在一些海内外专题中国文物精品聚集之难！

汝窑瓷器存世之少甚于元青花瓷，围绕汝窑瓷器的争论更是莫衷一是。关于汝窑瓷器的争论主要有：汝窑御用瓷与民用瓷，清凉寺汝窑瓷与张公巷窑瓷、汝州青瓷、高丽瓷、南宋官窑和越窑青瓷、龙泉青瓷、耀州青瓷等错综复杂的关系；汝窑瓷何以与柴窑瓷一般迷雾重重而又昙花一现等。清凉寺窑址和张公巷窑址出土的瓷片如同吉光片羽，作为实证，再现了湮没于历史尘埃之中却闪耀过时空的汝瓷的辉煌。这就是北京民俗博物馆精心策划"汝窑"和"汝州青瓷"展览，并出版《天晴——汝瓷、汝州青瓷》一书的初心。

历史学家陈寅恪赞宋代"华夏民族之文化，历数千载之演进，造极于赵宋之世"。宋代的科技、文化、经济、艺术堪称登峰造极，国际上誉宋代为中国的文艺复兴时期，四大发明中的火药、活字印刷和指南针皆产生于宋代。宋朝经济繁荣，理学、宋词、散文、书法、绘画皆著称于史。宋瓷以单色釉高度发达著称，追求色泽莹润，清素淡雅，其色调之优雅，无与伦比。定窑、龙泉窑、耀州窑、越窑、磁州窑、建窑、景德镇窑、钧窑八大窑系，汝、官、哥、钧、定五大名窑，除磁州和景德镇窑外，其余基本以烧造单色釉瓷器为主，器型典雅、釉色纯净。星光灿烂的窑口，堪称我国古代陶瓷的代表和典范，其美学高度可谓前无古人后无来者。

清代蓝浦在《景德镇陶录》中总结道，"自古陶重青品"。中国青瓷烧造史

挖掘文物价值

滥觞于商周时期,东汉之后以越窑青瓷为代表日臻成熟,越窑青瓷闻名中外,造型优雅,釉质腴润如玉,清新雅致,形神兼备,内敛含蓄,意境深邃高远。唐代中后期出现的秘色瓷,制作工艺炉火纯青,独步天下。

宋代南、北青瓷"分庭抗礼"。汝州青瓷特指宋元时期汝州境内古瓷窑烧制出的青瓷,境内现发现严和店窑、唐沟窑、班庄窑等40余处古瓷窑遗址,多为烧制刻花、划花、印花青釉瓷器,以及钧釉青瓷、汝钧不分青釉瓷。以严和店窑为代表的汝州青瓷虽为民窑,但在北宋时期也烧制出不逊于汝瓷的精品,它是五代越窑后,北宋中原地区的制瓷中心,被陶瓷界誉为"青瓷之都,青瓷之鉴"。

宋徽宗的南柯一梦造就了汝窑艺术特色上的登峰造极。"雨过天青云破处,这般颜色做将来",这本是描述五代后周世宗柴荣创烧柴窑瓷器釉色的诗句,但被后人嫁接到了宋徽宗的汝窑瓷之上,两位相隔百余年的皇帝,因发明的两种珍稀青瓷而彪炳史册。对于汝窑,南宋叶寘在《坦斋笔衡》中写道:"本朝以定州白瓷器有芒,不堪用,遂命汝州造青窑器,故河北、唐、邓、耀州悉有之,汝窑为魁。"有学者依据南宋《清波杂志》所记载的"汝窑宫中禁烧,内有玛瑙末为釉,惟供御拣退,方许出卖,近尤难得",认为汝窑乃官搭民烧,初期为贡窑,北宋徽宗时为御用官窑;也有学者主张汝窑与南宋杭州凤凰山老虎洞和郊坛下窑同属修内司官窑,即北宋官窑。北宋徐兢在《宣和奉使高丽图经》中提到,高丽时代的青瓷外观和汝窑相似。

清凉寺遗址可分为清凉寺民用窑、清凉寺贡窑和清凉寺汝官窑。考古发掘证明汝官窑或称御用汝窑,其生产工艺独特,先素烧再釉烧,几乎均为满釉裹足支烧,香灰胎,支钉痕小,鱼鳞开片蟹爪纹,纹理细、线条有变化,从清凉寺遗址出土的残器和瓷片看,胎体薄厚均匀,造型规整。天晴色是介于蓝绿之间的复合色,由汝州本地含有多种元素的天然矿物原料再加之传说中的玛瑙入釉,经过高温烧制并在还原气氛中发生窑变,最终雨过天晴、浴火而出。因窑变不可控,故色泽深浅不一,深浅明暗变化多端,明丽而澄净,优雅而深邃。在汝窑中心烧造区出土的器物造型多达四五十种,除了三足樽、折肩瓶、承盘椭圆水仙盆、莲花式碗和葵花式盏托、洗、盘等传世品种外,还有花鹅颈瓶、梅瓶、方壶、香炉、折沿盘、刻莲瓣纹盏托、大盆、酒瓶等。

张公巷窑址与清凉寺窑相距不远,在汝州市区东南,器形有深腹碗、弧腹碗、折沿弧腹碗、鼓腹碗、盖碗、花口折腹圈足盘、折沿鼓腹圈足盘、直口鼓腹圈足盘、板沿平底盘、葵口平底盘、葵口板沿平底盘、四方束腰平底盘、圆形平底碟、板沿平底盏托、四方倭角套盒、板沿隐圈足盆、圆形弧腹平底洗、椭圆平底内凹洗、椭圆裹足洗、撇口圈足壶、盘口折肩瓶、鹅颈鼓腹瓶、瓜棱腹隐圈足梅瓶、堆塑熏炉、枕、器盖等20余种。釉色为青绿、淡青、灰青、卵青，很少有淡天晴色，胎质粉白、灰白、洁白、浅灰，难见香灰胎，薄胎薄釉为主，釉质玻璃感强，垫烧为主支烧为辅，匣钵外壁与汝窑类同，多涂耐火泥。张公巷窑与汝窑的烧造工艺和窑具相似，器物的造型、胎质、釉色差异较大。

南宋郊坛下官窑和老虎洞官窑早期产品的造型与汝窑同类器几乎完全一样，比如老虎洞官窑中的碗、盘、洗、套盒、板沿盆、盏托、梅瓶、鹅颈瓶、盘口折肩瓶、弦纹三足樽、器盖等，它们的造型和工艺虽有差异，但有一脉相承的关系。

高丽青瓷借鉴了汝窑、耀州窑、龙泉窑等青瓷烧制工艺。《宋史·高丽传》记载，宋徽宗时，高丽使节进贡高丽青瓷，并考察了定窑、越州窑、汝窑等，其中尤其喜欢龙泉窑青瓷的细润、光滑、单一色调，当时龙泉窑一般将瓷器烧制成铁砂釉、黑褐釉、黑釉、豆青釉等单一釉色，并以动植物、人物为主雕浮雕纹。宋代《袖中锦》记载，高丽瓷样式、釉面与龙泉窑、耀州窑等相似，呈现典雅清秀的翡翠色调，其青瓷镶嵌艺术达到顶峰。

龙泉青瓷之美，借鉴和吸收了越窑、耀州窑等南北青瓷的精华，"如蔚蓝落日之天，远山晚翠；湛碧平湖之水，浅草初春"，"青如玉，明如镜，薄如纸，声如磬"。南宋龙泉窑烧制的晶莹如玉的粉青、梅子青釉色瓷器将青瓷推向顶峰。尤其青釉和梅子青釉，"雨轻风色暴，梅子青时节"。高丽青瓷和龙泉青瓷无论器型还是釉色，可谓如影相随。

汝窑的继承者首推南宋官窑。南宋郊坛下官窑和老虎洞官窑的早期产品与汝窑同类器几乎无差。张公巷窑与汝窑的烧造工艺和窑具相似，器物的造型、胎质、釉色差异较大。张公巷窑晚于汝窑，烧造年代可能早到北宋末年，巅峰期在南宋。汝州大峪东沟窑的烧造年代晚于张公巷窑。张公巷窑的器型与汝州大峪东沟窑相比差别较大，与南宋官窑相同或相近的器物相对较多。张公巷窑遗址出土的类汝窑瓷片确有与高丽青瓷相似的残件，说明了汝窑和境外窑业的工艺和文化交流。

宋代文化既有儒家文化倡导的简约素雅之美，又有道家文化道法自然之玄学

挖掘文物价值

意境，极具文人情趣，毫无汉唐时的肃穆凝重和明清时的繁缛富丽。汝窑瓷器烧造于宋徽宗赵佶在位期间，只有短短的20年。道家崇尚青色，大道至简，简是万物的本来面目，非有意为之，道家追求含蓄、内敛、优雅、深沉和雅致玄奥而又深远的意境。崇尚道教的宋徽宗编辑过《道学》，毗邻宫城修建过上清宝箓宫，故在其当朝时能够创烧出惊世骇俗的汝窑瓷器绝非偶然，这是国家意志、皇帝梦想得以实现的最有力实证。

流年似水，时光荏苒，多少故人往事都化作了前尘梦影，令人怅惘不已。但残器甚至一块碎片仍可以说明器物的器型、年代、特征、工艺等信息。将七分人工三分天成的汝瓷瓷片握在手中，宝光四射，晶莹剔透。刻在心中的汝瓷宝光，我曾在阳光下的雪花、洁净的冰片儿中依稀寻觅到了它的踪影，可以说"天晴"存在于自然，更映照在我们的内心。

德国哲学家黑格尔曾说："人类唯一能从历史中吸取的教训就是，人类从来都不会从历史中吸取教训。"流星般的柴窑瓷、汝窑瓷在历经短暂的辉煌后沉寂了，经过战乱，如今世间绝品汝瓷完整器寥若晨星，而汝窑残器、瓷片也难觅其踪。经过近一年的沟通协调，汝窑瓷片收藏者林俊、袁海清、袁雪峰等以弘扬汝窑文化为己任，慨然精选出有代表性的残器和瓷片儿百余件，由古瓷收藏大家、收藏鉴定名家陈士龙和李文年两位先生不辞辛苦，一件件把关，最终在北京东岳庙建庙700周年之际的春节，使"汝窑""汝州青瓷"两个展览在北京民俗博物馆隆重推出。

一场突如其来的新冠疫情冲击北京，古老的北京东岳庙历史上第一次遇到长达半年的封门，直到现在仍处于疫情常态化防控下的有序开放状态。风雨多经人不老，关山初度路尤长。大灾大难之后，我们更加珍惜生命，更加珍惜历经磨难的遗存文物，更加热爱我们古老的祖国。借助《天晴——汝瓷、汝州青瓷》一书的出版，我们祈愿天下和平，灾害不生，祸乱不作，雨过天晴，国泰民安。

北京民俗博物馆馆长　曹彦生
二〇二〇年中秋节写于北京东岳庙

《医道华夏——传统中医药行业器具文物展》序

"一夜连双岁，五更分二年"的除夕夜降临时，突如其来的新冠疫情打得人们措手不及。在恐慌、茫然之中，北京叫停了一切春节活动。当时北京民俗博物馆刚刚布展完毕的、准备于大年初一亮相的"传统中医药行业器具文物展"尚未揭开面纱便匆匆上锁封门。直到半年后的8月，这个计划已久的展览才姗姗而来。

之所以选择"传统中医药行业器具文物展"为第十九届北京民俗文化节的主题展，是因为北京民俗博物馆主馆的所在地——东岳庙拥有与中医药密切相关的文化遗产，如药王殿和七十六司中的掌施药司、掌黄病司、掌毒药司、掌行瘟疫司、掌宿业疾病司及蒿里丈人祠等。东岳庙中流传数百年的白底黑字楹联令千千万万的游客驻足其前，悟其意者似醍醐灌顶般觉醒，如掌施药司的"一粒回春，功念无分人己；十方济世，寸心有益生全"；掌行瘟疫司的"赫赫五瘟，欲识天心忻爱；明明十剂，须知人事安和"；掌宿业疾病司的"医药罔施，遑问眼前解救；缠绵何病，惕思夙世怨愆"；蒿里丈人祠的"采药疗疴，普济世众；修真崇道，惠泽苍黎"。从这些楹联中可知，医病先医心，健康就是福。

此次举办的"传统中医药行业器具文物展"是在机缘巧合之下适时而为的一个展览。在新冠疫情肆虐全球的时候，历史上有着战胜330余次瘟疫"战绩"的中医大显神威。灾难面前，中医祛湿清邪、阴阳中和的药理保护了古老的中华民族，加之政府封城等隔离措施的及时到位，使中国率先将疫情控制住，也使人们的生活重新步入正轨。中医的神奇效果使人们开始对中医的历史、中医文化产生浓厚的兴趣，这时，由跨越中华五千年、300余件（套）中医文物构成的"传统中医药行业器具文物展"更显顺势而为。这次展览共分"祖师与典籍""药品制作""行医施药""医药老铺""医药字号""药品包装"六部分,全面展示和介绍了中医药行业的药典、名医、器具、老字号、药品包装等。

"祖师与典籍"展厅中的展品有明代木刻三皇圣祖人物纹印版、孙思邈人物纹印版、明代木雕朱漆孙思邈像、清代木雕金漆彩绘孙思邈像、民国木雕"孙师药王老爷之神位"等。另外,还有清代的《黄帝内经》《本草纲目》《御纂医宗金鉴》《御制金鉴外科》《增补绘图针灸大成》《增补珍珠囊雷公炮制药性赋解》《脉诀规正》《珍珠囊》《胎产秘书》《千金方衍义》《零纨碎锦》《细料库药目》和民国的《济生神书》《京药集成》《妇科集注方》《药性总论》《神效药方》《人体经穴图》等药典医书。

"药品制作"展厅中的展品有清代青花乳钵、清代白瓷药钵、清代铸铁梅花纹捣药罐、民国木质捣药罐、清代铁质捣药罐、清代铁质药碾等药品研磨工具。另外,还有民国木质铡刀、民国铁质铡刀、清代龙头富贵吉祥铡刀、清代铁质熬药锅等药品制作工具。

"行医施药"展厅中的展品有新石器时代骨针、汉代骨质药具、清代针灸九针和银针、葫芦形大漆小药瓶、葫芦形铜质小药瓶、双阴线刻"王天心堂药铺"款铜页包边木斗、木质黑漆药柜、紫铜嵌李时珍人物纹捣药罐、木质镂雕联字"怀德堂"招幌、铁质"贾记嘉庆十五年冬月吉日置"铭文捣药罐、各式瓷质乳钵、黑底金漆"临邑鱼鳞头万利和收买粗细地道药材店"招幌、木质"加料阿魏射香化疾膏药"双面印版、青花白瓷"佛镇人和堂""汉应至德堂吴亮金""周如山制"等小药瓶、各式铜质药铲、牛角药名印戳、华壹氏药房出品的"全治水"玻璃药瓶和"胃宁"玻璃药瓶、锡制"长春堂太上避瘟散"方形药盒、锡制"五福化毒丹"方形药罐等,这些都是多方搜集到的行医文物。

"医药老铺"展厅中的展品有"长顺川记"戥子;"宝善堂"药铺号签;民国白瓷釉上彩"政府注册生龙活虎商标"药罐;铜质"救苦还魂丹"药盒;白瓷釉上低温彩开窗的老君图装饰的盖上写有"养天和出品",罐身写有"太上商标,唯一补品,促进健康"的大药罐;白瓷彩绘龙虎纹,器身写有"长沙市八角亭马路,极品参茸全鹿丸"的药罐;贴有"北京万年堂"字样的玻璃质小药瓶;"八宝丹"白瓷药瓶;"长春堂太上避瘟散"锡制药盒;"牛黄清心""胃宁"等玻璃药瓶;"广升远药号"出的铝制方形的妇科圣药"定坤丹";标着伟迪氏、羚羊商标，专治"脚气痔疮、癣疥疮痒、肿毒湿气、头晕目眩"的"薄荷膏"等。

"药品包装"展厅中的展品有订于丁卯年、永香斋出的《药性总论》；民国春林氏制药社出的"肝症丸"使用说明书；印刷有"黄县保恒堂贾氏秘制川贝橘红精"的纸质说明书；健民中药店包装纸；民国时期"黄县保恒堂贾氏秘制川贝橘红精"包装纸，包装纸外印有"儿科琥珀安惊散""万应十二神金丹"两种中成药广告；清末民初，京都正阳门外大栅栏路南同仁堂的"云宝如意丹""五加皮药酒""牛黄清心丸""透骨镇风丹"等红纸黑字系列包装袋；《同仁堂药目》；北京德寿堂"舒肝丸"包装纸，包装纸上有两组整版彩打、十一排相同图案的商标，两组商号点位信息，两组德寿堂"舒肝丸"广告；清代中和堂各式药单、药品、药品说明印版、印戳；京都仁义堂印有"修合虽无人见，存心自有天知""丸散膏丹汤剂出门概不退换"的药铺包装纸；唐拾义大医师"久咳丸"；钤印"德润堂华洋药店"，书面印有"何物可食，如何食之""此书论饮食之道，并卫生治病之法"的药单说明书；"奇喜头痛丸""埃歌憋林补胆片"等药品的中英文双语使用说明书。

最难能可贵的是"医药字号"展厅，其集中展示了老北京同仁堂、德寿堂、仁义堂等的相关文物，这些文物集中体现了中医老字号文化的源远流长和博大精深。"医药字号"展厅展出的文物主要有，"1942年烟台警署化验有效、北京内政部登记、医生万星福监制、清肺止咳灵"的纸质说明书；"京师警察厅注册、万家新秘制、妇女至宝丹"的纸质说明书；瀛西大药房发卖、为腹痛特制的"一粒丹"的使用说明书，说明书上还印有"瀛西大药房医士姚子扬制、定价四角、暂售大洋三角"；延寿堂孙家老药铺"调经养血"症治说明，内有发明人肖像，两边标有"内政部批准立案，卫生署化验许可""中央医药部登记、天津市政府注册""实业部商标局注册商标"，另外还标注有"一元钱原料主要药""主治用法""价目地点""卫生要旨"四个分项栏目。

2019年末，北京民俗博物馆联合北京香文化促进会、云南民族大学香文化研究院、中国国际教育电视台等单位制定并出台了《天然驱秽香生产应用指南》，同时牵头全国9家香文化企业依照该标准生产出11种天然避瘟香。"圣品沉香驱秽防疫香"源于《本草纲目》中对于沉香药物作用的记载，其主要成分为：天然沉香粉、天然粘粉。"驱秽香包"源于《黄帝内经·素问》中关于抗御

"疫疠""避其毒气"的记载，其主要成分为：藿香、白芷、丁香、佩兰、苍术、陈皮、艾叶等。"口罩伴侣"源于吴尚先的《理瀹骈文》，香药分走六经，药味辛香气烈，防止戾气侵入，其主要成分为：柴胡、苍术、羌活等。"医方避瘟香"源于《医方易简》，其卷四载："避温丹，预防瘟疫。遇瘟疫大作之时，家中各处焚之。"其主要成分为：降真香、乳香、苍术、细辛、甘松等。"天然驱秽香·艾草香"源于《本草纲目》的记载，其主要成分为：野生陈艾、榆树白净皮。"驱秽防疫沉艾香"（塔香）也源于《本草纲目》，其主要成分为：沉香。"天然避瘟香"源于《松峰说疫》中卷五的记载，"诸方避瘟方，一方天行时气，宅舍怪异，并烧降真香有验"，其主要成分为：降真香、苍术、乳香、甘松等。"降真香"源于《本草品汇精要》，"烧之能引鹤降，功力极验，故名降真，宅舍怪异烧之，辟邪"，其主要成分为：海南降真香、海南黄金甲降真香。沉香源于《本草经疏》，"凡邪恶气之中人，必从口鼻而入，口鼻为阳明之窍，阳明虚则恶气易入，得芬芳清阳之气，则恶气除而脾胃安矣"，其主要成分为：莞系沉香、龙脑香。"天然驱秽避瘟香"源于《千金要方》中记载的"避疠方以内病外治之法"，其主要成分为：白芷、艾草、佩兰、零陵香、降香黄檀、板蓝根、石菖蒲等。"素兰香"源于《本草纲目》，其主要成分为：柏木。

  北京民俗博物馆取东岳庙掌施药司的楹联——"功念无分人己，寸心有益生全"为这11种、70万支驱秽香的温馨封签，并将其分批赠予马来西亚、埃及、摩洛哥、约旦、斯里兰卡、委内瑞拉、缅甸、安哥拉、阿联酋等国家的驻华大使馆及数十家隔离医院、酒店、社区、养老院等，此善举与"传统中医药行业器具文物展"形成社会互动，受到国家文化和旅游部、国家文物局、北京市文化和旅游局、北京市文物局等主管部门的高度评价，而北京民俗博物馆的上级主管单位——北京市朝阳区文化和旅游局还为九家制香企业发出了感谢信。中秋节后，北京民俗博物馆获准成为首批32家北京中医药健康文化体验馆试点建设单位，这是除北京地区卫计委系统外唯一的一家非医疗单位。

  如今，疫情仍在全球肆虐，而健康、平安也成为人们最重要的祈愿。"天人合一、大道至简"的道家哲学，"风调雨顺、国泰民安"的家国情怀，"人与自然和谐相处"的生命态度，"人类命运共同体"的地球家园理念等，这些世界观和理念又纷纷被人们重视起来。长寿的秘方、健康的要义是什么？我们似乎又慢慢找回祖先千百年来颠扑不破的长寿秘诀——善良。对于追求福禄寿喜财的芸芸众生而言，东岳庙给众人的警示和启示除了振聋发聩的"阳世奸雄，违天害理皆由己；阴司报应，古往今来放过谁"，还有东岳庙掌注生贵贱司、掌三月长斋司的"奉洁戒以精严，绵绵善果；持长斋而淡泊，炯炯灵根"；掌勾生死司、掌取人司的"原始要终，万物来去漠漠；命勾设取，一生善恶昭昭"；掌飞禽司的"呼名若性，全生咸栽休嘉；羽翰摩空，大小胥游造化"；掌修功德司的"济物为功，造福难分大小；存心是德，嘉修不在声名"；掌增延福寿司的"道法长存，尧舜千秋不死；圣贤尚在，孔颜万古犹生"；掌注福司的"作善降之百祥，一心为柄；好修锡之五福，万世同趋"；掌长寿司的"寿以德延，莫谓遐龄不在己；福因善造，当知富贵亦由人"；掌促寿司的"命算有因，夙夜宜知自惕；短年何孽，身心岂待人谋"。这些楹联既是古人对人生的体悟，也是祖先对长寿秘诀的精辟提炼。

习近平总书记在教育文化卫生体育领域专家代表座谈会上的讲话特别指出："要促进中医药传承创新发展，坚持中西医并重和优势互补，建立符合中医药特点的服务体系、服务模式、人才培养模式，发挥中医药的独特优势。"在主持中共中央政治局第二十三次集体学习时，习近平总书记强调："历史文化遗产不仅生动述说着过去，也深刻影响着当下和未来；不仅属于我们，也属于子孙后代。保护好、传承好历史文化遗产是对历史负责、对人民负责。""我们要加强考古工作和历史研究，让收藏在博物馆里的文物、陈列在广阔大地上的遗产、书写在古籍里的文字都活起来，丰富全社会历史文化滋养。"总书记的指示为传统中医文化指明了方向，也为《医道华夏——传统中医药行业器具文物展》一书的结集出版提供了及时的方向引导。

2000多年前，《黄帝内经》提出了"上医治未病、中医治欲病、下医治已病"的理念，用今天的语境来说就是养生、保健、医疗三段论。从"传统中医药行业器具文物展"到"驱秽香避疫"的实践，从中医文物的展出到健康体验馆的成立，这些都是北京民俗博物馆落实"健康中国、全民健身"的善举。需要特别指出的是，因时间仓促，以及办展人员专业知识的局限和业务能力的不足，书中中医文物的名称、用途、年代、解释等难免出现歧义，望行家不吝赐教，以备再版时更正。

北京民俗博物馆馆长　曹彦生
二〇二〇年霜降写于北京东岳庙荣慈轩

《印证朔方——古代青铜印文物展》序

《尚书·尧典》:"申命和叔,宅朔方。"南宋蔡沈《尚书》注:"朔方,北荒之地。"《诗经·小雅》:"天子命我,城彼朔方。"《尔雅》:"朔,北方也。"北方很冷,又可称朔方。明王铎《送袁环中郎中奉使宁远饷军序》:"设伏兵疑使,彼不敢逐水草西窥,朔方庶几边境少事矣。"此朔方即北方之意。

作为军事要地和戍边治所,历史上确有朔方郡,在内蒙古西部河套地带和陕西北部断断续续存留600余年。西汉武帝时期"收河南地,置朔方、五原郡",因郡治位于汉王朝国都长安城(今西安市)的正北方,因此取《诗经·小雅·出车》"天子命我,城彼朔方。赫赫南仲,狁于襄"之意,命名为朔方郡。西汉毛苌云:"朔方,北方也;赫赫,盛貌;襄,除也。"《公羊传·僖公·四年》就有"攘夷狄"之载。献帝建安二十年(215)春,因胡羌侵扰,曹操"省云中、定襄、五原、朔方郡"。十六国后赵于汉代朔方县故地复置朔方郡、朔方县,前秦以后废。北魏太和十一年(487),改统万镇为夏州,后于夏州南部置朔方郡,治魏平县(在今陕西延安一带),领魏平、政和、朔方三县。隋大业三年(607),改夏州为朔方郡。唐天宝元年(742)又改夏州为朔方郡。之后,朔方作为郡治消失在历史的尘埃之中。

无论北方一隅还是泛指北方,朔方在历史上既是农耕文化、游牧文化的交汇处,又是草原丝绸之路的重要舞台。匈奴、氐、羌、鲜卑、乌桓、突厥、回纥、契丹、女真、蒙古、满等各民族,在朔方你方唱罢我登场,演绎出一幕幕史诗般的民族融合鸿篇巨制。回望历史,朔方民族的史料简练甚至贫乏,文物尤其是带有文字的古物,无疑成为弥补史料不足的重要参照物,印章尤其是朔方出土的文字、图形印章,对于研究历史上的北方民族关系、贸易经济、民俗变迁、军事制度等,可谓拨开历史迷雾的一把金钥匙。

《印证朔方——古代青铜印文物展》序

中国印章的起源不晚于殷墟时期。早期印章的起源与陶印模有一定的关联，殷墟时期青铜印章的主要功能与青铜器铭文类似，用以标识主人的私名或氏族。战国时期印章已普遍使用。起初只是作为商业上交流货物时的凭证。印章有玺、宝、图章、图记、钤记、钤印、记、戳记等不同称谓。战国之前，印章通称为玺。秦统一中国后，只有天子之印称为玺，其余的都称印。汉代，诸侯王之印称玺，将军之印称章，其余称为印。清代，皇帝之印称为玺，亲王及以上之人的印叫宝，郡王及以下官员的印叫印，私人的印叫图章。

青铜印章种类繁多，基本上可分为官印和私印两类。官印，即官方所用之印章。历代官印，不仅名称不同，形状、大小、印文、钮式也有差异，以区别官阶和显示爵秩。官印一般比私印大，谨严稳重，多四方形，有鼻钮。私印，即官印以外印章之统称。私印分姓名字号印、斋馆印、书简印、收藏鉴赏印、吉语印、成语印、肖形印、署押印等。文字上分白文印、朱文印、朱白相间印等。制作上分铸印、凿印、琢印等。构成上分一面印、二面印、六面印、子母印、套印等。

铜印较之其他印材经久耐用，传世性强，颜色庄重，加上镂空、错金、错银、鎏金、錾制等，更显永恒、庄重之气。印钮本用于穿绶带系于腰间，如瓦钮、鼻钮等。鼻钮因孔小如鼻而得名，先秦的官印、私印均大量采用这种形式。汉代以后的官印鼻钮变大，又称为瓦钮、桥钮。用于铸造的青铜印钮，既有人形钮，又有动物钮，如龟钮、蛇钮、羊钮、马钮、兔钮、鹿钮、羆钮、鱼钮、螭钮等。

战国古玺印文笔画细如毫发，都出于铸造。白文古玺大多加边栏，或在中间加一竖界格，文字有铸有凿。如本书中的猪钮"文平"字押。

秦印指的是战国末期到西汉初流行的印章，使用的文字叫秦篆，多为白文凿印，印面常有"田"字格，以正方为多。低级职官官印为一般正方官印的一半，呈长方形，作"日"字格，称"半通印"。私印一般喜作长方形，此外还有圆和椭圆的形式。汉至魏晋时期的官印统称汉官印。印文与秦篆相比更为平直方正，多为铸造。汉私印为汉代的私人用印，形状各异，朱白皆有，更有朱白合为一印及多面印、套印、带钩印等。两汉私印仍以白文为多，西汉以凿印为主，东汉则有铸有凿。如本书中汉驼钮"汉破虏羌长"官印、驼钮"陆贺私印"印、东汉铜鎏金马钮"四角羌王"印、龟钮"侯氏家印"印、双面肖形"王猛"双面款四面印、"邹"字押、"安火金万"印、"臣张""李张"双面文字款四面印、

"秦孔丘""臣孔丘"双面文字款四面印等。汉将军印往往是在行军中临时任命，仓促之间以刀在印面上刻凿成的，又称"急就章"，如驼钮"部曲将印"。

魏晋南北朝印官私印形式和钮制都沿袭汉代，铸造上不及汉印精美，文字凿款比较草率。如本书中的三国魏驼钮"魏乌丸率善百长"印、三国魏驼钮"魏屠各率善千长"印、魏晋铜鎏金龟钮"鹰扬将军章"印、晋驼钮"晋鲜卑率善百长"印、晋蛇钮"亲晋氏王"印、晋蛇钮"晋蛮夷率善千长"印、晋驼钮"晋乌丸率善百长"印、晋驼钮"晋扶余率善千长"印、南北朝蛇钮"亲晋鲜卑王"印等。

唐初青铜印章钮式从鼻钮演变为宋之后的橛钮，鼻钮升高，钮穿渐向竖长方形发展。唐代后期印穿已消失，完全演化为橛钮，印背多刻楷书印文，如书中唐"处置边事之印"。宋早期官印印文与印边粗细相若，以后印边逐渐加宽。宋官印印文不再如隋印那样用蟠条法制造，而是直接铸造，方长形柄钮已不见穿孔。如书中宋"扶风号记"印、五代十国"威烈军右指挥使记"印、宋"生刚卫圣右躬五库第二指挥使记"印等。

辽朝"以国制治契丹，以汉制待汉人"，实行南、北面官并行的制度。官印也分汉篆文和契丹文。契丹文又分为契丹大字和契丹小字。如收入本书中的九叠篆字契丹文印、鎏金契丹文印、纯金契丹小字手牌、花形钮契丹文字押、"费□心""允帝"双面款四面印、瑞兽钮"洪氏"字押、瑞兽钮"徐"字押、西辽"马库军使朱记"等。

西夏官印用圆角形式，皆为满白文，笔画粗且用边框。借鉴宋朝九叠文特点，印面匀整饱满，有时在背钮顶端用西夏文刻"上"字。本书中收录西夏文首领印四枚，其中之一钮右印背刻执印者姓名，"首领"二字西夏文为上下安排；西夏文腰牌3枚。

金海陵王改革金朝官印，追缴袭用之辽、宋旧印。官印铸造精工，外观平整光滑。金印一般印背左侧刻造印机构名称，右侧刻铸印年及月。印台侧面刻印文名或兼印章的编号。金晚期内忧外患，金廷扩大军队，军事机构的官印数量激增，同一名称官印只好按顺序编号。编号印有两个系统，即五行系统和千字文系统。本书收录"副统之印"、"□州之印"、"会宁府合同"印章、"印造交钞库印"等。

元朝官印有汉文印和八思巴文印两类。早期使用汉字九叠文官印，后广泛使用八思巴文印，其特点是印边加宽。元八思巴文官印吸收了宋印九叠文的特点，匀称整齐，棱角分明，背款皆为汉字。如本书收录的"皇甫""南京"双面款铜权，"大德肆年造""提调官"款铜权，青铜合范铸造而成六棱形的铜权，以及腹部正面阳铸"提调官"字样，背面阳铸"大德肆年造"，其各面均有文字铜权；"令"字牌；老蒙文、回纥文、八思巴三种文字印；"潞州监军□字号之印"、五面八思巴文印、"至治"年款八思巴文印、"至正"年款八思巴文印、"良海牙百户印"、"中部侍亲军百户印"、"运粮百户印"、"库阁印"、"征行百户印"、狮钮八思巴文套印、"宣差河北东西等路课税所长官之印"等。

署押又称花押，系雕刻花写姓名的所签之押，使人不易模仿，因此可作为取信的凭记。花押印始于宋代，一般没有外框。历代印章大都有防奸辨伪的作用，作为个人任意书写变化出来的"押字"，有些已不是一种文字，只作为个人专用记号，更难以模仿而达到防伪的效果，因而这种押字印一直沿用到明清时代。

元代盛行的花押印多为长方形，一般上刻姓氏，下刻八思巴文或花押，又称"押""元戳"。如书中人形钮"伏"字押、"梁"字押、"下文"字押、"朱"字押、"衡"字押等六枚；人骑马钮九叠篆汉字"卢绪"字押两枚；"遇仙馆记"花押、双人钮八思巴文花押；铜花押56枚，虎头纹钮、"史"字押、竖条钮八思巴文押、鱼形钮八思巴文押、瑞兽钮"张"字押、"陈"字押、双台"康"字押、鸟形押、"鹿逐灵芝"形押、"鸭"形押、狮钮"封的"字押、锭形"王"字押、"朱日□"双文字押、双边框"德"字八边押、"马"字押、"莫"字押、葫芦形十字押、钟形"季达"字押、"我"字押、"万平安"字押、竖条"隐泉堂记"字押、"央大"字押、"米"字押等也各具特色。

明代皇帝、王府之宝用玉箸篆玉印。玉箸篆书"笔画两头肥瘦均匀，末不出锋"，乃"篆书正宗也"。内阁印用玉箸文银印；将军印用柳叶文，平羌、平蛮、征西、镇朔等将军印用螭鼎文，皆银印虎钮；其余百官印都用九叠文，铜印直钮。

明代直钮已由长方形板状钮变为上小下大的椭圆柱状，形成后世俗称的"印把子"。明代官印背款皆凿年款及编号。清代百官印等级区分同样十分严格，印章普遍有所增大。其字体有蒙古文楷书、满文、汉篆等。最常见的是汉满文对照同时出现在印面上，这也是清官印的一大特点。其中汉篆中，九叠文不太兴盛，出现了玉箸篆、悬针篆、柳叶篆、芝英篆等。如本书清代银虎钮满文札萨克官印两枚等。

一方青铜印见证了一段历史，契丹大小字、西夏文、八思巴文，如今已成绝学，今日能识九叠篆者又有几人？200余方印，跨越2000多年的时空，汇聚到拥有701年历史的北京东岳庙。抚古思今，怎能不令人感慨万千。东岳庙七十六司就是人间衙署的真实写照，从一些职掌官吏、审判、监察等司的楹联看，印者法也，是权威的标志。如掌曹吏司"守法奉公，清正方成吏道；设官分职，文书各有曹司"；掌生死勾押推勘司"判断如山，是非难移一字；勘磨以镜，曲直不昧四知"；掌都签押司"事判诸曹，奉帝心而有准；文签一字，临人世以惟严"，可见印章作为权力、威信的标志的权威性。青铜印章既是中华传统文化的载体，也是历史的见证物，理应受到珍视。故不揣浅学之嫌，乐为本书作序。

北京民俗博物馆馆长　曹彦生

二○二○年小雪写于北京东岳庙

《大明芳华》序

  2021年新春之际，一场酝酿多年，曾在京华预展并声名鹊起，业界渴望再睹芳容的明代官窑瓷器"大明芳华"展，在北京东岳庙北京民俗博物馆隆重推出。有明一代，东岳庙从元代皇家眷顾到明英宗下诏敕建，气势恢宏的皇家庙宇与瑰丽多姿的皇家御瓷相遇，珠联璧合，相映生辉，"大明芳华"实至名归。

  人们常说天地人和，何为"天"？《尚书》曰："天佑下民，作之君，作之师。"《孟子·梁惠王下》曰："吾之不遇鲁侯，天也。"《诗·大雅·常武》曰："徐方既同，天子之功。"东汉蔡邕《独断》曰："天子无外，以天为家，故称天家。"天为万物主宰，《说文解字》曰："天，颠也，至高无上。从一大，他前切。"程朱理学，奉天为尊，"存天理，灭人欲"，在世间构成"三纲五常"。《简易道德经》曰："常言天，其究何也？昊曰：无题，为知其天也，空空旷旷亦天。"《千字文》编排次序，首句"天地玄黄"，有天乃第一，最大、最好、最高之意。

  地之高者为"岳"。明英宗《御制东岳庙碑》云："君主万民必严五岳四渎之祀，而后能成惠养奠安之政。是故圣王之制祭祀，能御大菑则祀之，能捍大患则祀之。……天下之岳有五，而泰山居其东。民之所欲莫大于生。而东则生之所从始。故书称泰山曰岱宗。以其以生物为德，为五岳之尊也。"

  皇帝为天子，为人之尊。明英宗诏有司治故地于朝阳门外，敕建"规以为庙"，提出"君为百神之主，国之大事，祀又为之首乎！于乎君必祀神以礼，则神为君于民。所欲与聚，所恶勿施。不独御大灾捍大患而已……君为民于神辨方秩祀。筑宫肖像，不独望而祭之，过而告之而已，此东岳庙所为建于都城也钦……庙而祀其神于都城之东，示欲厚民生也。国家祀典，于凡山川之神，春祈秋报，既享祀于郊矣。然惟天子得以亲之而非民庶所得，渎也。士女车徒来尸来宗，得

挖掘文物价值

以尽其禳禬之私于岁时者，独非有所望于庙乎！"天地人三者关系，借助于敕建东岳庙，一一说清。

以皇帝的意志，昭示敕建东岳庙乃"匪徒庇民，卫我郊郭；疠疫弗兴，兵侵不作；人理其阳，神司其阴；阴阳表里，同此一心"，"宜旸而旸，宜雨而雨；神之在山，则应下土，惟恶是夺，惟善是予；神之在庙，则翊予度"。时光不会倒流，时至今日，新冠疫情肆虐人间已两年之久，祈盼"疠疫弗兴"之福音，跨越时空犹在耳际。

遑论元文宗助力肇建，鲁国大长公主助资扩建，有赵孟頫、虞集、吴澄纷纷为东岳庙第一代开山住持张留孙挥笔留痕，羡煞天下多少名山古刹？仅凭明英宗下诏敕建、嘉靖帝崇整修葺、万历帝敕修、隆庆帝增饰，后至崇祯帝"廷遣太常卿致祭"，其间皇太后、皇太子、皇子、公主、皇贵妃、权贵中官等更是不绝于途，"岁时朔望，宰官士庶信女，具香楮具牲牡者，结社而鸣金鼓者，匍匐竭蹶步步长跽以拜代趋者，奔走恐后"。

一代代贵臣显宦，诸如嘉靖朝经筵官王槐、顺天府府丞李敏，隆庆朝刑部郎中郭惟清，万历朝吏部尚书张居正、礼部尚书王锡爵、礼部尚书玉牒总裁赵志皋，崇祯朝工部员外郎吴炳、户部主事夏尚纲等，先后为东岳庙撰书记事刻石。千古流芳，铭石有记，张居正称赞"规模瑰丽，迥异畴昔，岿然若青都紫极矣"。赵志皋赞叹"巍巍兮其庙貌，赫赫兮其金容；铿铿兮其致享，恍恍兮其来临；昭昭兮其显应，悠悠兮其永延；立石纪盛兮，行且垂之百千万亿斯年"。明末崇祯时期的吴炳记述"都城朝阳门外□敕建祠宇，崔巍宽敞，壮丽瑰琦，庙貌新昂，神拱列，侍卫森严，金碧辉煌"。四十六次奉钦命祭告郊庙陵社的郭振明，可谓见多识广，他慨然写道："立庙于京，仿古帝王巡狩封禅之意，而为下民忏悔瞻礼之场。自宰官卿相以至贩夫走卒，有一不知天下之有东岳之不必在山东而在京门之东也哉！"

明代的制瓷业非常发达，瓷窑增多，所产瓷器品质优良，造型美观。明代宣德年间景德镇御窑厂烧造的青花瓷器，在中国陶瓷发展史上具有很重要的地位。它以其古朴、典雅的造型，晶莹艳丽的釉色，多姿多彩的纹饰而闻名于世，其烧制技术达到了最高峰，其成就被称颂为"开一代未有之奇"。明代自洪武二年（1369）起，朝廷在景德镇设立窑场"陶厂"，烧造的瓷器不仅有日用器、祭礼器以及专门用来赏赐的器物，同时还烧造各种釉色的大瓷瓦供南京及凤阳（明中都）修建皇家建筑用。官窑瓷器的品种、造型、纹饰等大体沿袭元代，以青花、釉里红瓷器最具代表，器物造型浑厚、纹饰繁密、画风古朴、呈色暗淡，时代特征鲜明。

建文四年（1402）陶厂更名为"御器厂"，烧造皇家用瓷，景德镇自此确立了"瓷都"的地位。宣德时期，有"诸料悉备，青花为贵"之说。明代是中国青花瓷器发展的黄金时代，其中以永乐、宣德两朝为最盛。由于这两朝所使用的钴料多用郑和从西洋带回的"苏泥勃青"钴料，釉层晶莹肥厚，色泽浓艳，蓝中泛有黑斑，黑斑和浓艳的青蓝色相映成趣，颇具水墨画般的美感，加上错落有致的黑色斑点，使画面产生了非同凡响的艺术效果。

皇家御瓷展示于皇家庙宇，名之曰"大明芳华"。皇家御用瓷也曰官窑瓷，精工巧作、万里挑一，方能显出皇家的非凡气韵。上承宋、元，中泽明宣成，下启清康乾，为有明一代官窑瓷器艺术之典范，开创之功甚伟，集古今之菁华，融中外之风格，隽品迭出，其中青花一项，尤为精绝，色泽深翠，式样精妙，明代文人品评甚高，谓之"发古未有之名品""其价几与宋器埒矣"，备受后世推崇。

15世纪初始，大明皇朝业已覆灭元统，再经靖难之役，确定了永乐皇帝朱棣的绝对权力。作为世界强国的明初政府，拥有先进航海及造船技术的坚实基础，明成祖文皇帝朱棣具备一种受命于天、复兴华夏道统的强烈使命感。迁都北京始建紫禁城，编纂中国古代类书之冠《永乐大典》，差遣三宝太监郑和七下西洋，成为永乐年间的三件大事。

中外文明的交融，赋予了永宣时期青花瓷独特的风格，具有了更深层的文化内涵。如同吴仁敬、辛安潮曾在《中国陶瓷史》中的评论："明人对于瓷业，无论在意匠上，形式上，其技术均渐臻至完成之顶点。而永乐以降，因波斯、阿拉伯艺术之东渐，与我国原有之艺术相融合，于瓷业上，更发生一种异样之精彩。"其中的"异样之精彩"，便是伊斯兰文化的异域风韵，使青花瓷在不同文化的碰撞中，产生了动人的艺术魅力。永乐年之后，明仁宗朱高炽和明宣宗朱瞻基采取了息兵养民的政策。明初社会经济经洪武、建文、永乐三朝的恢复发展，到仁宗、宣宗两朝，社会经济出现了"仁宣之治"的繁荣之景。其中，黄地青花创烧自宣德御窑，可谓开启后世低温色地装饰御瓷之先河，影响深远，于雍乾御窑亦为名品。

永乐、宣德两朝是明代御器厂发展的辉煌时期，不仅青花瓷器被后人誉为明

挖掘文物价值

代青花瓷器之冠，鲜红、祭蓝、甜白等颜色釉瓷器也备受后世称道。典型的永乐青花瓷器使用进口料苏泥勃青描绘，青料发色浓艳、蓝中带黑；纹饰中常伴有深入胎体的大小不同且不均匀的黑褐色斑点，用手抚摸似有高低不平之感，俗称"咬胎"；釉色发青色、青灰色，釉质肥润而多不清澈，釉面伴有鬃眼，常有氧化铁结晶及泅散现象。永乐官窑诸如花浇、无当尊、八方烛台等器型，颇受伊斯兰文化影响；军持则为佛教所加持。永乐时期白釉瓷器胎体薄如卵壳，甜润色泽如白糖，世称"甜白"，为一代绝品。宣德时期还大量烧造蟋蟀罐、鸟食罐、花盆、花瓶等器物，并仿烧汝釉、哥釉等瓷器。洒蓝又名"雪花蓝"，创烧于宣德官窑；鲜红釉又称祭红釉、宝石红釉，为祭祀时使用，成品率极低，被后人奉为圭臬。

正统、景泰、天顺时期，天灾人祸波及景德镇制瓷业，虽未停止烧造，但迄今为止，尚未发现署有这三个朝代年号款的官窑产品，故有"空白期"之说。三朝瓷器前期继承宣德瓷器风格，后期则接近成化、弘治瓷器风格。

成化官窑瓷器胎质洁白细腻、釉面光滑莹润、构图疏密有致、设色清丽典雅、绘画技艺精湛，以造型小巧的器物较为多见。在成化官窑众多瓷器品种中，以斗彩声誉最高，其中鸡缸杯、高士杯、三秋杯、折枝葡萄纹高足杯、海马图天字罐等，均为脍炙人口的名品。

弘治官窑瓷器风貌与成化时期大体相同，在继承前代基础上，出现了不少时代特色鲜明的品种，如素负盛名的浇黄釉瓷器，其色泽淡雅娇嫩（故亦称"娇黄釉"），超越宣德、成化时期产品，技术已臻炉火纯青，堪称明代浇黄釉瓷器的典范。黄釉，是要求最严格的一种釉色，因"黄"和"皇"同音，故黄色为皇家的象征。明代黄釉瓷器以弘治朝烧造最好，色泽均匀娇艳，有"鸡油黄""娇黄"或"浇黄"之称，后世多有仿品。

正德官窑青花瓷器以成化、弘治时期的淡雅风格为主，并逐步向嘉靖、隆庆、万历青花瓷器浓重的色调过渡，大型器物也日渐增多。瓷器上常以阿拉伯文装饰，有的还用八思巴文书写年款。此时的孔雀绿釉、素三彩等品种，成就卓越，成为显赫一时的名贵品种。

嘉靖、隆庆、万历出现了"官搭民烧"制度，官窑瓷器与以前大不相同。在器型上，小件器物虽仍精工细作，但大型器物如大缸、大罐、大瓶、大盘等明显增多，且一般工艺较粗糙；在色彩上，画风朴拙、色彩浓艳的五彩瓷器制作达到鼎盛，尤其是万历五彩瓷器，数量之多，堪称空前绝后；在装饰上，盛行具有道教色彩的吉祥图案，常见图案是吉祥文字变形为纹饰。嘉靖至万历时期推崇仿古瓷器，所仿成化青花和斗彩瓷器颇具形神，为明代仿古瓷器的佳作。

聚焦明代官窑瓷器，依据历史文献，穿越历史时空，对话当时观点，如明朝旅行家王士性《广志绎》主张："本朝以宣、成二窑为佳，宣窑以青花胜，成窑以五彩。宣窑之青，真苏勃泥青也，成窑时皆用尽，故成不及宣。宣窑五彩，堆垛深厚，而成窑用色浅淡，颇成画意，故宣不及成。"另外，明代沈德符在其《敝帚斋余谈》中说："本朝窑瓷，用白地青花间装五色，为古今之冠。以宣窑品最贵，近日又重成窑，出宣窑之上。"再看明后清代蓝浦《景德镇陶录·景德镇历代窑考》中谓："成化厂窑烧造者。土腻埴，质尚薄，以五彩为上。青用平等青料，不及宣器，惟画彩高轶前后，以画手高，彩料精也。"清初谷应泰《博物要览》载："古之烧造饶器进献者体薄而润，色白花青较定少，次元烧小足印花内有枢府字号者，价重且不易得。若我明永乐年烧压手杯……成窑上品，无过五彩葡萄撇口扁肚把杯，式较宣杯妙甚，次若草虫可口子母鸡劝杯、人物莲子酒盏、五供养浅盏、草虫小盏、青花纸薄酒盏、五彩齐筋小碟、香合、各制小罐，皆精妙可人。"充分说明成窑瓷有如此美誉并非徒有虚名，而是实至名归。《明史》记载："成化间，遣中官之浮梁景德镇，烧造御用瓷器，最多且久，费不赀。"

明代晚期嘉靖、隆庆、万历的官窑瓷器开始流行世俗化的装饰。瓷器画面密不透风，纹饰以龙凤、仙人灵兽、祥瑞之物居多。青花的发色大多蓝中透紫，非常浓艳。而五彩用色则尽显富贵华丽，缺乏了素雅恬静的风韵，显得非常浮躁。

明万历二十年（1592），资善大夫、礼部尚书、东阁大学士、知制诰、经筵、日讲、玉牒馆总裁赵志皋奉敕撰《敕修东岳庙碑记》，其中载："都城朝阳门外里许有东岳庙，正统中敕建，英宗皇帝御制碑在焉，越百余年。而我皇上以圣母慈圣皇太后旨，拓而新之，维时万历丙子，迄今壬辰十又七年矣……皇上……复出帑储若干缗……缮葺藻饰，更于寝殿左右作配殿，缭以琉，前树棹楔，赐额曰弘仁锡福。经始于二月二十六日，落成于次年三月十一日，上命立石庙庭。"万历三十四年（1606），赐进士出身的奉政大夫、尚宝司卿、前河南提刑按察司提学副使、翰林院编修、纂修大明会典、知起居注，兼充经筵展书官赵鹏程撰《钦造岱岳灵应玄妙金像碑》，其中载："帝城之东有古庙焉，则东岳天齐仁圣大帝是已宰制人间……庙始建于唐室，监造者尉迟敬德也，世为美传，习

挖掘文物价值

闻颂声焉。迄今历四代垂千载。于兹庄严具备，规模宏远，较诸往昔，大是改观，炳然烺然在宇宙间矣。惟仁圣随感即通妙应如响大慈大悲，锡福锡庆，都门仰瞻惕如也，视他祠宇天壤不侔。是以圣母秉忱，皇上笃恭，中宫乐善，皇贵妃修庋，东宫殿下、福王、荣昌公主、七公主同德，偕诸妃嫔，各捐内帑，精造渗金东岳圣像，七尺二寸法身，暨宫官从神，森列与俱。以丙午岁季秋之吉，安位于岱岳正殿，用享殷荐。金碧辉煌，灿烂耀目。伟哉，大圣人之制作乎！真天下奇也。……其间大新，时人之耳目者，则皆本庙道录右正乙刘君正廉也。君生而颖慧，九灵三精，出人意表，视寻常辈殆相万矣。……真奇邈哉，真奇邈哉！第恐吉祥善事将久而湮也，乃嘱余言以记之铭。"

东岳庙历史上以"三多"著称，"三多"之一就是石碑多，现存明碑三十三通，从大明正统十二年（1447）《御制东岳庙碑》，到崇祯甲戌年（1634）《敕建东岳庙圣前进贡碑记》，时间跨度近200年。

2019年5月15日，习近平主席在亚洲文明对话大会开幕式上指出："中华文明是在同其他文明不断交流互鉴中形成的开放体系。从历史上的佛教东传、'伊儒会通'，到近代以来的'西学东渐'、新文化运动、马克思主义和社会主义思想传入中国，再到改革开放以来全方位对外开放，中华文明始终在兼收并蓄中历久弥新。亲仁善邻、协和万邦是中华文明一贯的处世之道，惠民利民、安民富民是中华文明鲜明的价值导向，革故鼎新、与时俱进是中华文明永恒的精神气质，道法自然、天人合一是中华文明内在的生存理念。"

今日，大明敕建皇家庙宇与大明御用瓷器隔空相遇，何尝不是"真奇邈哉，真奇邈哉"。作为见证人，余感叹岁月不待、韶华易逝的同时，为穿越历史、时空再造的故物相逢而欣慰，故作序以记之。

北京民俗博物馆馆长　曹彦生
二〇二一年中秋节写于北京东岳庙荣慈轩

《吉光片羽》序

收藏圈有一标准,即"宁收精残,不藏普全"。

10年前,北京东岳庙在东廊、西廊水电气暖沟槽施工中,曾在地下挖出数千片元、明、清时期民窑瓷片,这些瓷片色彩斑斓、纹饰繁复,以明代中晚期的居多。结合东岳庙160余座碑,以瓷片为经,以碑文记述的民俗事项为纬,以史籍和地方文献为据,穿越时空探寻东岳庙历史发展文脉。

余曾经读过梁实秋先生的杂文《旧的东西,更有风味》:"每一个破落户都可以拿出几件旧东西来,这是不足为奇的事。国家亦然。多少衰败的古国都有不少的古物,可以令人惊羡、欣赏、感慨、唏嘘!""在博物馆里我们面对商周的吉金,宋元明的书画瓷器,可是溜酸双腿走出门外便立刻要面对挤死人的公共汽车,丑恶的市招和各种饮料一律通用的玻璃杯!""旧的东西大抵可爱,惟旧病不可复发。诸如夜郎自大的脾气,奴隶制度的残余,懒惰自私的恶习,蝇营狗苟的丑态,畸形病态的审美观念,以及罄竹难书的诸般病症,皆以早去为宜。……最可怕的是,倡言守旧,其实只是迷恋骸骨;惟新是骛,其实只是摭拾皮毛,那便是新旧之间两俱失之了。"

囿于时代之视野,梁先生维新之说早已被中华文化自信取代。文化复兴当然包括"china",即中国瓷器的复兴。青花瓷的滥觞、赓续就是从瓷片开始的。洛阳二里头夏都遗址出土的原始青瓷残片,改变了原始青瓷的起源时间。唐代的青花瓷器能见到的标本有20世纪70—80年代扬州出土的青花瓷残片20余片,丹麦哥本哈根博物馆收藏的一件鱼藻纹罐,以及南京博物院收藏的一件点彩梅朵纹器盖。通过研究扬州出土瓷片的胎、釉、彩,考古专家断定唐青花的产地是河南巩县窑。唐青花器型以小件为主,有腹、碗、罐、盖等,纹饰以花草纹为主,也有菱形等几何图形中夹以散叶纹,此类纹饰为典型的阿拉伯图案纹饰,结合扬州

◈ 挖掘文物价值

为唐代重要港口，证明唐青花瓷器主要供外销。

目前，我们能见到的宋青花只有从两处塔基遗址出土的10余片瓷片。一处是1957年发掘于浙江省龙泉县的金沙塔塔基，共出土13片青花碗残片。另一处是1970年在浙江省绍兴市环翠塔的塔基，出土了1片青花碗腹部的残片。两处出土的瓷片纹饰有菊花纹、圆圈纹、弦纹、线纹等。这些青花瓷片使用了本地的钴料。它们与唐青花并无直接的延续关系。

成熟的青花瓷出现在元代的景德镇。元青花瓷器胎体厚重，造型饱满。胎色略带灰、黄，胎质疏松。底釉分青白和卵白两种，乳浊感强。纹饰构图丰满，层次多而不乱，笔法以一笔点画，流畅有力，勾勒渲染粗壮沉着。主体纹题材有人物、动物、植物、诗文等。人物纹饰有高士图、四爱图等；动物纹饰有龙凤、游鱼等；常见的植物纹饰有牡丹、莲花、兰花、松、竹、梅、灵芝花叶、瓜果等；龙纹为小头、细颈、长身、三爪或四爪，背部出脊，鳞纹多为网格状，矫饰而凶猛。辅助纹饰多为卷草、莲、古钱、海水、朵云、叶及回纹等。

明代青花瓷器达到繁盛。永乐、宣德时期是青花瓷器发展的一个高峰期，以制作精美著称；清康熙的"五彩青花"使青花瓷发展到了巅峰；清乾隆以后因粉彩瓷的发展青花瓷逐渐走向衰败。古瓷残器属凤毛麟角，弥足珍贵，或非常稀有，或品级很高，或可佐证历史。尤其官窑瓷片，是初学鉴定瓷器胎、釉的最好标本，故将明代官窑残器展定名为"吉光片羽"，寓意"精美、珍罕"。

北京东岳庙庙内空地历史堆积层出土大量瓷片，这与东岳庙繁盛不衰、香火兴旺有关。嘉靖庚申年（1560），顺天府府丞李敏撰文《岱岳行祠善会之记》："维岳庙创建于京师朝阳关外，自永乐中迁都故燕，正统间所隆祠宇，天下生民祈佑之旧境也。……曰阳之有神居岱岳之上，辅天地之中；阴之有神，司生灭继绝之道，速善报恶之灵……四方云集来诚，洋洋充塞男女致诚，恳无应矣！"

大明天启七年（1627）立于北京东岳庙的碑额为"曹老虎观白纸圣会"的《白纸圣会碑记》记述："天地万物，莫不各具一生机，是故有生者，有生生者，有所以生生者，果孰为之鉴录哉？人皆以为天齐仁圣大帝是斯焉。因其圣号东岳，是天下之所表镇以为重者也。群生之所，拱揖以为尊者也。……岳而曰东，东者动也，生气之府动于斯也。……是以不独为生而具为生之大，宁非仁之元乎？第元者，生人生物之始，天地之德莫先于此，于时为春，于方为东，于人为仁。陶冶庶类浩浩乎，其难量也……三月二十八日乃圣帝降诞之辰，于是（合会太监众）率内外众善进贡虔洁意诚，进贡冠袍带履、御用器皿、宝马香驭，及岳府诸司曹案空白记录、笔墨砚等项钱粮。……专祈上而延绵国祚，下而保爱人民，故生生之人也。即剪锄东酋，荡平西虏犹为善，运生生之仁也。庶乎不日不月之明益灿，不江不海之泽益深。"道家主张天人合一，甚至"剪锄东酋，荡平西虏"的军事重任都寄托于祭祀之中。

皇家致祭当用官窑御用瓷，权贵乃至庶民进贡用器皿，当然也为民窑精品，东岳庙出土的明代瓷片，证明了前人敬神之心、奉神之诚！正如明隆庆四年（1570），刑部郎中郭惟清撰《东岳庙重新圣像碑记》所云："岳雄于东，而神在天下斡旋，造化之机，以妙生成于不测，诚有不可名言者。是故庙以栖神，即其行在云尔。维祷有应，而愿酬香火，神亦不靳，夫人情也。"

明代瓷器一改宋元单色釉风格，青花瓷成为时尚，五彩、斗彩以及各色彩釉逐渐发展和流行。明代瓷器装饰复杂多样，植物、动物、文字、山水、人物、花鸟、鱼虫等无不入画。早期以写意画为主，画风自由、奔放、洒脱；后期以写实为主，画面抒情达意，简约轻快，极有漫画趣味。瓷器上的纹饰有龙纹、海龙纹、回纹、十字锦文、海水纹、江崖海水纹、海波纹、折线纹、几何纹、锦地"卍"字纹、锦地花卉纹、锦地钱纹、锦地菱形纹、锦地菱形果实纹、云纹、云头纹、火焰云纹、飘带云纹、飘带纹、飘带花卉纹、飘带枫叶文、蓝底飘带花卉纹、龟背纹、莲瓣纹、双层覆莲瓣纹、团花纹、蕉叶纹、双线卷草纹、花卉纹、花卉卷草纹、桂花纹、如意纹、如意云纹、如意果实纹、如意蝙蝠云纹、阿拉伯文等，瓷器上的如意纹，常伴以牡丹、缠枝莲、芭蕉叶、祥云、海浪等纹饰，各自独立却又相辅相成。花卉纹分为缠枝花与折枝花。缠枝花是花枝向上下、左右延伸，形成波线式的二方连续或四方连续，循环往复，连绵不绝；折枝花是花卉不写全株，只画从树干上折下来的部分花枝。

千年瓷都景德镇在烧造各类青花瓷器时，在明代所使用的青花料共有苏麻离青、石子青、平等青、回青、浙料、珠明料六种。洪武瓷器所用青花料为苏麻离青、土青料（石子青），青料蓝色偏灰偏暗。苏料来自西亚的伊拉克萨马拉地区，路途遥远、价格昂贵，由于郑和七下西洋，带回了大批苏料，这些苏料一直使用到万历十九年（1591）左右方才用尽。故从永宣两朝开始，在瓷器制造上出现大量的苏料与石子青混合使用的情况，纹饰出现晕散现象和"铁锈斑"。凡采用纯苏料的瓷器一般是元代至洪武年间的；永宣至成化年间的瓷器大部分采用混合青料，少数仍然使用纯苏料；而成化至万历十九年的瓷器，几乎都是采用混合青料。到天顺、景泰时期，淡雅、亮丽的平等青出现，使石子青料从此落入民间，作为民窑器物的主要青料。从明代洪武直至崇祯时期，民间瓷器烧造中一直都在使用石子青料。

平等青料最早出现在明中期天顺、景泰两朝的江西乐平地区，常使用于成化、弘治、正德三朝的官窑。该青料的成分中含铁量较少，色泽柔和淡雅，几乎没有晕散现象，与苏泥勃青料有着本质的区别。

回青料始于明代正德晚年，是从西亚及新疆一带引进的青料，该青料色泽艳丽，蓝中泛紫，常与石子青料混合使用，略呈紫蓝色或偏灰蓝。从明代正德年间一直使用至明代晚期的崇祯一朝，其使用年限约130年。

崇祯七年（1634），国力匮乏，御窑厂从浙江的金华、绍兴一带找到了一种比回青料便宜许多的青料，名为浙料，其色重时浓艳、色轻时淡雅。从明代晚期崇祯年间至清代晚期的光绪年间，几乎所有官窑瓷器的生产均采用了浙料。浙料使用年限最长，达270年。

珠明料主要产于云南，江西和福建也有出产。从崇祯晚期起，用于官窑器上的青料几乎都是来自云南的珠明料，民间青料均采用福建和江西两省的青料。珠明料含锰量偏高，色彩稳定，颜色鲜艳。它的本色是灰中偏蓝，层次感较强。它在与其他青料混合使用时会产生奇妙的效果，如与石子青混合到适当比例时，在瓷器上可以表现出更为明显的层次感，如康熙瓷器"墨分五色"的效果；与适当比例的浙料混合时，颜色像蓝宝石一样，即雍正时期的"翠毛蓝"。

王世懋所著，成书于明万历十七年（1589）的《窥天外乘》记载："宋时窑器以汝州为第一，而京师自置官窑次之。我朝则专设于浮梁县之景德镇。永乐、宣德间，内府烧造迄今为贵。其时以鬃眼甜白为常，以苏麻离青为饰，以鲜红为宝。至成化间，所烧尚五色炫烂，然而回青未有也。回青者，出外国。正德间，大珰镇云南得之……"

明代青花瓷款识，从形式、种类上可分为纪年款、吉言款、堂名款、赞颂款和纹饰款五大类。在青花瓷上，用写、刻、印等方法标明瓷器烧造年代的款识，称为纪年款。明代永乐年间，青花瓷上开始出现纪年款，篆书字体飘逸流畅，边饰莲瓣纹。成化款铁画银钩，釉面有云蒙气。嘉靖款笔画粗重，劲中藏秀。前人曾将明代纪年款归纳为"宣德款多，成化款肥，弘治款秀，正德款恭，嘉靖款杂"五句话。吉言款即在瓷上书写含有吉祥寓意的词句，民间青花瓷中比较普遍。字体多为行草，潇洒飘逸，一气呵成。内容为富贵长春、福寿康宁、长命富贵、万福攸同等，表达了人们对幸福生活的向往。这种落款形式在明代嘉靖、隆庆、万历三朝较为多见。堂名款即将私人住所或书房名称刻、印在将要烧制的瓷器上，作为私人用瓷或藏瓷的标志，如白玉斋等。明代后期形成风尚，订烧堂名款的多为皇亲、贵族、高官豪绅、文人雅士。因此，堂名款瓷在收藏市场上备受喜爱。堂名款民窑多见，官窑少见。赞颂款寄托了陶瓷爱好者对瓷器的喜爱之情，如珍玩、美玉等。赞颂款都为民窑款。纹饰款，又叫"花样款"，以简练的图案装饰器底，为民间青花瓷的特色款识，图案有博古图、暗八仙、八吉祥等。截至目前，尚未发现有官窑瓷器用纹饰款。

  国家高度重视对历史文物、文化遗产的保护工作，2013年11月26日，习近平总书记来到位于山东曲阜市的孔府和孔子研究院参观考察，并同有关专家学者座谈。总书记指出："一个国家、一个民族的强盛，总是以文化兴盛为支撑的，中华民族伟大复兴需要以中华文化发展繁荣为条件。对历史文化特别是先人传承下来的道德规范，要坚持古为今用、推陈出新，有鉴别地加以对待，有扬弃地予以继承。"北京东岳庙"天地于时为春，于方为东，于人为仁"，是体现道家文化"天人合一"的载体和典范，历时20余年修缮一新再现辉煌，至今仍福荫我们的祖国。"不日不月之明益灿，不江不海之泽益深。"东岳庙遗失石碑尤其是精美的各种材质的神像3000余尊，以及不计其数的匾额楹联。"机灵鬼，透亮碑，小金豆子不吃亏儿"，东岳庙石碑"四绝"之一"不吃亏儿"碑，湮没于历史，此残缺成为我们心中永远的憾事，故有残缺之美的不仅维纳斯一例，是为序。

北京民俗博物馆馆长　曹彦生
二〇二一年霜降写于东岳庙荣慈轩

参考文献

一 历史文献

（一）正史

[1]［汉］司马迁：《史记》，中华书局1959年点校本。

[2]（汉）班固：《汉书》，中华书局1962年点校本。

[3]（刘宋）范晔：《后汉书》，中华书局1965年点校本。

[4]（唐）房玄龄：《晋书》，中华书局1974年点校本。

[5]（北齐）魏收：《魏书》，中华书局1974年点校本。

[6]（唐）魏徵：《隋书》，中华书局1973年点校本。

[7]（唐）李延寿：《南史》，中华书局1975年点校本。

[8]（唐）李延寿：《北史》，中华书局1974年点校本。

[9]（后晋）刘昫：《旧唐书》，中华书局1975年点校本。

[10]（宋）欧阳修：《新唐书》，中华书局1962年点校本。

[11]（宋）欧阳修：《新五代史》，中华书局1974年点校本。

[12]（元）脱脱：《宋史》，中华书1985年点校本。

[13]（元）脱脱：《辽史》，中华书局1974年点校本。

[14]（元）脱脱：《金史》，中华书局1975年点校本。

[15]（明）宋濂：《元史》，中华书局1976年点校本。

[16]（清）张廷玉：《明史》，中华书局1974年点校本。

[17] 赵尔巽：《清史稿》，中华书局1972年点校本。

[18] 黄彰健校注：《明实录》，中华书局2016年版。

[19]（清）希福、鄂尔泰等：《清太祖实录》，中华书局1987年影印本。

[20]（清）希福等：《清太宗实录》，中华书局1987年影印本。
[21] 中国第一历史档案馆、中国社会科学院历史研究所译注：《满洲实录》，1990年版。
[22] 中国第一历史档案馆：《满文老档》，中华书局1990年版。

（二）其他文献

[1]（汉）王充：《论衡》卷3《物势第十四》，上海人民出版社1974年版。
[2]（魏）王弼、韩康伯注，[唐]孔颖达疏：《周易正义》，北京大学出版社1999年版。
[3]（宋）洪刍撰：《香谱》卷下，清学津讨原本。
[4]（宋）洪迈：《容斋随笔》（上），《周世中国地》，上海古籍出版社1978年版。
[5]（宋）洪皓：《松漠纪闻》，《辽海丛书》第一册，辽沈书社1985年影印本。
[6]（宋）宋祁撰：《宋景文公笔记》卷上，商务印书馆1936年版。
[7]（明）王思义撰：《三才图会》，文物出版社2018年版。
[8]（明）高濂撰：《遵生八笺》卷十五《燕闲清赏笺中》，重庆大学出版社1994年版。
[9]（明）文震亨撰：《长物志》卷八《卧室》，江苏文艺出版社2015年版。
[10]（明）高濂撰：《遵生八笺》卷十五《起居安乐笺上》，重庆大学出版社1994年版。
[11]（明）方以智撰：《通雅》卷三十九《饮食》，中国书店1990年版。
[12]（明）王在晋：《三朝辽事实录》，全国图书馆文献缩微复制中心藏，2002年。
[13]（明）瞿九思：《万历武功录·俺答列传》，《明代蒙古汉籍史料汇编》第4辑，薄音湖编辑点校，内蒙古大学出版社2007年版。
[14]（明）张鼐：《辽夷略》，载孙方明等编《清入关前史料》第一辑，中国人民大学出版社1984年版。
[15]（明）焦竑：《国朝献征录·通贡传》，上海书店出版社2022年版。
[16]（明）程开祜辑：《筹辽硕画·东夷努儿哈赤考》，新文丰出版社1989年版。
[17]（明）霍冀：《九边图说》，国家图书馆藏隆庆三年《九边图说》本。
[18]（明）方孔炤：《全边略记》，载《明代蒙古汉籍史料汇编》第三辑，内蒙

古大学出版社2007年版。

[19]（明）茗上愚公：《东夷考略·东事答问》，广文书局1970年版。

[20]（清）赵翼：《陔馀丛考》卷34《十二相属起于后汉》，商务印书馆1957年版。

[21]罗叔言：《俑庐日札》，民国二十三年（1934）七月东莞容氏颂斋印本。

二 论著

（一）学术著作

[1]广州市文物管理委员会、中国社会科学院考古研究所：《西汉南越王墓》，文物出版社1991年版。

[2]拉施特主编：《史集》第一卷第一分册，商务印书馆1992年版。

[3]中国社会科学院考古研究所编：《新中国的考古发现和研究》，文物出版社1984年版。

[4]冯家昇：《回鹘文写本（菩萨大唐三藏法师传）研究报告》，科学出版社1951年版。

[5]罗布桑却丹：《蒙古风俗鉴》，赵景阳译，辽宁民族出版社1988年版。

[6]刘尧汉、卢央：《文明中国的彝族十月历》，云南人民出版社1986年版。

[7]周达观：《真腊风土记》，夏鼐校注，中华书局1981年版。

[8]王国维：《观堂集林》，中华书局2004年版。

[9]中国社会科学院考古研究所编：《新中国的考古发现和研究》，文物出版社1984年版。

[10]耿升、何高济译：《柏朗嘉宾蒙古行纪》，中华书局1985年版。

[11][意]卫匡国：《鞑靼战纪》，戴寅译，载杜文凯编《清代西人见闻录》，中国人民大学出版社1985年版。

[12][西德]海西希：《蒙古的宗教》，耿升译，天津古籍出版社1989年版。

[13][古希腊]希罗多德：《历史》，王嘉隽译，商务印书馆1959年版。

[14]叶隆礼：《契丹国志》，上海古籍出版社1985年版。

[15]恩格斯：《家庭、私有制和国家的起源》，人民出版社1972年版。

[16]郑为：《中国彩陶艺术》，上海人民出版社1985年版。

［17］何新：《诸神的起源》，生活·读书·新知三联书店1986年版。

［18］李泽厚：《美的历程》，中国社会科学出版社1984年版。

［19］顾方松：《图案源于抽象——泛论几何图案》，载《图案》第二辑，轻工业出版社1986年版。

［20］［日］滨田耕作、水野清一：《赤峰红山后》，东亚考古学会1938年版。

［21］［法］列维-布留尔：《原始思维》，商务印书馆1981年版。

［22］王小盾：《原始信仰和中国古神》，上海古籍出版社1989年版。

［23］洪用斌、张泽凡：《"抽刀断水水更流"——略述明代的蒙汉关系》，载《北方民族关系史论丛》第一辑，内蒙古人民出版社1984年版。

（二）期刊论文

［1］王静如：《突厥文回鹘英武威远毗伽可汗碑译释》，《辅仁学刊》1938年第7卷第1、2期合刊。

［2］［苏］C.T.克利亚什托尔内：《铁尔浑碑（研究初稿）》，伊千里译，《民族译丛》1981年第5期。

［3］北京市文物管理处：《近年来北京发现的几路辽墓》，《考古》1972年第3期。

［4］陈述：《谈辽金元"烧饭"之俗》，《历史研究》1980年第5期。

［5］贾敬颜：《"烧饭"之俗小议》，《中央民族学院学报》1982年第1期。

［6］宋德金：《"烧饭"琐议》，《中国史研究》1983年第2期

［7］田广金：《桃红巴拉的匈奴墓》，《考古学报》1976年第1期。

［8］塔拉、梁京明：《呼鲁斯太匈奴墓》，《文物》1980年第1期。

［9］孙守道：《"匈奴西岔沟文化"古墓群的发现》，《文物》1960年第8、9期。

［10］冯永谦：《北票柳条沟辽墓》，《辽宁文物》1981年第1期。

［11］中国社会科学院考古研究所内蒙古工作队：《内蒙古敖汉旗兴隆洼遗址发掘简报》，《考古》1987年第6期。

［12］中国社会科学院考古研究所内蒙古工作队：《内蒙古敖汉旗小山遗址》，《考古》1987年第6期。

［13］辽宁省博物馆、昭乌达盟文物工作站、敖汉旗文化馆：《辽宁敖汉旗小河沿三种原始文化的发现》，《文物》1977年第12期。

[14] 邵国田：《光辉灿烂的敖汉古文化》，《松州学刊》1987年第3期。

[15] 孔昭宸、杜乃秋：《内蒙古敖汉旗兴隆洼遗址植物的初步报告》，《考古》1985年第10期。

[16] 中国社会科学院考古研究所蒙古工作队：《赤峰西水泉红山文化遗址》，《考古学报》1982年第3期。

[17] 李恭笃：《昭乌达盟石棚山考古新发现》，《文物》1982年第3期。

[18] 石兴邦：《有关马家窑文化的一些问题》，《考古》1962年第6期。

[19] 中国社会科学院考古研究所内蒙古工作队：《内蒙古敖汉旗赵宝沟一号遗址发掘简报》，《考古》1988年第1期。

[20] 苏秉琦：《辽西古文化古城古国——兼谈当前田野考古工作的重点大课题》，《文物》1986年第8期。

[21] 郭大顺、张克举：《辽宁省喀左县东山嘴红山文化建筑群址发掘简报》，《文物》1984年第11期。

[22] 方殿春、刘保华：《辽宁阜新胡头沟红山文化玉器墓的发掘》，《文物》1984年第6期。

[23] 辽宁省文物考古研究所：《辽宁牛河梁红山文化"女神庙"与积石冢群发掘简报》，《文物》1986年第8期。

[24] 李恭笃：《昭乌达盟石棚山考古新发现》，《文物》1982年第3期。

[25] 李恭笃：《凌源县三官甸子城子山红山文化遗址试掘报告》，《考古》1986年第6期。

[26] 翁牛特旗文化馆：《内蒙古翁牛特旗三星他拉村发现玉龙》，《文物》1984年第6期。

[27] 中国社会科学院考古研究所内蒙古工作队：《内蒙古敖汉旗小山遗址》，《考古》1987年第6期。

[28] 中国社会科学院考古研究所内蒙古工作队：《内蒙古敖汉旗赵宝沟一号遗址发掘简报》，《考古》1988年第1期。

[29] 张忠培：《座谈东山嘴遗址》，《文物》1984年第11期。

[30] 巴林右旗博物馆：《内蒙古巴林右旗那斯台遗址调查》，《考古》1987年第6期。

（三）其他文献

[1]《红山晚报》1990年9月15日转引《海口晚报》的一则消息指出，文物考古工作者目前在牛河梁红山文化遗址发现一座酷似金字塔的5000年前的土石丘建筑。考古专家认为，还从未在中国发现过四五千年前有这样巨大的建筑。

[2]《北京晚报》1990年9月19日转引《羊城晚报》消息：中国考古工作者最近在内蒙古东与降洼村一处距今8000年的新石器时代遗址中，发现了一件"维纳斯"石雕人体造像，这尊女性雕像用阴文刻在一块高10厘米的椭圆形花岗岩石柱上，头眼特大，肩部略平于头顶，双臂抱拢在圆实山鼓的胸服上，双腿箕踞前伸，头上刻有发纹。专家们认为，这是中国迄今发现时代最早的一尊女神阴刻浮雕石像，堪称中国古代的"维纳斯"。

后　　记

　　作为一名历史专业出身的文化遗产守护者，每每读到郑板桥《满江红·金陵怀古》，"淮水东流，问夜月何时是了？空照彻飘零宫殿，凄凉华表。才子总缘杯酒误，英雄只向棋盘闹。问几家输局几家赢？都秋草。流不断，长江淼；拔不倒，钟山峭。剩古碑荒冢，淡鸦残照。碧叶伤心亡国柳，红墙坠泪南朝庙。问孝陵松柏几多存？年年少！"在领会作者表达英雄迟暮、繁华褪尽的哀伤之时，我却对古碑荒冢、红墙朝庙、孝陵松柏产生敬畏和好奇，这就是传统文化的魅力所在。铭刻于心的一件事，2010年秋季第三次文物普查时，在原朝阳区东风乡辛庄村登录常汝贵、常明扬父子墓志碑时，扶碑抄录"碑立于佟太夫人，未尝刻字，历数十年后而有公孙讳国枢者，年逾七十，清俸不赡，勉为盛举，亦戛戛乎其难哉"，"空碑遗之子孙，以俟后之承先志者，此不可必之事也！不可必者而得之，此意外之机不可失也"，"今日者非祖宗功德有以上格苍穹，讵能使百年来潜德幽光，应时而发，俾后之考信者得，援所据而书载之史册以垂不朽，其宁有大于此者乎！抑孰有奇于此者乎？因不禁鼓掌大笑而叹为生平之快"，如晴天霹雳！250年前，常遇春的后人常国枢所希望"俾后之考信者得"，让其祖能"载之史册"的夙愿，在扶碑登录的同时，时空转换，责任和使命落到我的身上，怎能不说神奇？

　　用文物考据历史，探赜索隐，补正历史，实证文明，一直被历史工作者、考古工作者奉为圭臬。在北京从事基层文博工作，不仅需要知晓历史、考古、博物馆、古建等相关学科知识，还要具备文物鉴定、鉴赏的技能。在朝阳区文物管理所担任所长的八年间，我主持修缮了20多座庙宇，抢救清理古代墓葬群百余处，监管古玩旧货市场10余家，得天独厚的地域优势，练就了作为一名基层文博工作者应有的专业素养和综合能力。回望从业30年中，曾想过"达人轻禄位，居处傍林泉。洗砚鱼吞墨，烹茶鹤避烟"，"晴空一鹤排云上，便引诗情到碧霄"的闲适生活，但更多的是破译文化遗产"君生我未生，我生君已老。君恨我生迟，我恨君生早"时的动力。每当破解历史谜案后，往往油然而生"仰无愧于天，俯无愧于地，行无愧于人，止无愧于心"的壮志豪情。传统文化的熏陶，使我对高古玉、高古瓷非常痴迷，常从文物中仰观宇宙之大，感叹古人之智。博物馆那件唐长沙窑彩绘诗文壶上的"平生不做皱眉事"；东岳庙楹联"阳世奸雄，违天害理皆由己；阴司报应，古往今来放过谁"，我常以座右铭的形式广泛传播！

多年的文化遗产保护工作，让我品悟到传统文化的魅力，更加体会到做人不能"德薄而位尊，智小而谋大，力小而任重"。正所谓："义士不欺心，廉士不妄取"，"大丈夫处其厚不居其薄，处其实不居其华"。故拙作出版之际，更要心怀感恩。正如《荀子修身》所云："君子隆师而亲友。"最先感谢和缅怀的是年初去世的恩师，原中央民族大学历史系主任赵秉崑教授；感恩我的导师，著名辽金史专家、中央民族大学历史系李桂芝教授，无论是研究方法还是做人做事，都让我受益终身。还要感谢国际著名契丹字专家、原中国社会科学院民族研究所刘凤翥研究员，将我带入探索契丹大小字研究的未知领域，为后来解锁文物玄机提供了一把全新的钥匙！

携手苍然三十春，何当敬谢枕边人。感谢30多年来相濡以沫的妻子，中央民族大学继续教育学院佟文英老师，宁舍自己的事业，相夫教子，无怨无悔地支持、鼓励并坚信我一定能有所作为！《吕氏春秋》曰："万人操弓，共射一招，招无不中。"人心齐、泰山移，良好的工作氛围和成就他人的胸怀，让人心怀敬佩，感谢原朝阳区委宣传部黄晓伟部长、原朝阳区文化和旅游局高春利局长、朝阳区文化和旅游局贾恩松局长！人生所贵在知己，志同道合味悠哉。感谢我曾经的同事，朝阳区文化和旅游局任友先生、张鑫宇女士以及10余年鼎力支持我工作的北京民俗博物馆各位同仁！

曹彦生

二〇二三年小满写于北京东岳庙荣慈轩